経済原論講義

山口重克

東京大学出版会

はしがき

本書は東京大学の経済学部と法学部における講義のノートをもとにして経済原論の講義用テキストとして書いたものである。

私はこれまで、講義のためのテキストとしては大体において宇野弘蔵著『経済原論』（岩波全書）を用い、講義は『資本論』と宇野の原論の基本的な内容を説明したうえで、自分の考え方がそれらと異なる場合にはそれを補足的に説明するという方法をとってきた。しかし、自分の考え方が次第にはっきりしてくるにつれて補足的説明の分量が多くなり、テキストとの少なくとも表面上の隔たりも大きくなってきて、学生諸君に多少不便をかけるようになってきた。

もちろん講義のテキストは必ずしも講義する者と同じ考え方によるものである必要はない。講義をする者の考え方が必ずしも通説的でない場合はとくにそうである。大学での講義はまず古典の基本的な内容と一般的な学説とを知識として教授するものでなければならない。テキストはその目的に適したものを用い、講義する者が古典や通説に疑問をもっている場合には、それについて補足的な説明を追加したり、テキストを批判しながら講義すればよいのである。私はずっとそのように考えていたし、今でも大体そのように考えているのであるが、ただ最近はそれと並行して、自分の考えをまとめて書いたものがあればそれも学生諸君の役に立つのではないかと考えるようになった。

講義のテキストとしてそのようなものを作るとすれば、基本的な知識なり一般的な学説なりの紹介を主内容にし、補注のような形でそれにたいする著者のコメントをつけるというようなものが理想的であろうし、便利でもあろう。しかしそうなると、量的に非常に大部のものになってしまう点が難点で、今日の出版界の状況からしてそのような本を作ることはかなり困難である。それに幸いわが国には、基本的な知識なり古典なりについて詳細に解説したり祖述したりしたものは数え切れないくらいある。そこで、その部分はそれらを参照していただくことにし、これまで教室の中だけでいわば小声で話していたようなことも含めて、異説的なコメントの部分をもう少し体系化して独立させてみるのも意味はなくはないだろうと思うようになった。

このような次第なので、本書では文献の参照の指示などはすべて省略し、自分の考えだけを積極的に述べた。もちろんそれはすべて先学から、とくにマルクスと宇野弘蔵から学んだものである。ただ、それらがもっている多くの内容から私として積極的に強調したいと思われたものをとり出し、それを私の考えとして述べただけである。宇野は『経済原論』の初版の序で、「本書はまさに私が『資本論』から学んだものを私自身の考えとして述べたものである。或る点からいえばすべて『資本論』によっているともいえる……。しかしまた他の点からいえば『資本論』を勝手に書き替えたものである」と書いているが、私はこの文章の『資本論』のところに宇野弘蔵『経済原論』をつけ加えて、そのままここに借用することにしたい。

将来、出版事情が好転することがあれば、本書が先学たちの見解のどの点を積極的に評価し、どの点を疑問としているのかを明らかにするための本書の補注集のようなものを追加するか、別に作るかしたいと考えているが、さしあたりは「あとがき」として、本書のとくに強調したかった論点、あるいは本書に特徴的な論点を中心に、ごく簡単な文献参照の手引きのようなものを書いておいたので、それを参考にして諸学説との比較検討をしていただきたい。

本書は古典をはじめとする諸先学の公刊されている研究に多くを負っていることはいうまでもないが、大学時代、大学院時代以来の諸先生、先輩・友人諸兄からいろいろな機会にさまざまの形で御指導、御教示を得たことにも多くを負っている。また、大学院の演習や講義での院生諸君との議論や、経済学部や法学部での私の講義の受講学生諸君の質問からもきわめて多くのことを教えられた。本書に何らかの学問上の特色があるとすれば、そのほとんどは書物以外のこれらの機会に学んだことによるものであるといっても過言ではないであろう。記して感謝の意を表したい。

怠け者でかつ遅筆の私であるが、本書はとりかかってから一年たらずという私としては異例の速さで完成にこぎつけることができた。これはひとえに東京大学出版会の大瀬令子さんが終始細やかな配慮のもとに適切な鼓舞、激励、鞭韃の労を惜しまれなかったことの賜物である。心からお礼を申し上げる。

一九八五年一〇月一六日

山口重克

一九八八年四月一日より、それまで一応生きていた明治三十年「貨幣法」が廃止され、「通貨の単位及び貨幣の発行等に関する法律」という名称の新貨幣法が施行されることになったので、第一篇第二章補論「貨幣制度」のところの貨幣法に関する叙述を第四刷で書き直した。なお、ついでながら、第二刷以降の各刷で、第一刷での誤植の訂正および不十分・不明瞭な文章・表・図などの手直しを行なっているので、その点もこの場を借りてお断りしておきたい。

目次

序論

経済の分離と経済学の成立

経済原論とは経済学の基礎理論のことである。基礎理論の意味はあとで述べるとして、まず経済学とはどういう学問であるかを簡単に説明しておくと、これはとりあえずは、人間の様々な意識や行動およびその集合としての人間社会の様々な関係や組織のうちの経済に関する側面をとり出して、その一般的規定およびそれと他の側面との関係ないし相互作用を研究する学問であるといってよいであろう。しかし、これまでの実際の経済学はもう少し狭い意味のものであり、商品経済に特有な問題を対象にして一七、八世紀頃から発達してきたのであった。経済とは一般的には人間が集団をなして自然に働きかけ、人間に必要なものを生産・配分・消費する人間と自然とのいわゆる物質代謝のことであると定義することができるが、このような意味での経済は人類の歴史とともに古くから存在するものであるから、これもまた研究の対象にしうるはずである。そこで、商品経済という特殊の形態をもって行なわれるいわゆる資本主義経済を対象とする経済学を狭義の経済学といい、人類史とともに存在するはずの経済を対象とする経済学のことを広義の経済学ということにすると、これまでの経済学は狭義の経済学として発達してきたものであり、これまでの経済学の基礎理論も狭義の経済学の基礎理論として発達してきたものなのである。しかし、これは実は同時に広義の経済学の基礎理論の役割をも果たさざるをえないものであるといってよい。広義の経済学の基礎理論といえるものはいまだかつてなかったし、今後とも狭義の経済学の基礎理論からまったく独立に作りうるものではないと考えられるからである。それは次のような理由による。

人間と自然との物質代謝の総体という意味での経済は人間生活の物質的な基礎過程をなすものであるから、人間生活があるところには必ずあるといってよいが、しかしこのような経済は経済として独立に存在していたわけではない。それは呪術や神事その他の宗教的関係や、暴力や法制などによる政治的・権力的関係や、血縁や地縁を基礎とした利他的関係などと分離し難く一体化していたのである。そして経済の一般的規定を与えるためには、また経済生活と他の諸生活との関係なり相互作用なりを考察するためにも、経済をその他の諸関係からそれ自体として分離・抽象できなければいけないのであるが、このような広義の経済についてはそのような手だてはまったくないといわなければならないのである。

これにたいして、資本主義経済を対象とする狭義の経済学の基礎理論の方は事情が異なる。商品経済という特殊な形態をもって行なわれる資本主義経済も、現実にはその他の様々な人間生活や社会関係と複合して存在しているのであって、資本主義経済がそれ自体として純粋に存在するわけではない。しかし、商品経済という特殊な関係は、人類史の比較的初期の段階には人間生活や社会関係のごく一部にしか存在していなかったのに、人類史のある時期から急激に人間生活や社会関係の様々の側面に浸透し、それらを商品経済的に分解・解体しはじめたのである。それは結局はそれらを徹底的に分解し尽くすことのないまま今日にいたっており、現実の資本主義は商品経済的関係に一元的に支配されているというようなものではない。しかし、商品経済が人間生活や社会関係を一元的に規定するかのような勢いを示した時期があったことを手がかりにして、人類は商品経済を他の諸関係から分離・抽象して認識しえたのであり、こうして経済学の基礎理論が一七、八世紀頃から形成され始めることになったのである。

基礎理論の意味　現実の世界というのは様々な力が輻輳して作動している世界である。たとえば現実の世界で物体が落下する場合をとってみると、そこには重力が作用しているだけでなく、空気の抵抗もあれば強風が吹いている場合もある。落下する物体も落葉や風船のようなものもあれば鉄塊のようなものの場合もある。この現実からたとえば落体運動にたいする重力の作用だけを分離して観察しようとする場合には、観察者は真空状態の実験装置を作って、重力以外の力の作用を除去しなければならない。これと同様に、資本主義経済の場合も、現実のそれは様々な非商品経済的な関係との合成物であるから、そこにおける資本主義経済そのものの作用ないし規定力を純粋にとり出そうとするならば、商品経済的な関係以外の諸関係を除去した社会、すなわち商品経済的な関係が人間と自然の物質代謝を一元的に処理している社会を構成しなければならない。そして一七、八世紀以来の経済学はまさにこのことをやってきたのであった。このような社会のことを純粋資本主義社会と呼ぶことにするが、一般に経済原論、あるいは経済学の原理論と呼ばれているものはこの一元的な原理で構成されている純粋経済を対象とする経済学のことなのである。そしてこのような経済原論ができれば、現実の資本主義経済は純粋な資本主義経済と非商品経済的な様々な諸力ないし諸関係との合成物として理論的に再構成されることが可能になり、国や時代による現実の資本主義経済の差異や変化はこの合成される諸要因の差異や変化によるものとして解明されることが可能になる。こうして、経済原論は現実の資本主義経済を分析する一般的基準としての役割を果たすものとなるのであって、この意味で経済原論を経済学の基礎理論というのである。

純粋資本主義　それでは経済原論の対象である純粋資本主義というのはこれまでの経済学ではどういう社会として構成されてきているのであろうか。またどういう社会として構成されるべきものなのであろうか。この問題は経済原論の内容そのものによって説明されるべきことであるが、ここでとりあえずごく簡単に要点だけを述べておくことにしよう。

一七、八世紀から一九世紀にかけて人間生活と社会関係の全面に商品経済の急激な浸透が進行していったが、その結果として現実に純粋資本主義社会が成立したわけではなかった。しかし、現実に存在しないからといって、自然科学の場合のように純粋資本主義の実験装置を作るわけにもいかないのであるから、抽象力によって、現実に観察できる事実なり傾向なりを拡大し、延長し、純化して、人間と自然との物質代謝が商品経済的な関係だけで編成・遂行されている社会を理論的に構成するしかない。それは具体的にはどのようにして行なわれるのかというと、商品経済的な利益の最大化を唯一の行動原則とする経済主体を想定し、このいわゆる経済人に自由に行動させ、そのいわば思考実験の結果として進行する社会的生産編成を観察するという手続きによるといってよい。従来の経済学の理論は事実上このようにして構成されてきたといってよいであろうし、またこのような思考実験による以外にないと考えられるのである。

もっともこの場合、純粋資本主義社会を構成する経済主体としての人間について、たとえば利他心とか集団全体の利益にたいする配慮などはすっかり失くしてしまっており、ただひたすら利己心のみにもとづいて行動している人間であると考える必要はないかもしれない。しかし経済活動に関しては、商品経済的な行動原則以外の原則が影響を及ぼすようなことがあってはならない。商品経済的な行動原則はきわめて単純明快なものであり、その意味で客観的に確定可能なものなのであって、経済主体の商品経済的な行動だけで遂行されるものとして経済を考察する場合にはじめて、経済は分析者の恣意から独立した客観的な実験装置的性格を保証されると考えられるのである。

『資本論』について　マルクスは一八六七年に刊行された『資本論』第一巻の初版の序文において、「物理学者は、自然過程を観察するにさいしては、それが最も内容の充実した形態で、しかも攪乱的な影響によって不純にされることが最も少ない状態で観察するか、またはもし可能ならば、過程の純粋な進行を保証する諸条件のもとで実験を行なう。この著作で私が研究しなければならないのは資本主義的生産様式であり、これに対応する生産関係と交易関係である。その典型的な場所は今日までのところではイギリスである。これこそは、イギリスが私の理論的展開の主要な例解として役立つことの理由なのである」と述べている。マルクスは彼の眼前に展開されていた純粋資本主義に近い一九世紀中葉のイギリス資本主義を主要な例解とし、先行する古典派経済学の厖大な研究成果を徹底的に検討し摂取することによって、『資本論』という資本主義的生産様式の理論的実験室を作ったのであった。しかもその場合マルクスは、社会主義者として資本主義を批判的に解剖してその歴史性を明らかにしようとしたことによって、古典派の理論的な限界を克服することができたのである。古典派は商品経済的利益の最大化を追求するいわゆる経済人による社会を想定し、その経済人の行動とその意図せざる社会的結果を理論的に解明する作業をかなりの程度進めていたといってよい。しかし彼らは、そのような社会を資源の最適配分を実現する永遠の理想的な社会として絶対化して捉えたのであり、そのために、たとえば資本主義のもつ本来的な不安定性とその集中的表現としての恐慌の必然性については、当然のことながら十分には認識できないことになったのであった。これにたいしてマルクスは、市場機構の最適化作用にたいする絶対信仰から解放されていたことによって、資本主義の問題点や限界について客観的に観察することが可能であった。こうして要するにマルクスは、まさに経済を純粋に考察するのに最適の時代に生きていたことにより、しかもその社会主義思想によって資本主義をいわば相対化できたことにより、純粋資本主義を客観的な論理的体系として構成することに成功したのであり、経済原論はマルクスの『資本論』でほぼ完成されたということができるのである。そしてこの点に、われわれの経済原論の講義がきわめて多くのことを『資本論』から学び、基本的には『資本論』に準拠した構成法をとっていることの理由があるのである。

しかし、それでは経済原論の講義は『資本論』をそのまま祖述すればすむのか、あるいは経済原論のテキストは

『資本論』の正確なダイジェスト版であればそれでよいのかというと、そういうわけにはいかない。それはいくつかの再構成されなければならない問題点をもっていると考えられるのであって、本書が、基本的には『資本論』に依拠しつつ、同時にそれをかなり乱暴に解体して再構成する試みを提示したのはそのためである。それでは『資本論』にはどういう問題点があって再構成が必要となるのであろうか。以下ではとりあえずこの問題を二つの論点に分けて述べよう。

未完成の体系　『資本論』は三巻から成る著作であるが、そのうちの第一巻だけが一八六七年にマルクス自身の手で刊行されたものであり、第二巻と第三巻は、一八八三年にマルクスが亡くなったあと、エンゲルスがマルクスの草稿を整理、編集して、それぞれ一八八五年と九四年に刊行したものである。そのうえ、第二巻は一八六〇年代後半からマルクスの晩年の八一年頃にかけて書かれた草稿を編集したものであるが、第三巻は第一巻が完成する以前の一八六三年頃から六五年頃にかけて構想されたと考えられる草稿を編集したものなのである。もちろん、マルクスが自分で完成させたものではないから問題があるというのではない。しかし、エンゲルスによるとこれらの草稿はいずれもきわめて不完全なものであり、しかもできるだけ原文通りに再現するというのが彼の編集方針だったのであるから、編集されたものも当然不完全な点を残したものであることは避けられないことであるといわなければなるまい。

それに第三巻についてはさらに次のような問題がある。一八六三年から六五年という第三巻の具体的内容が構想されつつあったと考えられる時期は、実はマルクスの経済学体系の構想に微妙な変化が生じつつあったと推測される時期なのである。マルクスは一八五七、八年頃から一八六二、三年頃にかけて彼のいわゆる経済学批判体系のプランをいくつか書き残しているのであるが、それらに共通の構造を括り出すならば次頁の表のようになるといってよいであろう。この数年の間にも彼のプランは少しずつ変化していくのであるが、六四年以降になると彼はプランそのものを

マルクスのプラン

Ⅰ 資本
　1 資本一般
　　(1) 商　品
　　(2) 貨　幣
　　(3) 資　本
　　　(a) 資本の生産過程
　　　(b) 資本の流通過程
　　　(c) 両者の統一（または資本と利潤、利子）
　2 競　争
　3 信　用
　4 株式資本
Ⅱ 土地所有
Ⅲ 賃労働
Ⅳ 国　家
Ⅴ 外国貿易
Ⅵ 世界市場（と恐慌）

書き残さなくなる。ところが、そのあとのおそらく一八六五年頃にその草稿が書かれたと考えられる第三巻をみると、そこには二つの異質な方法上の観点が交錯・混在し、方法上の不整合がみうけられるのである。すなわち、マルクスは一方では、第三巻の内容は「資本一般」の範囲内のものであり、その枠外の問題は別の著作で扱われるということを繰り返し注意していながら、同時に他方では、プランでは「資本一般」の枠外におかれている競争、信用、株式資本、土地所有、恐慌などの諸問題をとりあげ、それらについて事実上かなり立ち入った考察を加えているのである。そこで、おそらくこの草稿が書かれた時期はマルクスの体系構成の方法論が動きつつあった時期であり、そのためにこのような混乱が生じているのであろうと推測されるのであるが、この推測はともかくとしても、このような不整合の問題はこのままにしておくわけにはいかないものであって、これが『資本論』が再構成されなければならない理由の一つをなす。

時代的制約　先に述べたように、マルクスが『資本論』を書いた時代は現実の資本主義経済そのものに純粋化が進展しつつあった時代であり、その理論的な実験室を作りあげるのに最も適した時代であった。しかし、そのような現実を眼前にしていたことは同時にマルクスの歴史認識にある制約を与えることにもなった。先に『資本論』第一巻初版の序文の文章を引用したが、マルクスはそのあとにすぐ続けて「イギリスの工業労働者や農業労働者の状態をみてドイツの読者がパリサイ人のように顔をしかめたり、あるいはドイツではまだまだそんなに悪い状態にはなっていないということで楽天的に安心したりするとすれば、私は彼に向かって叫ばずにはいられない。ひとごとではないのだぞ！　と。……産業の発展のより高い国は、その発展のより低い国に、ただこの国自身の未来の姿を示しているだけなのである」と述べている。マルクスにとってはドイツ資本主義はやがてイギリス資本主義のようになり、それらはともに純粋資本主義に近づいていくものであって、各国資本主義の相違はこの純粋化の過程が先行しているか否かの相違でしかないのである。マルクスにとっては資本主義はいわば一つなのであり、『資本論』はこの一つの資本主義の分析であることによって、同時に各国資本主義の一般的分析になっているわけである。これはマルクスが旧来の人間生活や社会関係にたいする資本主義的商品経済の解体力、破壊力を絶対的なものと捉え、資本主義の発展はその外部世界を徹底的に分解し尽し、やがて商品経済の原理が一元的に支配する社会が現実に出現するという歴史観をもっていたことによるものといってよいであろう。

しかし、現実の歴史はそのようには進行しなかった。一九世紀の末頃にはドイツ資本主義やアメリカ資本主義はイギリス資本主義に追いつき追いこすような著しい産業的発展を示すことになるが、これらの後進資本主義国はその発展によってかつてのイギリス資本主義のようになっていったのではなく、それぞれ特殊な資本主義を展開したのであった。しかもその過程で各国の資本主義は、いずれも一方ではその非資本主義的外囲の分解をいっそう進めると同時に、他方では非資本主義的関係を温存し、あるいは新たに導入することによってかえって新たな不純化を進めることにもなったのであって、資本主義はヨコにもタテにも多様な展開を示すことになったのである。

こうして現代では経済学は、マルクスの時代と対比して、一つの追加的な役割を与えられることになる。マルクスの時代には経済学は、各国資本主義の発展の到達点としての純粋資本主義を分析することによって、資本主義以外の社会的生産にたいするいわば類としての資本主義一般の特殊歴史的な本質を明らかにすれば十分であった。資本主義の類的特殊性の解明を経済学の本質規定と呼ぶならば、『資本論』はこのような意味での資本主義の本質規定論として構成されていたということができるであろう。しかし、現代の経済学は、単にこのような資本主義一般の本質規定を明らかにするだけではなく、タテ、ヨコに多様な資本主義のそれぞれの特殊性をも明らかにしなければならないのであり、したがってそのための基礎理論が必要となる。すなわち、現代の経済原論は本質規定の他に、このような多様な資本主義の分析基準としての役割をも果たさなければならないのであり、そのようなものとして構成されていなければならないと考えられるのであるが、『資本論』にはこのような観点が欠如しているのであって、その点が再構成が必要であると考えられる第二の理由をなすわけである。

機構分析と動態分析　マルクスに現実の多様な資本主義の分析基準という意味での基礎理論の必要という問題意識がなかったとしても、だからといってすぐには『資本論』が分析基準として有用ではないということにはならないかもしれない。しかし、第一の問題点として述べたように、『資本論』の第三巻の内容にはプランの「資本一般」論の枠内に限定する観点からのものと「競争」論以下の諸問題を導入しようとする観点からのものとが混在していて、全体として後者の観点からの展開は不十分なままに終っているのであるが、この点は『資本論』を分析基準として利用しようとする場合には重大な難点をなすといってよい。「資本一般」というのは、資本主義的生産の現実的な過程における競争や信用や株式資本などの諸機構の作動とその結果として生じる景気の循環的変動を通して達成される社会的生産の均衡編成を、それを媒介する諸機構や諸過程を捨象して考察するものであって、いわば静学的なマクロ分析という性格の強いものということができる。これにたいして「競争」論以下はこのような「資本一般」を措定する現実的な機構と動態過程そのものを考察しようとするものであるといってよいが、『資本論』ではマルクスは、このようないわば動態論的な過程分析の観点を導入すべきかどうかという点でゆれているわけである。しかし、様々な様相を呈し、様々に変容している多様な資本主義のそれぞれの特殊性を規定しているのは、それぞれの資本主義を措定している現実的な諸機構の作動とその結果としての景気循環過程の特殊性であるといってよい。そうであるとすれば、経済原論が多様な資本主義の特殊性の分析基準という意味での経済学の基礎理論であるためには、「競争」以下の問題の考察を積極的に導入し、商品経済的な利益の最大化を追求する個別諸資本の競争とそれを補足する諸市場機構の一般的考察、およびそれらを前提した資本主義的経済の動態的過程を総括する景気循環論が積極的に展開されていなければならないであろう。本書はその点を最も重要な眼目として『資本論』の再構成を試みたものである。

第一篇　流通論

経済原論の研究対象は純粋の資本主義社会である。それは資本家と資本がそれぞれ社会的生産を編成する主体と形態とになっている社会である。この主体と形態は商品流通世界の中で形成されるものなので、これを流通主体と流通形態と呼ぶことにする。資本主義社会ではこれが同時に生産主体と生産形態になっているのであるが、流通主体と流通形態はそれ自体としては生産過程とは内面的関係のない、生産にとって外部的なものであるため、それが社会的生産の主体と形態となるには、人類史上の特定の段階に発生する人間の労働力の大量的商品化という特殊歴史的な社会的条件を必要とする。そして、この条件がみたされて、生産に外部的な流通主体と流通形態が社会的生産を担当することになると、生産は特殊な変質を蒙り、そのことによって流通上の主体と形態の方も特殊な規定性を受けとることになるのである。

そこで、まず流通論では、流通主体と流通形態が社会的生産を担当していることから与えられる特殊な規定性を捨象し、流通上の主体と形態の規定性に限って、純粋に考察する。

資本家と資本は貨幣所有者と貨幣を前提し、貨幣所有者と貨幣は商品所有者と商品を前提する。これらの三つの流通主体と流通形態は、こうして共時的に存在して商品流通世界を構成している。しかし、それぞれ前者の関係は後者の関係を前提するだけでなく、同時に後者の特殊な一関係としてその内部から分化・発生してくるという立体的な、有機的関連にあるのである。

商品流通世界のこのような構造は、横の等位連関的なものにせよ縦の層次構造的なものにせよ、流通主体の行動によって形成される。この流通主体の行動はきわめて単純明快な行動原則によっている。すなわち、できるだけ有利な交換を行なう、できるだけ安く買う、できるだけ高く売る、できるだけ利潤を増大させる……といった商品経済的利益の最大化がそれである。いわゆる「経済人」的効率化行動といってよいであろう。ただ、原則は単純でも、具体的な行動となると、商品流通世界について入手しうる情報が完全なものではないため、現在の状況判断なり将来の予想なりは流通主体によって個々バラバラになり、個々の流通主体の行動は不均質で不確定なものになる。このような個別主体の行動の集合体としての無政府的な市場経済は、こうしてそれ自体としては不断に不確定的な変動を行なうきわめて不安定なシステムとして措定されるのである。

流通主体の行動がその意図せざる結果として社会的生産を編成することになると、無政府的な市場経済の運動にいわば錘がついて、不安定なシステムに安定化する一面が生じる。古典派はこれを神の見えざる手が働いて調和的な均衡編成が達成されると捉えたのであった。もちろんこの調和の根拠は市場経済の無政府性、不安定性そのものにあるわけではない。しかしまた、社会的生産そのものにあるわけでもない。個別流通主体の「経済人」的行動が、その意図せざる結果として社会的生産を変質させつつ、独自の均衡編成を実現する機構としての役割を果すのである。したがって、資本主義社会の原理論においてまず考察対象とされなければならない基本的な関係は、このような商品流通世界における個別流通主体の行動様式とそれによって展開される流通上の諸形態と諸機構そのものであるということになる。

こうして、第一篇では、市場経済の生産過程にたいする作用と生産過程から受けとる反作用はとりあえず捨象し、市場経済をそれ自体として考察するわけである。ただ、第二篇以降で市場経済が社会的生産を処理するシステムになることを考察するのであるから、ここでの対象である商品流通世界も閉じた世界としてでなく、生産にたいして開かれている世界として設定される必要がある。すなわち、需要と供給はその外部で不確定的に増減するものとして前提されるのであり、その意味でもこの世界はきわめて不安定で不確定的な世界であるといってよい。

第一章　商　品

われわれは商品流通世界を構成する経済主体のうち最も基礎的、抽象的な経済主体を出発点に据え、彼の意識と行動の観察から原理の展開を開始する。それは交換を要求する商品の所有者という経済主体である。

彼は、自分にとっては有用性はないが、他人にとって有用でありうる物を所有している。この物は有体物でも無体物でもよいが、ともかくそれは彼の直接の欲望にとっては役に立たない物であり、その意味でそれは剰余物である。この彼の欲望に満たされていないものがあるとき、彼は自分の所有物のうちの剰余物と交換に自分の欲望を充足してくれる有用物を入手したいという要求を持つことがある。剰余と交換に他の有用物を入手して不充足欲望を満たそうとする場合の彼のこの剰余としての所有物が商品であり、そのような要求を持つことによって彼は商品所有者となる。ある経済主体が他の経済主体との間で交換という関係をとり結ぼうとすることによって、所有物が商品という規定性を受けとるわけであり、商品とその所有者は一体不可分のものである。以下で商品形態を考察する場合、その背後には必ず行動主体としての商品所有者が存在することが留意されなければならない。

さて、商品論では、この商品所有者の意識と行動が動力となって、その交換要求行動の中から貨幣が必然的に発生してくる論理を展開することがその中心的な課題となる。商品にとって貨幣が必然的な存在であるということは、商品にとって、それと外部的に対立する貨幣が不可欠な存在であるということを意味しない。もし両者が互いに外部的な、異質なものであり、しかも必然的に共存的なものでなければならないのであれば、われわれとしてはこの両者を同時的にとりあげて、その機能的な関連を分析することから出発するしかないであろう。しかし、両者はそのような関係にあるわけではない。商品交換は商品の相互関係として行なわれうるものであり、その関係の中からそれを円滑化し、促進する新しい関係が分化してきて、商品の中の特殊な商品が貨幣とされるのであって、貨幣も商品なのである。商品所有者たちの交換要求の中からこのような貨幣にたいする要請が生じ、かつこの要請を充足する条件が商品所有者の相互関係の内部に存在するということが、商品と貨幣との間の必然的な関係ということの意味であり、本章ではこの問題が商品所有者と商品形態の行動論的展開を通して考察されるのである。

第一節　商品の二要因

価　値　商品はその所有者にとって他の何らかの有用な商品と交換されるべき物である。所有者にとっては所有商品には直接の有用性はない。他と交換されうるということがその商品の所有者にとっての有用性なのである。そこで、商品はまず何よりも他者の物との交換性を持つ物であると定義することができる。商品のこの交換性を商品の価値と呼ぶ。これは他の商品を引きつける性質と考えてもよい。そのように考えるとすると、これは商品の需要契機（要因）であり、価値の大きさは他の商品を引きつける力の大きさであるということになる。

商品に交換性としての価値があるかどうか、またどのくらいの大きさの価値があるのかは、ある商品所有者と他の商品所有者との間の関係によって決まるのであるが、当事者たちは、ちょうど物に重さが内在していると観念しているのと同じように、商品はそれ自体で価値という属性を持っているかのように認識し、表現し、行動する。以下ではわれわれも、そのことが問題の解明に支障を及ぼさない限り、価値を商品の一つの内属性であるかのように扱うことにする。

使用価値　A商品の所有者甲がB商品にたいする交換要求を持っている場合、甲はB商品の所有者乙がこの交換に応じてくれることを期待する。乙がこれに応じることができるとすれば、それはA商品が乙にとって何らかの有用性を持っているからである。そこで、商品は所有者以外の人間にとって何らかの有用性を持つ物であると定義することができる。商品のこの有用性を商品の使用価値という。商品の有用性はその商品の所有者にとってのことではないから、商品の使用価値は他人のための使用価値であり、これは商品の供給契機（要因）であるということになる。

商品の使用価値そのものは商品となっている物の自然的属性にもとづくものであり、その限りで物に内属的なものである一面をもっているが、物が有用であるかどうかはそれを使用する人間との関係による問題である。ただ、その場合にも、人間との関係にはレベルを異にする二つの問題があることは留意しておいた方がよいであろう。それは、一定の文化や技術を前提した場合、ある物ないしその自然的属性が人間にとって一般的に有用であるかどうかという問題と、一般的に有用であることが明らかな物ないしその自然的属性が、ある比較的短い期間をとった場合に、個別的な人間にとって有用であるかどうかという問題である。以下で問題になるのは主として後者の場合である。

価値と使用価値の関係　商品所有者は彼の多様な欲望とその変化に応じて所有商品を他の様々な商品と交換したいと考えるであろう。商品はこのように他の任意の商品との交換を要求する存在であるから、商品の価値とはこの任意の商品との一般的な交換性のことであるといわなければならない。ところが商品は、同時に特殊的な使用価値物である。商品の価値は商品が他人のための使用価値である限りで実現される。価値であるためには他人のための使用価値でなければならず、他人のための使用価値でなければ価値でもないのであるが、個々の商品はそれぞれが特殊な使用価値物であるため、特定の他人のための使用価値にはなりえないことがいくらもあることになる。

要するに、商品が特殊な使用価値であることが価値であることの根拠をなすと同時に、そのことが価値であることを制約する条件になる場合があるわけである。こうして、商品は、その価値を一般性として実現するためには、その使用価値の特殊性が何らかの仕方によって解除されなければならない。次節では、意図せざる結果としてではあるが、そのような解除のための機構を作りあげることになる商品所有者の行動様式を考察する。

第二節 価値形態

商品所有者は自分が所有している剰余物と交換に、ある使用価値を欲しいと思っているという意志を表示しなければならない。このことをある商品の価値を表現するという。この価値表現は、交換したいと思っている他の商品の使用価値をその量と一緒に示すことによって行なわれ、この他の商品の使用価値のことを価値の形態と呼ぶ。ある商品の価値性格は他の商品との関係で与えられるのであるが、ここでは内在的な価値が他の商品の使用価値という形態で外化して表現されるという捉え方をして、価値にたいする価値形態というのである。これは商品所有者の観念をそのまま述べたものである。価値形態論では、このような観念にもとづく商品所有者の行動の観察を通して、彼らの多様な価値表現行動の中に、ある特殊な商品による特殊な価値表現の分化・発生の必然性がひそんでいることが示される。こうして、ある商品を貨幣として特殊化し、もっぱらそれと交換しようとする行動の発生を示し、それが特殊な使用価値による交換の制約の解除行動であるという意味をもつものであることを明らかにするのである。

1　簡単な価値形態

商品所有者による価値表現行動の特質を端的に示すために、最初に単一の使用価値によって価値を表現する最も簡単な場合をとって考察することにする。

一方的関係　いまリンネルの所有者が自分の商品一〇ヤールと交換に五ポンドの茶を手に入れたいと考えている例をとって、この関係を、

リンネル一〇ヤール ──→ 五ポンドの茶

という式で示し、リンネル一〇ヤールは五ポンドの茶に値すると読むことにしよう。式の矢印は、この価値表現の関係がリンネル所有者からの一方的な関係で、可逆性のないものであることを示す。すなわち、この関係においては、リンネル所有者は一定の比率による茶との交換を欲しているが、茶の所有者の方でリンネルとの交換を欲しているかどうか、また欲しているとしてもどのような交換比率を考えているか、ということは問題になっていないことを示すためのものである。

相対的価値形態と等価形態　このように式の上辺の商品と下辺の商品とでは価値表現関係における立場が異なるので、この相違を示すために、上辺の、価値を表現する立場の商品を相対的価値形態にある商品といい、下辺の、その使用価値が価値の形態にされている立場の商品を等価形態にある商品という。相対的価値形態にある商品、すなわちリンネルは、価値表現関係においては能動的立場にあるが、この価値の実現関係においては受動的である。逆に、等価形態にある商品、すなわち茶は、リンネルの価値表現においては受動的立場にあるが、その実現についてはイニシアティヴをとりうる立場にあり、このことを等価形態にある商品は直接交換可能性を与えられているという。価値表

現関係の中で等価形態の位置におかれると、その商品はそのままで制約のない交換性であるかのように、つまり価値そのものであるかのように現われることになるのである。

価値実現の不確定性 リンネル所有者の交換要求は一方的なものであって、茶所有者がそれに応じるかどうかは不確定的である。交換に応じうる茶所有者と出会うこと自体がきわめて偶然的なことであるし、出会うことができても交換比率について合意に達しうるかどうかは不確定的である。商品の価値表現ないし価値実現が個別的主体の直接的な関係にとどまっている限り、特殊な使用価値による価値の制約はきわめて偶然的にしか解除されえないのである。この問題は市場経済の不確定性の根源をなす問題であり、それがこの簡単な価値形態において最も基礎的なレベルの問題として提示されているわけである。商品世界は、しかし、様々の商品の価値表現、つまり様々の個別主体の交換要求の絡み合いの中から、新しい価値の表現関係を分化させ、この制約は新しい形態のものに展開する。個別性が社会性に媒介された個別性になることによって、独自的な出会い、調整の機構が形成され、偶然性も変質することになるのである。

2 拡大された価値形態

簡単な価値形態では、一人の商品所有者が単一の他商品の使用価値によって価値を表現する関係をとって、価値表現の基本的な問題を一般的に考察した。ここでは、交換を要求する対象、すなわち等価形態におかれる商品を複数化し、さらに価値表現行動を行なう商品所有者も複数にして、価値表現つまり交換要求の社会的（集団的）な絡み合いを考察する。

等価形態の拡大 商品所有者は多様な欲求とその変化に応じて、任意の種々なる商品との交換を要求するものである。簡単な価値形態で考察した商品所有者が次のような拡大された価値表現を行なっているとしよう。

リンネル一〇ヤール──▶五ポンドの茶
リンネル一二ヤール──▶五ポンドのコーヒー
リンネル二〇ヤール──▶一着の上衣
リンネル三〇ヤール──▶二分の一トンの鉄
リンネル　Xヤール──▶Y量のA商品

この価値表現は、これだけをとるならば、簡単な価値形態で抽象的な例によって考察した問題をより具体的な例によって拡大して示すものでしかない。等価形態が複数になっても、価値表現が一方的行動であることには変りはないのであり、したがって、リンネルにたいして直接交換可能な商品種類は増大するけれども、リンネル所有者がこの拡大された関係を全体として実現しようとするならば、その偶然性、不確定性はいっそう増幅されるだけである。しかし、この関係には単にそのようなことにとどまらない新しい意味が含まれているのである。このことを明らかにするためには、価値表現を行なう主体をわれわれが考察対象にしている商品世界の全商品所有者に拡大してみればよい。

価値表現主体の拡大　商品所有者は本来的に拡大された価値表現を行なうものであるが、そのことは商品世界を構成するあらゆる商品所有者にあてはまることである。簡単な価値形態においても、もちろん、リンネル商品所有者以外のすべての商品所有者が簡単な価値表現を行なっていることが暗黙のうちに前提されていて、相互の出会いないし合意の偶然性、不確定性が考察されていたのであるが、ここではこのような他の構成員の行動を明示的にとり出して、絡み合いをみてみることにしよう。ただし、ここで価値表現主体を拡大して観察するということは、必ずしも商品世界を第三者的に観察するということではない。個別主体の立場に立ち、たとえばリンネル商品所有者が商品世界を見回して、他の主体の行動ないしそれについての情報を参考にしながら自己の行動を決定するという観点を明示的に導入しようということである。

さて、ここでは全商品所有者を価値表現のパターンによってリンネル・グループとコーヒー・グループの二グループに分け、それをそれぞれ次のようにリンネル商品所有者、上衣商品所有者、鉄商品所有者、塩商品所有者の四人の価値表現とコーヒー商品所有者、石炭商品所有者の二人の価値表現とによって例示することにする。これらは商品世界を構成する商品所有者からランダムに抽出したサンプルのような性格のものと理解されたい。

リンネル・グループ

リンネル一〇ヤール→五ポンドの茶
リンネル一二ヤール→五ポンドのコーヒー
リンネル二〇ヤール→一着の上衣
リンネル三〇ヤール→二分の一トンの鉄
リンネル　Xヤール→Y量のA商品

上衣　一着→八ポンドの茶
上衣　二着→五〇ヤールのリンネル
上衣　三着→五クォーターの小麦
上衣　Y着→Z量のB商品

鉄　二分の一トン→二〇ポンドの茶
鉄　一トン→六クォーターの小麦
鉄　二トン→三オンスの金
鉄　Zトン→S量のC商品

塩　五〇キロ→五ポンドの茶
塩　八〇キロ→一着の上衣
塩　一〇〇キロ→一オンスの金
塩　Sキロ→P量のD商品

コーヒー・グループ

コーヒー　四ポンド→一〇ヤールのリンネル　　石炭　二トン→一〇ポンドのコーヒー
コーヒー　五ポンド→一着の上衣　　石炭　三トン→二五〇キロの塩
コーヒー一五ポンド→二分の一トンの鉄　　石炭　四トン→二分の一トンの鉄
コーヒー　Rポンド→Q量のE商品　　石炭　Pトン→R量のF商品

リンネル・グループはいずれも茶を等価形態においており、これが多数派であるとする。茶を等価形態においていないコーヒー・グループは少数派である。このグループの商品所有者にとっては茶はさしあたり有用なものではないので、交換要求の対象にされていないわけである。

このことを茶の側からみると、茶は商品世界の比較的多数の商品所有者から共通に交換を求められている商品であるということになり、したがって比較的多数の商品にたいして直接交換可能な位置にあるということになる。茶商品所有者は、茶を等価形態においている比較的多数の商品所有者との間の交換についてはイニシアティヴをとりうることになっているわけである。

有用性としての直接交換可能性　比較的多数の商品所有者についてこのような行動がみられるとすると、比較的少数派の、たとえばコーヒー商品所有者は、リンネル、上衣、鉄等々の所有者と個々的に交渉し、相手による実現を待つという行動と並行して、自分にとっては直接には有用でない茶との交換をまず実現し、その茶を通してリンネル、上衣、鉄等々との交換を実現しようとする行動をとることが考えられる。

たとえばコーヒー商品所有者は、リンネルや上衣や鉄等の所有者の茶にたいする価値表現をみることにより、たとえばリンネル需要との関連では、五ポンドの茶にたいしてコーヒーを四ポンドまでなら提供できるし、上衣需要との関連では、八ポンドの茶にたいしてコーヒーを五ポンドまでなら提供できるし、鉄需要との関連では、二〇ポンドの茶にたいしてコーヒーを一五ポンドまでなら提供でき、全体として三三ポンドの茶にたいしてコーヒーを二四ポンドまでなら提供しうるであろう。

こうして、茶はコーヒー・グループの商品所有者からも交換を求められることになり、比較的多数の商品所有者から共通に等価形態におかれる商品は、あらゆる商品所有者から共通に等価形態におかれることになるのである。もちろんこの場合、茶はコーヒー・グループの商品所有者にとって直接に有用なものとして等価形態におかれるのではない。それは比較的多数の商品にたいして直接交換可能性をもっているがゆえに等価形態におかれるのであり、茶の交換性ないし媒介性がコーヒー商品所有者にとっての有用性となっているのである。拡大された等価形態には異質の有用性を持った二種類の商品が並存することになっているわけである。

そして、茶がこのようにあらゆる商品所有者から共通に等価形態におかれることになると、もともと茶を等価形態においているリンネル・グループの商品所有者の行動にも、新しい別の意味が生じる。

たとえばリンネル商品所有者も他の商品所有者の茶にたいする価値表現行動を知ることによって、たとえば上衣需要との関連では、八ポンドの茶にたいしてリンネルを二〇ヤールまでなら提供できるし、鉄需要との関連では、二〇ポンドの茶にたいしてリンネルを三〇ヤールまでなら提供できるであろう。またコーヒー需要との関連でも、五ポンドのコーヒーを確実に入手できる交換比率の八ポンドの茶にたいして一二ヤールまでなら提供できるであろう。

こうして、リンネル・グループにおいては、茶は直接の有用性として交換を求められると同時に、他の商品一般にたいする直接交換可能性という追加的な有用性をもつものとしても等価形態におかれることになるのであり、リンネル・グループの商品所有者が等価形態においている茶には二つの有用性が共存していることになるわけである。この追加的な有用性は、商品世界の構成員としての商品所有者の行動が作り出した有用性であり、その意味で媒介された、特殊商品経済的な有用性であるということができよう。

3 一般的価値形態

拡大された価値形態では、商品所有者の拡大された価値表現行動の中に直接的な有用性とは異質の有用性を求める行動が並存、共存するようになることが観察された。ここではあらゆる商品所有者が、比較的多数の商品所有者から共通に交換を求められているような商品によって、自分の所有するすべての商品の価値を表現するようになっている関係をとくにとり出して考察する。ここで一般的形態というのは、あらゆる商品所有者に共通という意味と、個々の商品所有者の所有商品のすべてに共通という意味の二重の意味においてである。

一般的等価物　このような二重の意味で一般的に等価形態におかれることになっている特別の商品のことを一般的等価物という。先の例でいえば茶がそれであるが、この一般的等価物によるいわば間接的な価値表現をとくにとり出すというのは、別に分析者の恣意によってそうするのではない。個々の商品所有者の行動としては、直接的に有用な商品による価値表現も行なわれていると考えておいてかまわないのであり、きわめて偶然的にせよ直接的ないわゆる物々交換が有利に成立するかも知れないことをあらかじめ排除しておく必要はない。一般的等価物以外のすべての商品が一般的等価物によって価値を表現されていると、個々の商品所有者は共通の価値形態を尺度にして自分の商品の表現価値と他の商品の表現価値を比較できるので、需要と供給の出会い、交換比率の自己調整、相互交渉と合意への到達が円滑、迅速に進み、かつそのための費用も少なくてすむことになろう。こうして、間接的交換の場合にはもちろんのこと、直接的交換を含めて考えても、個々の商品所有者の行動において一般的等価物による価値表現が支配的になると考えられるのである。個々の所有者の全所有商品についての価値表現は、たとえば次のようになろう。

リンネル一五〇ヤール──→九〇ポンドの茶
上衣　二〇着──→二一〇ポンドの茶
鉄　一〇トン──→四五〇ポンドの茶
塩　一二〇〇キロ──→一五〇ポンドの茶
コーヒー二一〇ポンド──→二四〇ポンドの茶
石炭　六〇トン──→三五〇ポンドの茶
N商品　n量──→M　ポンドの茶

実質的使用価値との関係　この一般的等価物としての商品、たとえば茶は、個々の商品所有者にとって必ずしも直接に有用な実質的な使用価値をもつものとして求められているのではなく、あらゆる商品にたいする直接交換可能性をもつものとして求められているわけであるが、そのことはここでの個々の商品所有者の価値表現が、直接の有用性とは無関係な、実質的な使用価値から解放された行動になっているということではない。むしろ逆である。個々の商品所有者は、自分にとって直接に有用な任意の商品との交換を促進するためのいわば回り道として、一般的等価物による価値表現を行なっているのであり、実質的な使用価値を入手するための媒介物であるという点で、一般的等価物自体については直接の有用性がある程度消極化しているにすぎない。

しかも、単なる媒介物でしかないから消極化するといっても、一般的等価物の実質的使用価値が全く無意味になってしまうわけでもない。個々の商品所有者は、比較的多数の商品所有者がその直接的な有用性を求めていることを知っているからこそ、それですべての所有商品の価値を表現しているのであり、その行動が結果として一般的価値形態を成立させているのである。

二つの役割と使用価値　このように一般的等価物は、直接的な有用物との交換の媒介物という役割と、比較的多数の商品所有者にとっての直接的な有用物という役割とを持っているのであるから、両方の役割を果すのに適した自然的属性を兼ね備えた商品が一般的等価物の地位につく可能性の大きい商品であるということができよう。しかし、後者の役割にふさわしい自然的属性が前者の役割にふさわしい自然的属性と一致するとは限らない。だいいち比較的多数の商品所有者に共通な直接的有用物は変化しうるものであるし、複数種ありうるものである。したがって、そのかぎりでは一般的等価物は変動可能であり、また複数種存在することも排除されないであろう。先の拡大された価値形態のところの例解でいえば、茶についで比較的多数の商品所有者から等価形態におかれていた鉄なども一般的等価物の地位におかれうるし、共通の有用性という点でいえば、たとえば上衣や小麦などにも可能性がないわけではない。

しかし、交換の媒介物にふさわしい自然的属性ということからいえば、一つにはいかに細分化しようと、また結合しようと、使用価値に変化がないような商品であることが望ましい。上衣などは分割するとその固有の使用価値を失なうので、一般的等価物にはふさわしくないであろう。第二に、交換に時間を要しても変質することのないように、使用価値の耐久性が大きいことが望ましい。小麦などはその点に多少問題があるといえよう。それに、小麦についていえば、必需品はある意味では比較的多くの商品所有者から共通に求められるといってよいが、ある意味では需要に一定の限度があり、必要が満たされれば、必ずしも交換を要求されなくなるという問題がある。このことをいいかえれば、媒介物にふさわしい直接的有用性は、必需品的な性格よりもむしろ奢侈品的なもの、すなわち無ければ無くても済むが、それにたいする欲望には限度がないようなものであるといえよう。現実には商品経済の歴史の様々な試行錯誤の結果、金が二つの役割を果たすのに最も適した商品として最終的にこの一般的等価物の地位を独占することになった。一般的等価物の地位に多少とも定着した商品のことを貨幣と呼ぶが、理論だけからは必ずしもこの一般的等価物の素材を特定することはできないと考えられる。

第三節　貨幣形態

方法上の前提　以下では貨幣は金に固定化するものとして議論を進めるが、そのことには実は理論的には若干問題がある。現実の商品経済の歴史においては、ある時期以後金が貨幣の地位を独占したが、それはイギリスをはじめとする資本主義諸国家が金を本位貨幣として制度的に固定化したことによるものであって、金への固定化を流通当事者の行動だけから説明することはできないと考えられるのである。もちろん個別当事者の意識と行動にも貨幣商品の固定性を求める一面はあると考えてよい。したがって以下の展開はその一面をとり出したものといってもよい。しかし、商品世界における諸商品の価値関係が変動し、その結果もしある特定の商品を一般的等価物としていることが当事者たちに損失をもたらすようなことがあれば、当事者たちは一般的等価物としての商品を変更するように行動することになるはずである。法制によって固定化されていればそうはいかないが、その場合には固定されていなければ蒙ったであろう不利益からは免れていると同時に、固定されていなければ得られたであろう利益を放棄することになるわけである。原理論の世界は一般的にはこのように当事者に損失を強いる外的要因を導入するわけにはいかないのであるが、以下ではこのような問題があることを念頭においたうえで、便宜的に貨幣がある単一の商品に固定されているところをとって、貨幣の形態と機能を考察するという方法をとることにする。

貨幣としての適性 貨幣は理論的には必ずしも単一の商品に固定化されないわけであるが、複数の商品がその地位を占めうるといっても、それは貴金属のいくつかに限られることになろう。貴金属は次のような諸点で貨幣商品としての適性を具えているからである。すなわち、貴金属はまず無ければ無くて済むが、同時にその美的性質が人を魅する装飾的使用価値をもつものであり、奢侈品にたいする人間の欲望には限度はない。これが貨幣の資格に最も重要な要因の一つである。さらに、その自然的属性のいくつかは交換の媒介物としての役割に非常に適している。第一に、どのような量にも比較的容易に分割、結合できる性質があり、かつそうしてもその使用価値に変化がない。これは大小様々の価値量を表現しなければならない貨幣に必要な性質である。第二に、使用価値の耐久性、化学的不変性が大きい。これは交換に時間を要する場合や等価物のままで暫く保存しようとする場合に有用な性質である。第三に、使用価値量に比して価値が大きい。これは移転、保管に有利な性質である。そして、貨幣の地位が法制的に金に固定されたのは、金がこれらの諸性質について最もすぐれていたからであると考えてよいであろう。

商品一単位の価値表現 個々の商品所有者は、一般的等価物による共通の価値表現が行なわれるようになると、自分の商品の価値と他のすべての商品の価値とを共通の尺度で比較しうることになる。しかも、個々の商品は一般的等価物としての貨幣に転化されさえすれば、量の問題を別にするならば、いつでも任意の商品と交換されることができるのである。そこで個々の商品所有者は、自分の必要とする特殊な使用価値を入手するためには自分の所有する商品のどのような量を提供しうるかという観点から一般的等価物によって価値を表現しようとする行動と並行して、自分の所有する商品の価値表現そのものを目的とする行動を展開することになり、後者が支配的になる。すなわち、個々の商品所有者は、一般的には自分の所有する商品の一単位をとってその価値を表現することになるのである。これを価値の貨幣形態あるいは価格と呼ぶ。一般的価値形態では、価値表現はなお直接的な有用物との交換のための価値表現として考察されたが、ここでは交換性そのものを一般的に表現する価値表現のための価値表現が相対的に独立している側面がとり出されるわけである。貨幣による価値表現は、たとえば次のようになろう。

一ヤールのリンネル→金〇・〇五オンス
一着の上衣→金一オンス
一トンの鉄→金三オンス
一キロの塩→金〇・〇一オンス
一ポンドのコーヒー→金〇・一五オンス
一トンの石炭→金〇・四オンス
一単位のN商品→金Xオンス

いいかえれば、貨幣による価値表現では個々の商品所有者は、具体的な特殊な使用価値にたいする欲望からある程度独立に、抽象的な一般的直接交換可能性そのものをそれ自体として求め、とりあえずそれにかえておこうとする意識と行動の側面がとり出されているのである。もちろんこの場合も、様々の具体的な使用価値にたいする交換要求がこの行動の背景にあることには変わりはないのであるが、それが抽象化しているのであり、そのことが単位量の商品の価値表現という行動として現われているわけである。また、このように交換要求が抽象化することによって、価値表現行動は欲求の不断の変化と多様化に応じうるものとなるのである。

象徴としての貨幣　さらにまたこの場合、貨幣としての金の一般的な直接交換可能性の背景には、その美的性質にもとづく直接的な有用性が比較的多数の商品所有者から共通に求められているということがあることにも変わりはない。しかし、金が貨幣の地位に定着しうるのは、比較的多数の商品所有者より求められているその直接的な有用性が他の商品よりもすぐれているからではなく、媒介的役割に適した自然的属性が他の商品よりもすぐれているということによるのであって、そのことからいえば、貨幣における使用価値は、その直接的な実質的有用性よりも媒介物としての有用性の方が積極的な意義をもっているといってよい。

したがって貨幣は、媒介物としての適性を備えているものであれば、必ずしも金そのものでなくても、金そのものの直接的有用性からいわば相対的に独立している金の代用物でもよいことにもなる。もちろん、比較的多数の商品所有者にとっての直接的な有用性が、あくまでも貨幣の一般的な直接交換可能性の根拠であるから、それから完全に自由になることはできないが、必要に応じて直接的有用性の具体的な担い手としての金に転換しうることが保証されていさえすればよい。この金の代用物は、金の代用物というよりも貨幣の代用物なのであるが、しかし一般的な直接交換可能性そのものの象徴としてそうなのであり、その意味では代用貨幣こそがむしろ貨幣そのものであるようにみえることにもなるのである。

不確定性の展開　商品世界はこうして一般の商品と特殊な商品である貨幣とに分裂し、個々の商品所有者がそれぞれの商品の価値をこの貨幣で統一的に表現することになると、簡単な価値形態のところでみた相対的価値形態と単一の等価形態の間の一方的関係が商品と単一の貨幣との間の一方的関係として再現する。しかし、貨幣はあらゆる商品所有者から交換を求められているがゆえに、あらゆる商品所有者から等価形態におかれるのであって、これは単なる再現ではない。貨幣は一般を含蓄した特殊、社会を含蓄した個別なのである。したがってまた、このような貨幣による統一的な価値表現は個々の商品所有者にとって、単に自分の商品と他の不特定多数の商品との交換関係の不確定性を貨幣との集中的な交換関係の不確定性に転化させるだけのことではない。貨幣による価値表現によって商品の価値実現の不確定性そのものが除去されるわけではもちろんないが、しかし、このような貨幣の生成は、種々の商品の価値表現の統一的な基準による比較とそれにもとづく訂正を可能にし、合意の形成を間接化する反面、いわば組織化する意味をもっているのであって、その点で諸商品の価値実現の不確定性を独自の仕方で解決する機構の生成という意味をもつものなのである。

物神性　貨幣による単位量商品の価値表現が行なわれるようになっても、それは価値の実現が確定化することを意味するわけではない。しかし、あらゆる具体的な商品にたいする直接交換可能性が、貨幣という具体的存在と化し、代用貨幣として象徴的な存在とさえ化すことになると、このような貨幣ないし代用貨幣によって価値が表現されることによって、個々の商品所有者にとって商品ないし価値の意味も変わってくる。個々の商品所有者にとって商品ないし価値とは、もともとは自分の商品の使用価値を条件として他の商品の使用価値を求める具体的な関係でしかなかったが、価格をつけるという行動を行なうようになると、ちょうど物に重さが内在していると観念されるように、価値は商品としての物に共通な内属性であるという観念が確実になり、個々の当事者はそのような観念によって行動するようになる。個々の商品所有者の行動の集合が、ある特殊な商品に一般的な直接交換可能性を与え、それを貨幣にしたのであるが、そのような背景に無関心な個々の商品所有者にとっては貨幣は所与のものであり、したがってまた一般的な直接交換可能性もいわば自然的属性として観念される。こうして個々の商品所有者たちは、その行動が形成した貨幣によってその行動を外的に規制されることになるのである。このように商品世界の当事者たちの行動の諸関係の中で形成されるものであるにもかかわらず、物の内属性であるかのように観念される商品や貨幣の独自な性格を、商品や貨幣の物神性と呼び、そのような観念のことを物神崇拝と呼ぶ。このような表現を用いるのは、流通主体が実はその行動によって形成している流通諸関係の形態によって逆にその行動を規制されることになっている構造の主体的契機を明確にするためである。

第二章　貨　幣

商品論の中心課題は、商品所有者の価値表現（交換要求）行動を通して貨幣の存在の論理的根拠を行動論的、発生論的に示すことにあった。本章の貨幣論では、こうして存在の意味を明らかにされた貨幣がその一般的な直接交換可能性を、いわゆる一般的な購買力として現実に発動させ、商品論で商品の価値表現の世界として提示されていた商品世界を、貨幣による価値実現の世界としての商品流通世界に転化させるという問題が考察される。

本章の構成は貨幣の諸機能を列挙するという形式によることにするが、内容は単に機能を羅列するだけのものではない。貨幣所有者の商品所有者にたいする行動が形成する関係を、貨幣の機能が形成する関係として捉え直し、さらにこうして形成されている関係を前提して、貨幣所有者が新たに行動することによって形成される関係の進展を、貨幣の機能の展開として考察するというように、ここでも行動論的、発生論的アプローチを行ない、貨幣の諸機能に象徴される商品流通世界の構造を立体的に構成する。また機能論としても、個別的当事者主体にとっての機能と商品流通世界の構造化にとっての機能という二つの観点を区別して考察する。

なお、次章の資本との関連でいえば、貨幣の機能の考察は、貨幣が増殖の対象となるような種々の独自の使用価値を有するものであることを明らかにする意味をもっているわけであるが、同時に貨幣論で明らかにされる商品流通世界は、資本が登場しうるような構造を準備すると同時に、資本の登場によってさらに新たな構造化を展開していくという関係にあるものであることを明らかにする意味ももっているのである。

第一節　購買機能

購買手段としての貨幣　あらゆる商品にたいして直接交換可能性をもっている特殊な商品としての貨幣を所有する貨幣所有者は、商品所有者の所有する種々の商品の購買に自由に出動してその商品を入手することができる。こうして、表現の世界として措定されていた商品世界は実現の世界として流通運動を開始する。この機能が購買手段としての貨幣の機能である。

購買によって貨幣は商品の売手に移り、商品は買手に移る。貨幣による購買は売手の側からみると商品の販売であり、商品と貨幣とは反対の方向に移転して持手を変換する。この持手変換のことを流通という。この売買のイニシアティヴを握っているのは貨幣所有者の買手である。貨幣所有者が購買することを決める限りにおいて商品所有者である売手は販売することができる。商品所有者は販売しないことを決めることはできるが、販売を自分の方から実現することはできない。

価値の実現　商品の売買は一定の時点に一定の価格によって行なわれる。売買のイニシアティヴとは売買の時機の決定と価格決定のイニシアティヴのことでもある。買手は売手が期待していた時に、表現していた価格通りに実現するとは限らない。買手も必要なものを購入するのであるから、購買の時機と価格の決定のイニシアティヴは必ずしも完全なものではない。また買手の間に競争が働くということもないわけではない。しかし、これは売手による商品の供給に制限があるという条件のある場合のことであって、供給が弾力的で

図　I-2-1

あり、買手に多少とも待つ余裕があるという条件のもとでは、商品売買関係は一般的な性格として買手市場的であって、買手が時機と価格の決定力を持っていると考えてよい。

売手は価格が折り合わないときには、販売しないという行動をとることはできる。しかし、商品所有者としては遅かれ早かれ商品を販売しなければならないのであるから、ある価格で売らないというのは、他の買手を探すなり、ある期間待つなりすれば、それ以外の価格で売れるという期待があってのことであり、そうでなければ売るほかない。別の場所なりある期間後なりに売ることになった場合に、先の価格以上に実現できたとすれば、その限りでは売手の側にも価格の決定力があったともいいうるが、それはいわば売手の売りうる最下限を決定しているにすぎない。それ以上の価格の決定の主導権は買手にあるのであり、売手は折り合わなければ、販売しないことを決めることができるだけなのである。

売買にともなう諸費用　売買にともなって種々の費用が支出されなければならない。商品や貨幣の運搬や保管などのための費用はもちろんのこと、価格についての情報を収集したり、伝達したり、予想したりするためにも費用が支出されうる。たとえば商品の買手は購買にさいして、市場を調査して最も安い売手を探すとか、将来の市況を予測して購買の時機を決定する活動を行なうのであり、市場の調査ないし市況の予測に多少の費用がかかっても、その費用によって商品を安く買うことができれば、それを支出することになると考えられる。同じ事情は売手にもあるのであり、費用を支出しても商品を高く売ることができるのであれば、売手もそれを支出することになろう。売手の費用としては市場の調査ないし市況の予測の費用の他にも価格や品質の広告・宣伝のための費用も考えられる。

二つの個別的価値　売手がつける価格は売手にとっては実現されるべき価値の貨幣形態である。これを決めるには売手側に一定の根拠があったと考えてよいであろう。たとえば、その商品の入手費用、現在の需給についての判断、将来の需給についての予測、そのための費用などである。しかし、この売手によって表現された価値ないし価格はその通り実現される保証はない。種々の売手の間でも個別的諸事情の相違によってそれぞれの価格はバラつくであろうし、買手の方にも必要度、緊急度、需給についての判断、予測などに種々の相違があり、相互に市場を見渡し、情報を収集したり、伝達したり、操作したりしながら、できるだけ高く売ろうとする売手とできるだけ安く買おうとする買手との間で交渉、駆引が行なわれ、結局、買手のイニシアティヴのもとに価格が決定されて、売買が成立することになる。こうして、売手が主観的な評価として一方的に表現していた価値ないし価格は、買手によって往々にしてそれとは異なる価値ないし価格として実現され、客観的に確定されるのである。

このように、貨幣との交換力としての商品の価値には、売手が評価して表現する価値と買手が評価して実現する価値という二通りの価値があり、それに対応して価格にも二種類あるわけである。そして、これらはいずれもとりあえずは特定の売手なり買手なりにとっての個別的な価値ないし価格であるから、売手の間でも種々に異なり、買手によっても種々に相違するのであり、無数の個別的に表現された価値、個別的に確定された価値があるということになる。

社会的価値　しかし、価値を商品の交換力であると規定するとすれば、このような二種類の個別的価値のほかに、社会的な価値の概念があってもよいであろう。いいかえれば、少なくとも同じ時期をとれば同じ商品の同一使用価値量は同一交換力としての同一価値量を有しているはずであるという観念が、商品所有者の間に一般的に形成されると考えることは可能であろう。商品が生産によって供給され、生産条件も標準化していて生産費用も確定的であるというような事情があれば、このような観念は容易に形成されるし、個別的な当事主体がその行動を選択、決定する際の基準としてもこれは有用な観念であるといってよい。ここではそのような画一的生産による追加供給可能という条件を積極的に想定するわけではないが、同一商品の同一使用価値量は同一価値量を有するという観念の形成は想定しうるものとする。そしてこのいわば第三者的な、社会的な価値も以下では単に価値と呼び、それを貨幣量で表示したものをも単に価格と呼ぶことにする。

こうして価値とその貨幣形態である価格は三種類あることになる。このうちの第三者的な価値と価格は、現実にはそれ自体として可視的に存在するようなものではない。現実には、売手がそれを個別的に評価し、表現する価値ないし価格と、買手がそれを個別的に評価し、客観的に確定する価値ないし価格として存在するにすぎない。個別的当事主体にとっては価値はそのようなものとしてしか捉えようのないものである。

価値尺度　貨幣所有者たちと商品所有者たちとは市場における需給の状況を見回し、情報収集ないし伝達のための諸費用を支出しながら、できるだけ有利に商品を売買しようとするわけであるが、そのようにして行なわれる商品売買がある商品種類について繰り返されることになると、流通世界におけるその商品種類の表現価格と実現価格が接近し、また売手間、買手間の個別的なバラツキも多少とも接近する傾向が生じる。いわゆる一物一価の関係、あるいは物価水準が形成される傾向が生じるということができるわけである。

もっともこの場合、ある水準に平準化する傾向が見られるといっても、それは価格がある水準に収斂してしまうということではない。それはかなり大きな幅の間を不断に変動することを排除しない、きわめて緩い意味のものと考えられなければならない。この傾向はあくまで個別的判断や予想に媒介されたものであり、それに個別主体の欲望の変化という事情も考慮すれば、商品流通世界における需要と供給の対応関係そのものが不断に無政府的に変動していると考えられなければならないからである。そして、価格がこのようにある幅の中でにせよ不断に不確定的な変動をするとすれば、商品世界のなかの異なる場所ではこの不確定的な変動は必ずしも同時的に生じないし、その波長は種々に異なると考えられるから、価格は空間的にも多かれ少なかれバラついていると考えられなければならない。価値は、このように現実にはあくまで個別的価格として、社会的価値とは必ずしも関係のないある幅のある水準の内部で、時間的、空間的に不確定的にバラツキながら実現されるほかないわけであり、流通関係が社会的生産を担当するようになって、価格変動が重心をもつようになっても、このような個別的なあり方以外の価値の現存の仕方はないのである。

貨幣は商品の売手にとって商品の価値の表現材料であった。この価値表現の際に貨幣商品金の重量が価値量を表示する役割を果たすという点で、貨幣が価値の一般的尺度として機能しているといわれる場合がある。この場合の尺度とは、売手が主観的に価値量を表現する際に金量を物差しとして価値を測定して表示するという意味である。それにたいして、ここで述べたように貨幣が買手にとっての購買手段として機能することになると、商品の価値は現実に一定の金量として確定される。それはあくまで個別的な確定であり、価値を正確に測定して確定したものとはいえない。実際また、繰り返し購買が行なわれるところを第三者的に考察してみても、時間的にも空間的にも実現される金量のバラツキがなくなることはない。しかし、価値を客観的に測定する仕方はそれ以外にはないという意味では、この貨幣による購買機能は商品の価値を現実的に尺度する機能であると捉えることができるものである。

第二節　交換機能

商品の購買によって貨幣所有者は特殊な使用価値を入手し、商品の販売によって商品所有者は貨幣を入手した。こうして貨幣は特殊的な有用物に転化し、商品は一般的等価物に転化したのであり、商品の価値は特殊な使用価値による制約から解放されて、独立の存在を獲得することになったわけである。自分にとって有用性のない特殊的な使用価値物の所有者は、こうして自らが欲する任意の商品を入手することができることになる。そのためにこそ商品は販売されたのである。ある商品が他の商品に転化するこの過程を媒介する点にこそ、貨幣の存在の本来の意味があったのである。

しかし、この過程の出発点をなす販売は、売手にとってはきわめて不確定的な、困難な過程である。価格も販売が実現する時期も貨幣所有者のイニシアティヴによって決められるのである。そこで商品所有者の側でも、その不確定性に対処するための種々の行動を工夫することになり、貨幣所有者の方でもそれに対応した新たな行動を展開することになる。この不確定性をめぐる行動には、当然のことながら市場の現在や将来についての判断や予測の要因が入り、それにもとづいて行動を選択、決定するということになり、貨幣の機能もある時点のものとしてだけでなく、ある時点と他の時点の流通世界をつなぐ機能として展開されることになる。単なる購買の場合にも、それが過去の状況についての情報と将来についての予測にもとづく行動である点では、時間の幅という契機が全くないわけではないが、ここでは商品流通世界そのものが時間的な厚みをもった構造のものとして明示的に展開されることになるわけである。こうしてまた、期間が問題になることによって、巨視的な問題としては、商品流通世界における貨幣のフロー量とストック量および商品のフロー量の関連いかんといった問題が生じることにもなる。

1　交換手段としての貨幣

貨幣は購買手段としての機能を繰り返すことによって、個々の商品所有者にとっては商品交換の媒介物となり、商品流通世界にとっては商品の持手変換を媒介すると同時に、自らも持手を変えつつ転々と流通界を動き回る。

商品交換の媒介　貨幣による購買の裏側として商品の販売が行なわれる。商品所有者Bが貨幣所有者Aに商品W_1を販売して入手した貨幣で別の商品所有者Cから商品W_2を購買したとすると、個別流通主体Bにとってはその所有商品W_1は別の商品W_2に転化したのであり、貨幣はBにとっての商品交換を媒介する役割を果たしたことになる。ここで媒介というのは、貨幣が単に形式的に商品と商品の間に入っているということを意味するだけではない。ここの貨幣Gは、一面ではW_1と対立する独立の存在であるが、他面ではW_1の価値のいわば影のようなものでしかなく、W_1の価値の独立化したもの、W_1の交換力の転じたものなのである。Bは実質的にはW_1でW_2を買ったのであり、Gがそれを媒介したのである。

ただこの場合、W_1とW_2の交換といっても、W_1の所有者BがW_2の所有者Cと直接に交換取引を行なうのではない。Cの商品W_2はBの手に移るが、Bの商品W_1はAの手に移るのである。AとB、BとCの間で貨幣が二度購買手段として機能するのであり、その間に多少とも何らかの期間があるとしても、貨幣はその二度の機能の結果としてBにとってのW_1-W_2を媒介することになっているのである。このようにして、貨幣が単なる購買手段としての機能を果たしながら、その繰り返しの過程で追加的に受けとることになっている交換媒介の機能を交換手段としての機能と呼ぶ。

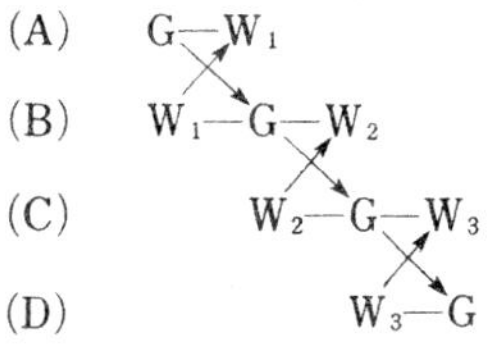

図　I-2-2

商品流通の媒介　Bにとっては商品の交換であるこの関係を俯瞰的に観察するならば、これはA、B、Cという三人の流通主体の間で貨幣が二度持手を変換し、横の連関を拡大しながら、二組の流通主体の間で二商品の持手変換を実現する関係であるということができる。販売によって取得された貨幣は、購買が繰り返されるかぎりで、次々と続く取得者C、D、E……においても繰り返し購買手段として機能し、そのことによって個々の流通主体にたいしては交換手段としての機能を果たしながら、次々と商品の持手変換を媒介してゆく。商品の持手変換を商品の流通と呼ぶとすれば、貨幣は商品の流通を媒介しているという意味で、この俯瞰的にみたときの機能を流通手段としての機能と呼ぶ。また貨幣も持手を変換しているという意味では流通しているのであり、その点で貨幣の形態としては流通貨幣、あるいは通貨と呼ばれる。

このように商品流通世界は個々の商品所有者のもとで行なわれる商品交換の連鎖として形成されるわけである。個々の商品交換はそれぞれ他の商品交換を前提とし他の商品交換の前提となる。したがってまた、どこかで購買が中断すれば、その購買があれば形成されたであろう一連の商品流通が中断することにもなる。もっともこの連鎖は、一商品の販売によって得られた貨幣が多商品の購買に分割されて出動したり、多商品の販売によって得られた貨幣が一商品の購買に合一されて出動したりというように複雑に絡み合い、複雑に前提しあって形成され、全体として商品世界における商品集合の流通を、つまり持手変換を実現するのである。

流通手段としての貨幣の量　流通手段としての貨幣はこのように個々の流通主体にたいして商品交換の手段として機能しつつ、商品についてみればその持手変換を媒介し、流通界を流通して行くのであるが、この機能は当然のことながら多かれ少なかれある期間を必要とする。商品の販売によって取得された貨幣は必ずしも直ちに購買に出動するとは限らないのであるから、その間にさまざまの時間がかかることになるし、また購買することが決まってからも商品の持手変換自体に多少とも時間を要するから、二回以上の売買の繰り返しによる貨幣の流通は時間を必要とするのである。このように流通手段としての貨幣の機能は一定の期間における機能であることから、当然にこの貨幣機能の考察に際しては、この形態にある貨幣はこの期間中に何回の商品交換を媒介するか、その結果ある量の貨幣がこの期間中に全体としてどれだけの価額の商品の流通を媒介するかといった貨幣の流通の速度とか、この期間中の商品の流通総量と、この貨幣の量との関連が問題になることになる。こうして商品についても、貨幣についても、ある時点の量とある期間の量という二種類の量規定が生じることになる。

いま貨幣が持手を変える回数を貨幣の流通速度と呼ぶことにすると、ある期間の商品流通世界において、商品流通を媒介する流通手段としての貨幣の量は次のような式で示すことができる。

$$流通手段として機能する貨幣の量=\frac{流通商品価格総額}{貨幣の流通速度}$$

この式は恒等式であり、この式自体はどの因数が独立変数であり、どの因数が従属変数であるとか、左辺が右辺を規定するのか右辺が左辺を規定するのかといったことを示すものではないことに注意する必要がある。

2　準備手段としての貨幣

販売の不確定性に対処する流通主体の行動様式の一つとして、必要に応じて購買が可能であるように、購買手段としての貨幣を当面の必要とは独立に準備しておくという行動が展開される。

購買と分離した販売　購買は販売によって取得された貨幣によって行なわれ、こうして貨幣は交換手段として機能するのであったが、商品の販売は不確定的な過程であって、ちょうど必要な時点に最も有利な価格で行なわれうるとは限らない。ある時点にどうしても販売しなければならないということであれば価格を下げなければならないし、ある価格でどうしても販売したいということであれば販売の時機を選ぶことができないといったことが生じる。購買の必要な時点と販売の有利な時点とは必ずしも一致しないわけである。

こうして、直接の購買の必要とは切り離して、最も有利と考えられる時点にできるだけ販売を行ない、一般的等価物としての貨幣への転化をともかくも済ませてしまおうという行動が重要な意味をもってくることになる。貨幣がこのようにして貯えられていれば、流通主体は必要に応じて購買することができるし、また必ずしもすぐ必要ではないがいずれ購買しなければならないものについて、できるだけ有利な時点を選んで購買するというような行動も可能になる。このような目的のために流通主体のもとに引上げられて待機する貨幣の機能を、準備手段としての機能と呼ぶことにする。販売 W_1-G によって取得した貨幣をいくつかの購買 $G-W_2$ に分割的に出動させるとか、いくつかの販売 W_1-G を繰り返して貨幣を積立て、それを一回の購買 $G-W_2$ に出動させるということが技術的な理由で必要な場合は、必ずしも販売の不確定性と直接の関係はないが、それもここに含めておくことにしよう。このような機能を行なう貨幣の形態規定の名称としては準備貨幣、遊休貨幣、休息貨幣などがあり、資金と呼ばれることもある。また従来、蓄蔵貨幣という名称で呼ばれていた貨幣の一部もここに含めることができるといってよいであろう。

貨幣の滞留　交換手段としての貨幣が準備手段としての貨幣に補足されて機能しているということは、いいかえると、ある期間の商品流通世界を俯瞰的に考察した場合に、そこで流通している貨幣は次の二つの部分から構成されているということである。すなわち、(1)持手変換の過程にある貨幣部分。具体的には、瞬時的に持手変換をする部分を別とすれば、送金過程にあって場所移動中の部分ということになる。(2)個々の流通主体のもとで出動を待機中の滞留貨幣部分。遅かれ早かれ出動を予定されているのであり、流通貨幣の一つのあり方であると考えられなければならない。さきの流通手段としての貨幣の量は、具体的にはこの二つの貨幣量から成るのであり、絶対量とともにこの二つの構成部分の比率を変えながら、不断に伸縮する商品流通を媒介するのである。

3　支払手段としての貨幣

流通世界を構成する流通主体のもとに準備貨幣が積立てられているという条件があると、現在の貨幣ではなく将来の貨幣による売買が可能になり、流通の不確定性に対処する行動がより進展する。

信用による売買　準備手段としての貨幣の積立てに余裕があると、売手は価格が有利な時点を選んで販売することができることにもなるが、それだけではない。現在の時点で貨幣を取得しなくても、将来の一定の時点に貨幣が支払われるという確実な約束があれば、この将来の貨幣にたいして商品を販売することも可能なので、このような新しい販売関係を展開することによって有利な価格や期間を能動的に設定しつつ、不確定的な販売を確定化しうることになる。

また買手としても、一般的に不利な販売を強いられることを回避するために準備貨幣を積立てる行動をとっているとしても、購買需要が生じたときにちょうど準備が涸渇しているということもあれば、準備を超えるような購買需要が生じることもあり、その時点で販売することはきわめて不利である、あるいは不可能であるということがある。そのような場合、一定期間後には販売が有利ないし可能になるという予測があれば、将来の貨幣支払約束によって商品を購買しようとする行動が生じることになる。

こうして、売手にとっても買手にとってもそれぞれメリットのある関係として、貨幣を同時的に授受することなく、将来の支払約束にたいする信用によって商品が売買されるいわゆる掛売買が形成されるのである。

手形と貨幣　掛売買における支払約束を一定の形式で紙片に記載したものが手形である。掛売買によって売手と買手との間に債権・債務関係が発生する。手形はここに発生した権利・義務を記載した証書であるということになる。通常の貨幣による商品の売買においては、商品と貨幣の逆方向の持手変換が同時的に行なわれたが、掛売買においては、商品は支払約束ないし手形によって持手を変え、一定期間後に約束された支払を実行するために貨幣が持手を変える。商品の売買は商品と貨幣の持手変換が時間的に分離した二重の過程として行なわれるわけである。貨幣はここでは掛売買によって形成された債務を支払うための支払手段として、あるいは債権・債務関係を清算するための決済

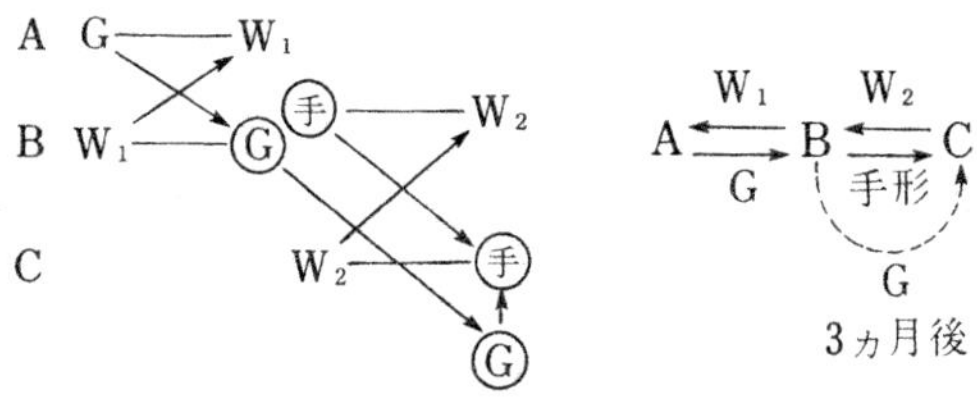

図　I-2-3

手段として機能しているのであり、商品の移転そのものは支払約束によって行なわれているという意味で、手形ないし将来の貨幣が事実上の購買手段として機能しているということができる。

もちろん、この手形の機能は支払手段としての貨幣の出動を予定してはじめて可能になっているものであり、またこの支払いによって売買は最終的に完了するのである。たとえば図I-2-3のBによるW_2の掛買いは三ヵ月後の支払いを予定して成立しているのであり、この支払いはW_1-Gによって取得される貨幣によって行なわれるのであるから、支払手段としての貨幣の機能はBにおけるW_1とW_2の交換の媒介機能の発展したものと捉えることができよう。また、こうして準備手段としての貨幣の機能も購買手段の準備だけでなく支払手段の準備という機能を展開することになる。しかし、ここで直接に購買手段として機能しているのはあくまで貨幣そのものではなく三ヵ月後の支払約束を記載した手形であり、これが二重化した売買過程において購買手段としての貨幣の代理をしているのである。この代用貨幣の購買力の根拠は将来の支払いにたいする信用であるという意味で、このように機能している手形を信用貨幣と呼ぶことがある。Cがこの手形を自分の掛買いの手段に利用し、手形が購買手段として繰り返し機能することになると、この代用貨幣は交換手段ないし流通手段として機能しつつ商品流通世界を転々流通してゆくことにもなる。

流通貨幣の節約　一枚の手形が次々と多くの掛売買に利用されて転々流通すると、多くの持手変換の連鎖と同時に多くの債権・債務の連鎖が形成される。一枚の手形で形成される債権・債務関係は金額も支払期日も同一であるから、支払期日に最初の債務者が最終債権者に支払いをすれば、中間当事者の債権・債務もすべて決済される。彼らの債権と債務の相殺がこの支払いによって現実に確定するといってもよいであろう。この連鎖が円環を形成するようなことがあれば、すべてが中間当事者化するわけで、貨幣による支払いは全く不要になる。その最も単純な場合は、たとえばAとBの間に相互に支払期日と金額が同一で反対方向の債権・債務関係が発生している場合であり、貨幣は支払われない。金額が同一でない場合でも、同一部分については相殺され、差額だけが清算されればよいという関係が生じる。このように債権・債務の連鎖の形成なり逆方向の債権・債務関係の並存なりがある場合には、相殺が成立する部分については支払手段としての貨幣は出動しなくて済むのであり、商品の持手変換にたいして貨幣の持手変換は回数そのものが節約されるのである。

掛売買が行なわれている商品流通世界は、ある期間をとって俯瞰すると、一方では商品の持手変換だけが貨幣の直接の媒介なしに行なわれ、他方ではそれとは無関係な貨幣の持手変換が行なわれている。後者は現に行なわれている持手変換とは別の、過去のある期間の商品の持手変換によって形成された債権・債務関係の決済過程として行なわれているのである。前者だけをとってみると、掛売買による商品流通の展開によって流通貨幣は節約されているが、後者の、過去の掛売買の後始末分である支払手段としての貨幣の流通分だけ追加があるわけである。現在の貨幣なしの商品流通についても、同様に将来のある期間に流通貨幣量の追加が行なわれることになる。この場合、同じ貨幣片がある期間に支払手段として繰り返し機能しうることも考慮すれば、信用による過去の商品流通量に比べてはるかに少ない貨幣量で支払いが可能であることはいうまでもないことであろう。二つの期間を全体として考えれば、時間は離れているが、ある量の商品流通をそれよりはるかに少量の流通貨幣が媒介しえているわけである。しかも、信用連鎖の形成ないし相殺の成立という点をも考慮すると、さらにこれとは別の意味で、つまり支払手段としての貨幣の出動回数そのものが商品の持手変換の回数よりもはるかに少なくなるという点でも、掛売買の展開は、個々の当事主体の意図とはかかわりのない結果としてではあるが、流通貨幣量の節約を実現するものであることが明らかになるのである。

なお、念のために付言しておくならば、支払手段としての貨幣はこのように購買手段ないし交換手段としての貨幣の転化したものであり、この転化とともに準備手段としての貨幣も支払手段の準備手段に転化するといってよいが、これはとりあえず支払手段の中に含めて考えておくことにしたい。

第三節　致富機能

一般的富としての貨幣　貨幣は以上のような諸機能を果たすものとして商品経済社会における富の一般的形態となり、個々の流通主体は貨幣をこのような一般的富、富一般の象徴、あらゆる富の可能性として保蔵・蓄積する行動を展開する。ここでは貨幣を持っていること自体が経済人に特有の致富欲という欲望を充足させるのである。この場合、貨幣は流通世界のいわば外部に引上げられるのであるが、流通の外は生産と消費の世界であり、実際そこにおいて、貨幣の貨幣としての特殊な使用価値の一種の生産と消費が進行するのである。すなわち、貨幣の保蔵・蓄積は貨幣としての有用性を流通の外部で、流通上の利用を停止して、維持・保存しようとする行動であるから、それを新しく形成したり増加させたりするのに比べれば消極的ではあるが、流通外の金の追加であり、これは一種の生産といってよい。しかも、それは美術品や装飾品の保蔵として行なわれることが多いのであるから、これは美的性質の一種の消費である。この消費は貨幣の使用価値体を殆ど減耗させることなく行なわれるのであり、貨幣はいわば消費されつつその価値を維持されるという意味でも消極的にではあるが生産されるのである。

しかし、貨幣商品金の美的性質といっても、ここではそれは単なる貴金属としての金の燦然と輝く美しさではない。その上にいわば一般的富の美しさが追加されているのである。金色の美しさの故に比較的多数の商品所有者から共通に交換を求められ、そのことを基礎にして一般的購買力を与えられた金は、種々の機能を展開することによって商品世界の一般的富となり、美しいから一般的富たりえているのか、一般的富であるから美しいのか判然としないまま、保蔵・蓄積の対象となるわけである。それは、一面では確かに美的性質の享受対象として流通の外に引上げられるのであるが、同時にそれは商品経済社会の富の象徴を保蔵・蓄積するために引上げられるのであり、その意味でこれは流通の外にあっても貨幣の一存在形態であり、致富手段とでもいうべき貨幣の一機能形態であるということができるのである。

流通世界における貨幣量の増減　金はこのように種々の用途に転換自在なものとして流通の内と外に両棲可能な存在なのであり、そのような多様な機能そのものを保蔵するために流通界から引上げられ、その自在な転換を実践するものとして再び流通界に入ってゆくことになる。そして、個別流通主体の様々な行動を通して行なわれるこのような貨幣の流出入運動は、その意図せざる結果として流通世界の貨幣量に増減をもたらし、商品流通世界の変動の一契機をなすことになるのであり、その結果がまた個別流通主体の様々な行動に反作用を及ぼすことになるのである。

補論　貨幣制度

われわれが現在生活している資本主義社会には、貨幣に関する種々の法律や制度が存在するが、原理論の世界は必ずしも法律や制度を必要としない。ある特殊な商品が貨幣の地位を占め、その貨幣によって商品世界が商品流通世界として運動することが示されればさしあたりは十分である。というよりも、現実の法律や制度は経済人としての流通主体の自由な行動に介入し、それを規制、制限する場合が多いので、その限りでは法律や制度は原理論にはなじまないものであるといった方がよいかもしれない。

しかし、このことはいいかえれば、法律や制度でも、それが流通主体の経済人としての行動の便宜を促進する意味をもつものである限りでは、その考察は必ずしも原理論になじまないわけではないということでもある。むしろこのような商品経済的な行動の便宜を促進する側面を明確にしておくことは、現実の法制に経済人の行動を統制している側面が存在することを識別するうえで有益であるかもしれない。そこで、貨幣に関する法制の便宜的な意味に限って簡単に説明しておくことにする。便宜的な意味に限るといっても、法制である以上、それが経済人としての行動を多かれ少なかれ阻害する面をもつことは避けられない。その面をとくに問題にしないので、ここの説明は法制論としては不完全なものであり、しかも原理論の論理的展開にとっても付録的なものでしかなく、きわめて中途半端な性格のものであることを承知されたうえで参考にされたい。

I 本位の制定　国家はまず貨幣の地位を占める商品を法制的に固定する。貨幣は、理論的には、ある時点をとれば単一種類の商品であるといってもよいが、異なる時点では異なる種々の商品の間を移動しうる。実際上も、法定されていなければ、条件の変化によって貨幣の地位を占める商品は様々に変化しうるし、事実そういう時代もあった。しかし商品世界に様々の不便、混乱が生じるということで、次第に特定の貨幣商品が法制的に固定されることになったと考えられる。

歴史的には金を本位貨幣と法定する金本位制度の他に銀本位制度があったし、金と銀の両方を本位貨幣とするいわゆる複本位制度もいろいろな国でかなり長期間にわたって存在した。しかし、複本位制度といっても、事実上は複数の本位貨幣のうちのどれかが単一の本位貨幣として機能することにならざるをえない。複数の貨幣商品、たとえば金、銀の価値は互いに独立に変動するので、現実の市場比価は不断に変動するが、制度的に比価が固定されていると相対的に悪貨になる本位貨幣と良貨になる本位貨幣が生じ、そのときどきの悪貨が良貨を駆逐して事実上の単一の本位貨幣の地位につくわけであり、様々の混乱が生じる。こうして、単一の本位貨幣を法制的に固定する方が便利であるということになった。イギリスでは一八世紀中に金銀比価が諸外国のそれに比して金をやや高く評価することになっていたので、金が流入し、銀貨が流出して銀が減少していたということや、一八世紀末に粗悪な銀貨の法貨性を制限したことなどによって、事実上金本位制に移っていたのであるが、正式に金単本位制に移行したのは一八一六年である。そして、その他の主要資本主義諸国でも一九世紀後半以降、次々と銀本位制ないし金銀複本位制から金本位制への移行が行なわれた。わが国では明治三十年の「貨幣法」で金本位制度が確立した。

II　価格の基準の制定　単一の本位貨幣をたとえば金と法定すると、次にこの貨幣としての金の単位量、つまり価格の単位としての金量が定められ、それにそれぞれの国に特有の名称が与えられる。これがいわゆる価格の尺度単位ないし価格の基準であり、一定の金重量の貨幣名ともいわれる。

金の使用価値量はどこの国でも重量で示されるのが普通であるから、価格の単位も金の重量単位をそのまま用いて差支えないはずである。実際、現在使われている価格単位にもポンドやマルクのように重量名から転じたままのものがある。古代中国の両、銖、日本の徳川期の貫、匁（文）、フランス革命前のリーヴルなども重量名から転じたものであった。

しかし、同じ名称が使われていても、重量名の場合と貨幣名の場合とでは一単位の金の量が相違するのが一般的である。また貨幣名として、その国の重量名とは無関係な名称が用いられていることもよくある。それは次のような諸事情によるものである。たとえば、(1)ポンドは本来的には現実の一ポンドの重量の銀を表わす貨幣名であったが、金が銀を貨幣の地位から駆逐したさいに、一ポンドの重量の銀と同じ価値の金に一ポンドという名称が付着したことによって、重量名と貨幣名とが分離した。(2)発展度の低い国へ先進的な国の貨幣が輸入されて、その国の貨幣として使用されるということも歴史的にしばしば見受けられるが、その場合には輸入国の貨幣名はその国の重量名とは無関係なものとなる。(3)革命などで新しい権力が成立した場合などには、人心の一新のために旧来の貨幣名を廃止して、重量名と無関係に新機軸の名称が制定されることがある。明治になって制定された「円」などはその一例である。(4)後述する鋳貨の改鋳が行なわれ、ある名称の鋳貨の実質的な金量が減少させられるということが、ことに各国の絶対王制期に繰り返し行なわれたが、このいわゆる悪鋳の繰り返しによって重量名と貨幣名の分離はごく普通のことになった。

このように、貨幣名は、国家がその国における慣習的な重量名とは必ずしも関係なく法律で制定することができるものであるが、しかしそれが一定重量の金にたいして与えられた名称であることには変わりはない。たとえば、わが国の円については明治三十年の「貨幣法」第二条において、「純金ノ量目二分〔七百五十ミリグラム〕ヲ以テ価格ノ単位ト為シ之ヲ円ト称ス」と定められた。それに先立つ明治四年の「新貨条例」では、新貨幣の称呼としてはじめて円という名称が採用され、一円金貨の純分は四分（一・五グラム）とされていた。要するに円とは、本来は貨幣という用途に使用する場合に特有のある金の量の表示の仕方であり、一・五グラムないし〇・七五グラムという量の純金に与えられた特殊な名称だったのである。

わが国では昭和六年に金本位制度を停止して以来、円と金との関係は事実上は切断されていたが、法制上は、明治三十年「貨幣法」が昭和六十三年まで一応生きていたので、円は金量の名称であった。しかし、この「貨幣法」も昭和六十三年三月三十一日をもって廃止される運びになり、代わって同年四月一日より、昭和六十二年六月一日に公布された「通貨の単位及び貨幣の発行等に関する法律」が施行されて、円と金との関係は法制的にも切断されることになった。貨幣制度としては、旧来の本位貨幣である金貨幣がなくなり、貨幣は旧来の補助貨幣である硬貨だけということになったわけである。

Ⅲ 造　幣

金を貨幣として授受する際、いちいちその品位を鑑定し、重量を測定するのは手数を要し、大変面倒である。国家が一定の形状と刻印をもつ金貨を鋳造し、その品位と重量を保証してやれば、このいわゆる鋳貨としての金貨の個数を数えることによって金の鑑定と秤量の手数を省くことができることになり、商品流通界の便宜は増大する。いちいち質と量を検査して授受する貨幣を秤量貨幣、所定の形式を備えていて検査の必要のない貨幣を個数貨幣という。

金貨が形式どおりの内実を有していることの保証は、所定の品位と重量をもつ金地金と金貨との無制限の相互交換が確保されていれば与えられているといってよい。金貨は流通するうちに多少とも摩滅するが、この制度の趣旨からすれば、量目が不足している金貨でも、国家が鋳造した金貨である限り、完全量目の地金ないし金貨と交換しなければならないことになる。

ところで、このようにして交換の保証があれば、実質のない金貨でも、つまり金の象徴でも、完全な金貨として流通しうることになるわけであるが、それはどうしてかというと、貨幣としての金が授受されるのは必ずしも金そのものの実質的使用価値が求められていることによるのではなく、商品交換の媒介物としてその一般的購買力が求められていることによるからであるといってよいであろう。したがって、その点からいえば、貨幣は、金との交換が保証されていさえすれば、金そのものでなくても、金の代理によって代位されうることになる。補助貨幣の通用はこのような根拠によると考えることができる。

補助貨幣の必要は次のような事情による。金は比較的小量の使用価値でも大きい価値を有しており、その点が金の貨幣としての適性の一つをなすのであるが、日常的な小額取引についてはむしろこの性質が貨幣としての機能にふさわしくないものとなる。小額の金貨は鋳造も取扱いも困難であるし、また日常的な取引においては貨幣の授受の回数が多いために摩滅が早いということもあって、小額取引に金貨を用いることは便宜の増大以上にコストが高くつくわけである。そこで、銀や銅、白銅などの金属による硬貨の補助貨幣や紙製の補助貨幣である紙幣が金の代理物として使用されることになる。その場合には、その補助貨幣の名目的価値、すなわちその表面に表示されている金量の価値と補助貨幣の材料の実質的価値とは完全に無関係である。この二つの価値は、むしろできるだけ大きく隔たっている方が望ましい。両者が接近している場合には、補助貨幣の素材価値の変動によって実質価値が名目価値より大きくなり、補助貨幣であることを止めてしまうことが生じうるからである。

実際には正貨との交換が保証されていない補助貨幣が発行される場合もあるが、そのような不換補助貨幣は、右に述べたような単なる流通の便宜だけではない別の追加的な必要によるものであり、その通用力も正貨との交換の保証とは別の根拠に支えられていると考えられるべきものであって、ここの問題ではない。

現在のわが国では、Ⅱで述べた昭和六十二年公布の新貨幣法によって金貨幣が廃止され、従来の補助貨幣としての六種類の硬貨が貨幣となったので、法制上の補助貨幣はなくなった。ただ、この六種類の貨幣には、従来と同様いずれも法貨としての通用に限度があり、無制限法貨として通用する通貨は日本銀行券だけである。この日本銀行券はもともとは日本銀行の約束手形の一種であって、金貨による支払い（兌換）が保証されていることによって代用貨幣の一種として機能していたものであるが、昭和六年に金貨幣との兌換が停止され、このたびさらに金貨幣が廃貨となったことにより、銀行券でありながら金貨幣による支払いから完全に独立して流通する通貨となったわけである。

第三章　資　本

前章で考察したように、貨幣はその一般的購買力にもとづいて流通上の諸機能を展開し、そのようなものとして商品経済世界の一般的富となり、そのようなものとして諸流通主体によって保蔵・蓄積の対象とされた。一般的富は多様な個別的富の総括である。しかもそれは、現在の多様な欲望の対象の総括であるだけでなく、将来追加されるかもしれない可能的欲望の対象の総括でもありうるのである。したがってそれにたいする需要は、直接的な有用性にたいする現在の欲望によって制約されることがない。それはいわばあらゆる可能的富にたいする抽象的、理念的需要と化しているのであり、その保蔵・蓄積欲求は無限の衝動となる。

この一般的富の無限の保蔵・蓄積行動が展開するさらに発展した関係の形態が資本である。すなわち、商品ないし貨幣の所有者は、貨幣を流通世界の外部に一般的富として単に引上げて保蔵・蓄積するという消極的な行動をとるだけではなく、その貨幣を増殖させるために、いったん手放して引上げるという新たな行動を展開することになる。こうして、増殖目的のために貨幣の姿態をいったん捨て、再び貨幣の姿態に復帰する運動体となった一般的富が資本である。

出発点と同じ位置ないし姿態に復帰する運動は循環運動と呼ばれるから、資本は貨幣の循環運動体であるということができる。それは姿態を変えながら循環し、増殖するのであり、その運動体の全体が資本であるから、資本は貨幣そのものとは区別されなければならない。つまり、貨幣の増殖体ではあるが貨幣そのものとは異なる、貨幣を一つの姿態とするような運動体となっているのであって、その限りで貨幣と区別されるある別種の実体が形成されることになっていると考えることができるわけである。

資本は貨幣の増殖運動体であるが、貨幣の増殖が追求されるのは、貨幣が使用価値的制約を解除された価値、つまり一般的交換性の独立体だからであり、したがって、資本は価値の増殖を追求する運動体であるといいかえることができる。価値はその姿態を変えることによってその増殖を追求されているわけであり、その点で資本は価値の姿態変換（変態）による増殖運動体であると規定することができる。価値はこうして運動体という新しいあり方を受けとることになっているということができるが、しかしそのことは、価値がいわば貨幣から独立して、それ自身が過程の主体となって運動し、自己増殖するということではない。価値はあくまで商品ないし貨幣の一要因として存在する商品経済的富の規定性としての交換性である。貨幣の増殖を追求する個別的な流通主体としての資本家の行動が、この価値の姿態を変えることを通して価値の増殖関係体としての資本を作り出し、そのことによって価値は運動体となるが、だからといって価値は交換性という規定を止揚されて、別の規定を受けとるわけではない。交換性の増殖運動体として資本が展開されるのである。

ところで、増殖のために投下された出発点の貨幣にたいする復帰点の貨幣の増加分は、投下資本にたいする利潤と呼ばれ、資本運動の効率はこの利潤とそれを取得するために投下された資本全体との比率である利潤率で示される。運動は多かれ少なかれ時間を要するので、効率はある一定の期間（たとえば一年）をとって期間利潤率（たとえば年利潤率）として計算され、比較される。したがって、一回の資本としての貨幣の手放しと回収における増殖率が比較的小さくても、一定の期間におけるこの資本の循環運動の回数が比較的多ければ、いいかえれば資本の一循環に要する期間が比較的短かければ、期間利潤率は上昇しうる。資本の運動を単に形態的な循環運動という観点からだけでなく、一定の期間に何回か繰り返される循環運動として捉え、その運動の速度を問題にする場合には、この周期的な過程としての資本の循環のことを資本の回転といい、一循環運動に要する期間のことを資本の回転期間、一定期間内の循環回数のことを回転数という。期間利潤率は資本の一循環の増殖率だけでなく、その資本の回転期間ないし期間回転数によっても左右されるわけであり、したがってその増進は、一循環の増殖率の増進と資本の回転の促進を通して追求されることになる。

貨幣の増殖を追求する個別的流通主体としての資本家は、このような期間利潤率の極大化を行動原則にして、資本の種々の投下様式と投下対象を選択するのである。資本はその投下様式ないし投下対象によって、商品売買資本、商品生産資本、貨幣融通資本という三つの資本形式に大別することができる。

第一節 商品売買資本の形式

流通世界と価格変動 商品流通世界における個別流通主体は各自の商品経済的利益を最大にするという単純な行動原則に従って行動している。すなわち、商品所有者はできるだけ高く、また早く商品を販売しようとし、そのための最適な場所と時機についての情報収集および自分の商品についての情報伝達の活動を行なう。貨幣所有者は必要とする商品をできるだけ安く購買しようとして、そのための最適な場所と時機についての情報収集活動を行なうと同時に、有利な時機を選んで商品を購買したり販売したりすることができるように、貨幣の支出をできるだけ節約して準備、保蔵につとめる。

このような行動原則そのものは単純、明確なものであるが、各流通主体が入手する流通世界の需要動向、価格動向についての情報には限界があり、決して完全なものではありえない。したがって、その入手のために個々の流通主体が行なってもよいと考える活動量ないしそのための費用支出は相違することになり、こうして個々の流通主体にとっての情報量や情報の質にはバラツキが生じることになる。それに、すべての個別主体にとって情報が均一、均質であるということはありえないが、仮にそういうことがあるとしても、それが不完全であれば、流通世界の現状についての分析や判断、将来についての予想や期待は個別的に相違することになり、その行動は必ずしも単一、均質ではないとしなければならないであろう。たとえば、ある商品はある時点のある地点ではある価格がつけられているとしても、ある流通主体が将来その価格は上昇するであろうと予測している場合には、それが買手であれば買い急ぐであろうし、それが売手であれば売り控えるであろう。しかし、その流通世界には同時にその商品の価格は将来下落するであろうと予想している流通主体もいるはずであって、その場合にはそれが買い手であれば買い控えるであろうし、それが売手であれば売り急ぐであろう。買い急ぐということは現在の価格より多少引上げてでも買おうとするということであるが、将来についての予想の違いに応じて、価格の引上げ方は相違するであろう。売り急ぐということは現在の価格よりも多少下げてでも売ろうとすることであるが、その下げ方は個別主体によって相違するであろう。売り控え、買い控えについても、どのくらいの期間かとか、どのような価格になるまでかという点については、個々の予想に応じて個別的に相違するであろう。ある商品について、仮に何らかのある相場が形成されているという想定から出発するとしても、その商品にたいする個々の流通主体の売買行動はバラバラでありうるのである。

価値増殖の本源的形式　ある地点でのある時点のある商品についての需要と供給とは、このようにその内部がそれぞれ不均質な構造をもって向き合っているわけであり、かつその構造は個別当事者の判断、予想の不断の訂正、変更とともに不断に変化すると考えられるので、それに応じてある商品の価格は不断に変動し、それがまた個々の流通主体の判断と予想に影響を及ぼして、価格変動の原因となる。しかも、この需要と供給の対応の仕方とその変動の仕方は商品流通世界内の種々の地点で一様であるはずがないから、ある時点をとって横の比較をすると、つねにさまざまの価格差が共時的に存在していることにもなる。各流通主体はたえず情報を収集し、買手はできるだけ安く買う、売手はできるだけ高く売るという行動をすることによって、一面ではたえず横の価格差が縮小し、ある価格水準が形成されようとする傾向が生じるといってよいが、同時にたえず各流通主体の不均質な行動によって多様な価格変動が生じ、たえず新たな価格差が発生するのである。

価値の増殖を追求しようとする流通主体は、このような流通世界を眼前にすると、まずこの時間的価格差ないし場所的価格差を利用することによる増殖行動を展開しようとするのが自然の成行きであるといえよう。すなわち、ある時点ないし地点で商品を安く買って他の時点ないし地点で高く売るという商品売買形式によって、貨幣をいったん手放し、より多くの貨幣として引上げようとする資本家としての流通主体の行動の出発点がここに与えられることになるわけである。この資本は一般にG—W—G′（＝G＋△G）という定式で表示される。（Gは貨幣、Wは商品）

資本家の行動原則である利潤率の極大化は、この形式の資本においては、価格差の大きい、あるいは大きくなると予想される商品を選択し、それをできるだけ安く買い、できるだけ高く売るという活動を通して追求される。もっとも、すでに述べたように、利潤率は一定期間の利潤率（以下では年利潤率とする）であり、価格差そのものは相対的に小さくても、回転を促進して年間回転数を増大させれば、年利潤率が増進することもありうるので、回転が早いと予想される商品を選択する活動も必要になる。もちろん、早く売りさえすればよいというわけではない。大幅な価格騰貴が予想される場合には、投機的な在庫として商品をかなり長期間保有する行動が選択されることもありうる。

商品売買資本の諸構成

こうして商品売買による価値増殖は、⑴転売する商品を買入れるための資本投下、⑵この売買活動に付随して必要な諸費用にたいする資本投下、⑶この売買活動を有利に遂行するための諸費用にたいする資本投下、を必要とすることになる。⑵の諸費用というのは、たとえば次のようなものである。(i)商品の運搬の費用、(ii)商品の保管の費用、(iii)商品の計量、検査、梱包などの費用、(iv)貨幣の出納、保管、両替、送金などの貨幣取扱費用、(v)売買活動に付随する通信費用、など。⑶の諸費用というのは、たとえば次のようなものである。(i)安く買える、あるいは高く、ないし早く売れる商品種類や売買の場所や時機などの選択・判断のために必要な市場調査などの情報収集活動の費用（通信費を含む）、(ii)需要を喚起し、販売を促進するための宣伝・広告などの情報伝達、提供活動の費用（通信費を含む）、など。通常⑵と⑶を一括して流通費用という。⑶を⑵と区別して、とくに純粋な流通費用ということがあるが、この費用の独自性は費用と成果の間に必ずしも技術的な確定的関係が存在していない点にある。

これらの資本家的活動のための資材、労力にたいする費用支出も貨幣による商品の購入という形をとるが、⑴によって購入される商品はそれ自体が転売されて買入価格超過分としての剰余価値を実現するのにたいして、⑵、⑶によって商品として購入される資材、労力は、⑴による商品の売買過程で費消されてしまうのであり、転売されるわけではない。しかしこれらは、貨幣を増殖するために行なわれる商品の売買活動に付随する、あるいはそれを効率化するための費用支出として、買入資本と共にある期間の商品の売上総額から回収され、その残りが商品売買に要した総資本の増殖分としての利潤とされるのである。したがって、この流通費用部分に支出される貨幣も、増殖目的でいったん手放される資本としての貨幣の一部を構成するのであり、これを一括して売買活動資本と呼ぶことにする。商品売買資本は大別して商品買入資本と売買活動資本の二つの部分から成るわけである。

ところで、商品の買入れに支出される貨幣はこの資本の売上げにとってのいわば直接的な費用であり、当の商品の販売代金から直接に回収されるものと考えてよいが、流通費用の中には個々の商品の売買に直接的、個別的に必要な費用と、ある期間にわたって行なわれる何回もの売買に共通に役立っている費用とがある。前者の費用に支出される貨幣は商品が販売されるたびにその販売価格から全面的に回収されなければならない性質のものであるが、後者は個々の商品の販売価格から部分的に回収され、ある期間中に全体が回収されればよい。要するに、商品売買資本は回転の仕方と期間を異にするいくつかの資本部分の合成体なのである。

商品買入資本の一循環の期間、すなわち一回転期間は、貨幣が商品の買入れに投下され、その商品の販売によって回収される期間、すなわち購買期間と販売期間の合計によって規定される。この商品買入資本の一回転期間の間にこの商品の売買のために直接的、個別的に費消される売買活動資本は、商品買入資本と同じ回転の仕方をするわけであるから、両者を一括して流動資本と呼ぶことにする。この売買活動資本それ自身にはその回転期間を規定する要因はなく、その回転は商品買入資本の回転に規定されているといってよい。それにたいして、流動資本の何回かの回転の過程で、すなわち商品の連続する販売過程で、部分的に回収が繰り返され、それが累積して全体の回収が完了するような売買活動資本の方は、商品買入資本の回転とは独立した別の回転の仕方をしているわけであり、この一回転期間は流動資本の一回転期間より長いが、この資本部分の回転は商品買入資本の回転にたいして副次的なものであるといってよい。この部分は固定資本と呼ぶことにする。

循環資本と非循環資本　先に述べたように、この形式の資本は一般にG—W—G′と表示されているが、それが以上のような諸構成部分の合成体であるということは、この定式はいわば象徴的な表示記号でしかないということを意味する。

この資本では貨幣は増殖のために二種類の対象に手放されるわけであるが、その価値が貨幣の姿態に復帰する、すなわち循環するとみなすことができるのは、売買される商品の買入れに投じられる資本部分と流通費用に充用される商品の買入れのための資本部分の一部であり、流通費用に充用される残りの資本部分は売買過程で費消されてしまって循環しない。もちろんこの費用部分も販売価格の中から回収されなければならないという意味では販売価格の一部を構成するといってよいが、しかしそれは、買入資本や流通費用の一部の場合のように、増殖を求める資本としての貨幣の価値（交換性）がいったん商品の価値に姿態を変え、それが増殖しながら再び貨幣の姿態に戻るという関係にはない。購入される商品は売買過程でその過程を効率化するために費消されてその価値は消滅するのである。

売買活動のための諸費用は、抽象的にはいずれも販売価格の購入価格超過分ないし期間販売高の増大に寄与する限りで支出され、回収されるものであり、その限りでこれらは価格の構成要因をなすものとみなすことができるのであるが、しかし、それにもこのように二つの異なる部分があって、循環資本と非循環資本に分かれるわけである。すなわち、その一つは、たとえば運輸費が場所の移動によって交換性の増加に寄与するように、その消費が売買される商品に交換性としての価値を積極的に追加するものとしてその費用の回収が可能になっていると考えられる部分であり、これは循環するといってよい。もう一つは、その消費が資本の外部にあらかじめ存在する価格差ないし売買差額の発見、予想を効率化するという消極的寄与によってその費用の回収が可能になっていると考えられる部分であり、これは循環を促進してはいるが、それ自身は循環しない。しかもこれらの売買活動資本は、循環資本部分も非循環資本部分もともに、流動資本部分と固定資本部分とから成るのであり、固定資本部分は買入資本部分の循環運動中に現物形態のままでいわば固定的に機能しているわけであるから、これらの資本の運動の内容そのものは、G―W―G′という定式では到底表示しきれないわけである。

商品売買資本の利潤　この形式の資本の利潤は、先に述べたように、個々の資本の外部に存在する諸商品の不確定的な価格変動なりそれにもとづく横の価格差なりをその源泉とする。したがって、個々の資本家はできるだけ有利な購入場所、購入時機、販売場所、販売時機についての情報を入手しようとし、また回転の促進のために広告、宣伝などの活動を行なう。仮に、そのための費用に貨幣を支出しようとも、そのことによってそれを超える利潤を取得できるならば、それ自身の価値が直接増殖するわけではないにしても、補助的、間接的にせよ価値増殖に寄与するのであるから、それは資本としての貨幣支出の対象になりうるのである。こうして、この資本の利潤は、ある期間の売上総額からその期間の商品の仕入総額と諸流通費用とを回収したあとの残りということになり、期間利潤率は投下総資本（商品買入資本と売買活動資本）にたいするこの期間利潤の比率である。

ところで、費用を支出して収集される情報も決して完全なものではありえないし、したがってまた、それにもとづいて行なわれる予想、判断、行動も決して確定性のある一様なものではない。また他方では、需要喚起的な情報を散布すれば、そのことによって販売がどの程度促進されるのかという点も決して確定的ではない。流通費用、とりわけ先述の(3)の費用は、売買活動を有利に遂行し、利潤率を増進するために投下されるわけであるが、その投下量とそれによってもたらされる成果との間には必ずしも確定的な関係は存在しないのである。こうして、同一商品の同一量を売買するために投下される資本量も、資本家によって、あるいは同一資本家のもとでも時期によって、相違することになるし、また、同一資本量を投下したとしても、売買の場所、時機が相違したり、その構成の仕方が相違したりすることによって、その利潤量にも相違が生じることになる。

もっとも、諸資本家は流通世界を見渡して利潤率の高い資本の行動を参考にしながら行動するであろうから、種々の商品種類について、価格が比較的安い場所なり安いと考えられる時点なりでの購買が増大し、価格が比較的高い場所なり高いと考えられる時点なりでの販売が増大することになって、需給の関係が変動し、それぞれの商品種類の価格差が縮小する傾向が生じると同時に、種々の商品売買資本の利潤率も平準化する傾向が生じるであろう。しかし同時に、資本家の売買活動が決して均質で一様ではない予想、判断、行動によって媒介されている以上、不断に不確定的な価格変動と価格差が発生し、利潤率の不均等化が発生することになるのであり、こうして、この形式の資本にはつねに価値増殖の根拠が存在するといってよいのであるが、しかしあくまで、それは個別的流通主体が流通世界の不確定的要因を外部的に利用する増殖関係なのであるから、そこには恒常的な価値増殖の保証はないのである。こうして、資本としての貨幣の所有者の増殖欲は、このような増殖形式によるだけでは必ずしも十分には充足されないで、別の増殖形式を要請し、展開することになる。

第二節　商品生産資本の形式

価値増殖形式の進展　価値の増殖を追求する流通主体は、第一の形式の場合と同様ここでも貨幣を商品の購入のために支出するのであるが、しかしそれは、その商品自体を再び販売するためではない。その商品は資本家のもとで消費されるのであり、その点ではこれは第一の形式の売買活動資本部分によって購入される商品の場合と同じである。ただここでは、それは異なる使用価値の新しい商品を生産するための生産要素として消費されるのであり、資本家は生産要素にたいして手放された貨幣を新しい生産物の販売によって回収し、増殖しようとするわけである。この資本は一般にG―W…P…W′―G′という定式で表示される(Ｐは生産)。

この資本形式は、したがって、できるだけ安く作ってできるだけ高く売るという形式であるといえよう。この形式の資本においては、利潤率の極大化は、生産が可及的最大限に効率的に行なわれる場合に必要な生産諸要素の価格の合計と、それによって生産される商品の価格との差が比較的に大きい、あるいは近い将来大きくなる可能性のある商品種類を選択し、効率的な生産活動と流通活動を行なうことにより追求される。より具体的には、この形式の資本も商品の売買過程、すなわち流通過程を持っているのであるから、生産諸要素をできるだけ安い場所で安い時機に購入し、製品をできるだけ高い場所で高い時機に販売するという商人的活動によって利潤率の増進が図られるのはもちろんであるが、同時に商品の生産の過程があるのであるから、生産諸要素をできるだけ効率的に消費することにつとめるならば、より安く作ることができることになって、安く買い高く売るのと同じ関係を生産過程に独自の仕方で実現しうることになり、利潤率が増進するのである。

生産過程に労働者を雇用し、他人の労働を使用して商品生産を行なうならば、生産の規模を拡大しうる。生産諸要素の価格の合計よりも高い価格の生産物の生産を拡大すれば、価格差の合計も増大しうるが、労働者の雇用にはさらに物的な生産要素の使用にはない独自な点があって、独自の追加的な価格差の形成が可能になるのであり、この形式の資本においては他人の労働の使用が一般化する。

労働者の雇用の独自な点というのはこういう点である。労働者に支払われる貨幣は賃銀と呼ばれるが、貨幣を支払うという点でいえば、労働者の雇用も生産要素の購入の一種とみなすことができる。しかし、この生産要素の場合には購入価格としての賃銀を一定としたままで、労働者の労働時間をある程度弾力的に延長するなり、労働の強度（精度を含む）を増大させるなり、生産方法の改善によって生産力を増進するなりすることができるのであり、その場合には一定の価格で購入した生産要素の使用価値量を事実上増大させることになって、生産要素をより安く購入したのと同じ関係を実現しうるわけである。したがって、資本家としては当然このような節約活動を労働者にたいして行なうことになり、効率化に成功すれば利潤率は増進しうることになる。しかし、人間労働の効率化は労働者の主体性を媒介するものであるため、物的な節約に比して弾力性もあると同時に独自の困難もあるのである。

商品生産資本の諸構成　こうして商品生産による価値増殖のためには次のような諸資本投下が必要になる。まず第一に、この形式の価値増殖に独自な資本の投下対象として次の二つがある。すなわち、新しい生産物を生産するための(1)原料、機械設備などの購入と、(2)労働者の雇用である。これらの生産要素に投じられる資本部分を生産活動資本と呼び、費用としてみるときは生産費用と呼ぶことにする。

この資本部分は、販売される商品に直接に転化する部分であり、それが売上総額として貨幣姿態に復帰するわけであるから、第一形式の商品買入資本部分に対応する一面をもっているといってよいが、しかしこの資本によって購入される生産要素は生産過程で消費されるのであって、転売されるのではない。その意味では、これはむしろ第一形式の売買活動資本と共通する一面をもつものともいえる。しかし、この資本ないし費用は、新しい商品を生産することによって新しい価値（交換性）を創出することに寄与しているのであり、その意味では、商品の消費場所を移動するための運輸の費用などとは共通の面があるとはいえ、大部分の売買活動資本ないし流通費用とはその性質を異にする。

第二に、この形式の資本にも生産要素の購入過程と製品の販売過程があるので、これらの流通過程における資本投下として、第一形式の売買活動資本と同種の資本投下が行なわれる。これによって流通過程の効率化が行なわれるならば、この資本投下によって利潤率が増進されることになるわけである。

生産費用にも、第一形式の流通費用の場合と同様に、個々の商品の生産にとって直接的、個別的に必要な諸費用と、ある期間中繰り返し行なわれる何回かの生産過程に共通に役立つ費用とがある。前者の費用に投下される資本部分は商品が販売されるたびにその販売価格から全額が回収されなければならない性質のものであるが、後者は個々の商品の販売価格から部分的に回収され、ある期間中の何回かの生産と販売の繰り返しの間に全体が回収されればよい。ここでも前者を流動資本、後者を固定資本と呼ぶ。この資本の売買活動資本部分はもちろん第一形式の資本のそれと同じで、やはり流動資本と固定資本から成る。こうして、要するに、商品生産資本もその回転の仕方と期間を異にするいくつかの資本部分の合成体なのであり、その意味でここでもG－W…P…W′－G′という一般に行なわれている定式化はこの資本の運動内容を十全に表示していないことに留意する必要があろう。

ところで、この資本は、商品売買資本の発展した形式の資本として、生産要素の買入れのために貨幣を手放し、その生産要素の消費によって生産した新しい商品を販売して、最初の貨幣を増大した貨幣として回収しようとするのであるから、この資本の一循環の期間、すなわち一回転期間は生産活動資本の一回転期間が規定するといってよいが、これは商品売買資本の場合のように簡単ではない。いま生産要素の買入れに要する期間を購買期間、生産要素の消費によって新しい生産物を生産するのに要する期間を生産期間、生産物の販売によって投下資本を回収するのに要する期間を販売期間と呼ぶ（購買期間と販売期間を一括して流通期間と呼ぶ場合もある）として、抽象的にはこの三期間の合計が一回転期間であると定義できる。しかし前述のように、生産活動資本には流動資本、固定資本という、回転の仕方を異にする二つの構成部分があるので、この資本の回転期間も二種類あることになるのである。

売買活動資本については、流動資本部分の方は生産活動資本の流動資本部分の回転に規定されるものとして処理してよい。固定資本部分の方はその消費のされ方に応じた独自の、独立した回転の仕方をする。

資本の姿態変換と循環・非循環　商品生産資本の諸構成部分はいずれも、それぞれの機能に応じて生産過程なり流通過程（購買過程と販売過程）なりにおいて、消費されてしまうのであるから、商品売買資本における商品買入資本部分に対応する一面をもつと考えることのできる生産活動資本部分にしても、買入資本と同じような価値の姿態変換を行なうとみなすことはできない。生産活動資本は生産過程では機能しつつある現物という形態をとっている。貨幣から商品へと姿態を変換した価値（交換性）はここでいったん消滅し、新しい商品の価値が改めて形成されるのである。

もっとも、商品買入資本の運動の場合にも、実はその運動の過程を通して当初の価値がそのまま維持されているわけではない。増加することもあるのであるから、減少することもあるのであって、そこに価値の力学的な保存則のようなものが存在しているわけではないのである。価値は特殊な使用価値に制約された価値に変換するのであり、そのために貨幣への復帰には独自の困難が生じるのであって、その点では価値としても不連続な面が生じているといわなければならないのである。ただ、この運動は資本の運動であり、資本は全体として最初の価値の増殖を追求する運動体であるから、資本家的活動によってそれは資本として連続的運動体となるのである。購入された商品が商品のままで再販売される点で、この資本の運動を連続性のある価値の姿態変換運動とみなしてはならない。

生産活動資本になると運動過程における価値の切れ目はいっそう明白になる。しかしここでも同様に、資本としての生産要素の消費過程は循環運動体としての資本の一過程であるという点で、過程も価値の連続的な運動体としての資本の一姿態とみなされうるのであり、この切れているのをつなぐのは結局は流通過程における資本家的活動なのである。こうして生産活動資本は、貨幣姿態、生産要素〔の消費過程〕姿態、商品姿態を継起的に変換する循環運動体ということになる。これらの姿態にある資本はそれぞれ貨幣資本、生産資本、商品資本と呼ばれる。生産活動資本は回転の仕方と期間を異にするいくつかの資本の合成体なので、それぞれの構成諸資本はこの三姿態を継起的に、しかし、それぞれ異なる周期で変換させながら運動するのであり、こうして生産活動資本は全体としてこの三姿態を並存させて運動することになる。

これにたいして、商品生産資本における売買活動資本は、費消されてしまうだけでなく、価値（交換性）を追加ないし形成しないものが大部分である。この部分も増殖目的のための貨幣の支出の一部であるから、その限りではこれも資本の一部を構成するとしなければならない。しかし、新たな商品の価値そのものの形成には関係がない限りで、これ自体は商品の販売によって貨幣姿態に復帰するとはいえないのであり、したがってこの部分はそれ自体が循環運動体であるというわけにはいかないのである。もっともこのことは、売買活動資本のうちの購買と販売の過程を効率化するために投下される部分についてのことである。これは流通（売買）を促進することによって循環を促進する費用ではあるが、それ自身は循環しない。しかし、売買活動資本のうちでも、たとえば商品の運輸の費用のように、商品の価値（交換性）を追加的に増加させると考えられる部分は循環資本部分と考えるべきであろう。これは商品売買資本の場合と同じである。

商品生産資本の利潤　この形式の資本の利潤は、ある商品の価格とその商品を生産するために要する生産諸要素の価格の合計との差額を源泉とする。この価格差の存在そのものは、一つには市場という資本の外部の要因によっている。つまり一面では、生産諸要素のそれぞれについての需給関係と新しい生産物についての需給関係によって規定されている。しかし、この資本はこのようにして生じている価格差を外的な条件とするにしても、単にこの価格差の間を外的に連結するのではない。このような価格差のある商品を現実に自分が生産するのであり、かつ生産過程での活動によってそれを拡大さえするのであって、その意味では差額をその運動の内部で作り出している一面をもっているといってよい。

資本の生産過程には次のような性質がある。資本の行動原則は効率性原則であるから、すでに述べたように生産過程においても生産諸要素の効率的消費に努めるのであるが、その結果として、その時点での技術水準と文化的諸条件と需要構造からいって最も効率的な生産の諸要素の組合わせと、それによる最も効率的な投入・産出関係を実現しうる性質がある。いいかえれば、生産過程は資本が効率性原則によって締めつけると、生産諸要素と生産物の使用価値量との間に、ある確定的な関係を形成する性質を持っているのである。

もっとも、この効率化の関係は、先にも述べたように、労働者の主体性を媒介にして実現される関係であり、人間の主体性というものは本質的に個性的で不均質、不確定なものといわなければならない。したがって、生産過程における確定的関係の形成のためには、労働者のこの主体性が何らかの仕組みで消極化され、労働そのものが効率化され、確定化されるという条件がなければならないのであるが、人間の労働にはそのことを可能にするようないわば弾力的側面があるのである。そして、資本家による労働者の主体性の効率的処理によって生産諸要素の充用上の節約が可能になるわけであるから、生産過程における資本家の労働者にたいする効率化活動は利潤の源泉としての差額分の形成の積極的な要因をなしているということができるのである。

もちろん、資本家が何らかの仕方で労働者の主体性の処理に成功し、生産過程の諸使用価値の間に効率的、確定的な投入・産出関係が形成されたとしても、必ずしもそのことだけで差額分が形成されるわけではない。あくまで生産諸要素の価格と新たな生産物の価格は市場における需給関係で決定されるのであり、したがって、これらの間の価格差の形成も市場関係によって規定されているのであって、不確定性を免れない。

そこで、資本家としては、商品売買資本の場合と同様に、情報の収集、伝達の活動に従事すると同時に、市場の現況についての判断と将来についての予測にもとづいて生産の種類の選択、変更を行ないながら利潤ないし利潤率の極大化を追求することになる。したがって、この資本の利潤は、ある期間の売上総額からその期間に消費された生産諸要素のための費用総額だけでなく、その期間の流通費用総額をも回収したあとの残りということになる。期間利潤率はこの利潤の投下総資本（生産活動資本と売買活動資本）にたいする比率である。ここでも、個別主体の入手しうる情報は多かれ少なかれ不完全、不正確であり、しかもその程度は一様ではないという事情は同様であると考えざるをえないから、それにもとづく個別主体の予想、判断、行動の多様性、不確定性にも変わりはない。そして、その限りで商品生産資本の場合も必ずしも安定的な価値増殖の保証はないのであり、流通主体の増殖欲にとってこの二つの形式だけでは必ずしも十分とはいえないことにもなる。

ただ、この形式の場合に特徴的なことは、一つは、生産過程に多少とも何らかの確定的な関係が生じることになると、資本家はそれを選択的行動決定の一つの基準としながら利潤率の増進活動を行なうことになるという点である。その場合には、流通主体の行動には市場関係とは別の意味の外的な制約が生じることになり、したがって流通諸関係の不確定的な変動にも何らかの規制が生じるとみることができよう。また、この形式がさまざまな使用価値を生産できる労働者を雇用する形式である点でいえば、一定の歴史的条件が与えられると、これは、個々の主体の意図せざる結果としてではあるが、社会的生産を編成する形式となるのであり、その場合には個別主体にとって外的な市場条件の不確実性にもある制約が生じるとみなすことができる。次篇で明らかにするように、資本主義的な社会的生産においては流通諸関係の不確定的な変動の内部にある重心が形成されることになるが、これは商品生産資本におけるこの側面が肥大したことによるものである。

第三節 貨幣融通資本の形式

価値増殖形式の層次化 資本の第一形式、第二形式においては、資本家は自分の判断と責任において自分の商品の売買活動に従事したり、自分の生産要素の消費活動、つまり自分の商品の生産活動に従事したりして自分の貨幣の増殖を追求し、その結果としての増殖分は全額自分が取得した。ところがこのような増殖関係が展開されると、流通世界に居住して貨幣の増殖機会を求めている個別流通主体はさらに、これらの増殖関係を利用した第三の貨幣増殖の形式を展開しうることになる。それはこれらの二形式の資本にたいして貨幣を追加的資本力として融通し、この追加によって増加した増殖分から何らかの分け前の配分を受けることによって自らの貨幣の増殖を図るという、いわば寄生的な増殖の形式である。その場合、寄生される方も資本であるから、この形式が成立するためには寄生される方にも何らかの商品経済的利益がなければならない。それは要するに自己の資本量以上の資本力を調達・追加することによる価値増殖の増進である。したがって、寄生といってもいわば共生的結合関係の側面もあるわけである。

出資方式と資本家の分化　価値増殖を追求する個別主体が、このような第三の増殖形式としてまず展開すると考えられるのは、資本そのものを拠出して他の資本と結合させる出資方式である。その場合、この資本結合が完全に平等に行なわれうるとすれば、資本を結合した諸資本家は共同して平等に商品売買活動ないし商品生産活動に従事すると考えられるわけであるから、これは第一、第二形式ととくに異なる増殖形式とはいえないであろう。相違はせいぜい支出の側で結合相手を選択するための調査の費用が追加され、収益の側で結合の利点による独自の増殖分の追加が生じるということぐらいである。しかし、資本結合には実は完全な等位的結合ということはありえないのである。その最も主要な理由は、個々の資本家はそれぞれ個別的な予想と判断をもっており、したがって経営方針についても結合し共同する資本家の数と同じ数の意見がありうるという点にある。

結合資本においては、経営方針が多様でありうるにもかかわらず、単一の資本としては単一の行動がとられなければならない以上、そこには必ず直接的な経営活動から多かれ少なかれ疎外される資本家が生じざるをえない。こうして、共同する資本家たちの間に活動内容の差が生じ、したがってまた資本の価値増殖にたいする寄与の仕方と程度に差が生じることになるわけである。このことを逆にいえば、他の資本への出資という形式は、価値増殖欲求はもっているが、商品売買活動そのものや商品生産活動そのものには能力もないし、必ずしも積極的な関心もないような流通主体の行動様式として展開される一面があるということである。

しかし、このような結合の場合には、結合資本にたいする個々の出資資本家の権利と義務に事実上の不平等が生じているわけであり、したがって彼のこの結合資本にたいする使用、収益、処分等の諸権利には多かれ少なかれ制限が生じているのである。たとえば、個々の出資者たちが必ずしも納得しないままに結合資本の増殖分の分前（配当）の決定ないし変更が行なわれるとか、出資した資本そのものの回収も必ずしも個々の出資者の自由にはならないという問題が生じるのである。したがってこのような寄生方式は、きわめて特殊な条件が整った場合にだけ部分的に形成される方式であるといわなければならない。こうして、この出資方式の問題点を解決する形式として、確定的増殖分の確保と単独回収の自由の確保を保証された貸付方式による寄生的価値増殖形式が展開されることになる。

貸付方式　この方式にあっては、資本家はあらかじめ期間と増殖分とを契約によって確定し、それによって貨幣を貸付け、約定された一定期間後に利子とともに貸付貨幣を回収するという仕方で価値増殖を行なう。ここでは引渡されるのは貨幣であり、資本そのものは、資本家の手もとで貨幣の融通を受けた資本とは別個の資本として増殖運動を行なう。もっとも、そのことはこの形式の資本が貸付相手の資本から独立に存在しうるということではない。そしてこのように流通関係の形態としての第一、第二形式の資本の運動を補足する資本であるという点で、この資本も流通関係の一形態をなすのである。

貨幣を貸付けるということは、貨幣の諸機能の使用、収益、処分の権利を期間を限って他人に譲渡し、その期間が過ぎると返済を受けることによって貨幣を回収するという行動のことである。この貨幣機能という貨幣の使用価値の一定期間の消費の代価として利子が授受される。したがって、貨幣の貸借関係は貨幣の一定期間の使用価値が貸手から借手に販売される商品売買関係の一種であるとみることができる。借手は、この借入貨幣を機能させて自分の資本力を追加し、価値増殖を増進させる見込みがある限りにおいて、この商品を購入し、その追加的増殖分から一定期間の貨幣機能の代価としての利子を支払うわけである。

第一、第二形式の資本においては、資本家は貨幣を手放して価値の特殊的な担い手としての商品なり、価値を新たに形成する生産要素なりを受取るのであるが、この第三形式の資本の場合に資本家が受取るのは、商品売買資本ないし商品生産資本にたいする貨幣支払請求権といういわば抽象的な債権でしかない。これはそれ自体が価値なのではなく、この資本の外部の将来の価値についての他の資本家の行為にたいする請求権なのであり、そのようなものとして、それは独自の価値（交換性）としての規定性を受取って資本の一姿態となっているのである。したがって、このようないわば元も子もなくす可能性のある寄生的な資本にとっては安全性が何よりも重要であるが、もちろんこの資本も資本である以上収益性も追求しなければならない。それはできるだけ高い利子率の借手に貸付けるという行動と、返済還流から再貸付までの期間をできるだけ短縮して貨幣の遊休を節減し、資本の回転の促進を図るという行動によって行なわれる。

貸付資本の諸構成と利潤　この第三形式の貸付方式による資本を貸付資本と呼ぶことにしよう。この資本にとっては、こうして貸付相手の選択と債権の保全がきわめて重要な問題となるのであり、一般的な市場の動向の調査の他に、貸付先の信用調査、担保の評価、貸付条件の交渉・決定、貸付先の経営状態の監視、債権の取立てなどの資本家的活動とそれにともなう種々の費用支出ないし資本投下が必要となる。これらを貸付費用ないし貸付活動資本と呼ぶことにしよう。この形式の資本には、この他にも貨幣の貸付、返済にともなう貨幣の出納、運送、保管といった活動のための貨幣取扱費用も必要となる。これらは第一、第二形式の資本では流通費用ないし売買活動資本に含まれるが、この資本では貸付費用ないし貸付活動資本に含まれる。これにも流動、固定の区別が必要である。

この形式の資本も、したがって、大別して二つの構成部分から成ることになる。すなわち、一つは貸付、返済を繰り返す資本部分であり、これを貸付用資本と呼ぶことにする。他の一つは右で述べた貸付活動のために支出されて消費される貸付活動資本部分である。前者は第一形式の商品買入資本、第二形式の生産活動資本に相当する資本部分であり、これが循環する資本の本体といえよう。後者は売買活動資本に相当する資本部分で、資本の循環と増殖を補助し、効率化する貨幣支出であるかぎりでこれも資本の一部をなすが、これ自身は循環するわけではない。

したがってまた、貸付貨幣の利子がそのままこの資本の利潤となるのではない。ある期間の貸付利子総額は第一、第二形式の資本の期間売上総額に相当するものであり、そこからその期間の貸付活動にともなう総費用を回収したあとの残りがその期間の利潤ということになる。期間利潤率はこの利潤の投下総資本にたいする比率である。このように、この形式の資本においても資本家的活動は決して消極化してしまうわけではないのであるから、一般にこの形式をG…G′という定式で表示しているのはこの資本の循環部分を表示しているだけで、他の構成部分が表示されていない点に留意されなければならない。またこのことは、この資本形式が必ずしも確定的な増殖を達成する形式ではないことを意味している。たしかに貸付契約そのものは期間と利子を確定する。しかし貸付費用は技術的確定性のない費用であり、しかもいかに貸付費用を投じても必ずしも安全性を確実にすることはできないのである。

証券投資方式　一定期間をあらかじめ約定して貨幣貸付を行なった個別主体に事情の変化が生じ、貸付期間中に貸付貨幣を回収したいという要請が生じる場合がありうる。貸手が別の貸手を見つけて債権の肩代わり（代位）をして貰えれば、この問題は解決する。この肩代わりは、貸付債権が証券化していれば、この証券の売買によって行なうことができる。この場合、この貸付証券の利子率は確定されているのであるから、当初よりも売買時の市場利子率が変動していれば、貸付証券の売買価格が変動し、貸付額は貸付証券の額面価格と遊離することになる。貸付債権が肩代わりされるさいに貸付元本に変動が生じうるわけである。

貸付証券の売買によってこのような関係が生じることになると、結合資本にたいする出資分を証券化し、それを販売することによって資本の回収に代えるということも可能になり、先にみた資本結合の問題点も一部ではあるが解決されることになる。出資が貸付化しうることになるわけであるが、これは証券市場の成立によって貸付が出資化していることによるといってよい。すなわち、貸付証券の価格が変動して貸付用資本が増加する可能性が生じることになると、第三形式の資本は単に貸付利子だけではなく、証券の価格差という追加的な増殖源泉を獲得しうることになり、貸付証券に投資する行動が展開されることになる。またこうして資本証券も投資の対象たりうることになり、出資方式の問題点が多少とも解除されて、投機的な資本行動に支えられた資本結合が展開されることになるのである。

証券投資資本の利潤と諸構成　こうしてこの形式の資本は、証券を買入れることによって他の資本にたいして貸付ないし出資を行ない、利子ないし配当を取得しうることになると同時に、買入れた証券を転売することによってその価格差をも取得しうるのであるが、これらはそのままこの資本の利潤をなすわけではない。このような方式の価値増殖活動のためには、一般的な諸商品の市場と景気の動向の調査・判断、および様々の個別資本の活動状況とその将来の調査・予測などによる貸付証券、資本証券の比較・選別活動、あるいは諸証券にたいする需要の動向の調査と販売活動などが資本家的活動の重要な内容をなすのであり、これらの諸活動に要する諸費用を先のいわゆるインカム・ゲインとキャピタル・ゲインの合計から控除した残りがこの資本の利潤をなす。

したがって、この形式の資本も次の二つの構成部分に大別することができる。すなわち、その一つは証券買入資本部分である。これは商品売買資本の商品買入資本に相当するが、証券投資資本は証券を単に転売するためにだけ買入れるのではなく、この証券の保有期間中にこの商品の使用価値をいわば消費するのであり、その間はこれは貸付資本ないし結合出資資本なのである。他の一つは証券投資活動を効率化するために支出される資本部分で、諸証券の比較・選別のためのものがその中心をなす。これは証券売買活動資本と呼ぶことにしよう。ここでも前者は循環するといってよいが、後者は非循環資本である。また、後者は、他の資本形式の場合と同様、回転の仕方によって流動資本と固定資本に分かれる。

第二篇　生　産　論

第一篇で考察された流通主体とその行動が形成する流通関係の形態は、それ自体としては生産とは内面的関係のないもの、生産にとって本来外部的なものである。個別的には流通主体は、その商品経済的な利益の最大化のために、生産を自分の運動の中にその一過程としてとり込むこともあるが、その場合でも別に生産そのものに関心があってそうするわけではない。生産を価値増殖の単なる一手段として、他の手段と比較しながら選択的にそうするだけのことであり、また生産をとり込むことがとくに有利であるというわけでもない。まして、とり込む生産が社会的生産の一環をなすものであるか、そうでないかということは、流通主体自体にとってはまったくどうでもよいことである。

ところが、人類史上のある時期に、歴史的事実として、生産手段を持たない、いわゆる無産の労働者である賃銀労働者が社会的に大量に形成され、貨幣で賃銀を支払って雇用する労働者によって商品を生産して販売する形式の商品生産資本が、人間生活に必要な生活資料を社会的に大量に供給するという社会的な生産様式が登場した。以下ではこのような社会的生産の一環を担当しているような商品生産資本のことを単なる流通形態としての資本と区別して産業資本と呼ぶことにする。この資本は、その意図せざる結果としてであるが、社会的生産を担当することになると、その流通主体の経済人的行動を通して、生産方法や編成の仕方に、さらには人間の労働の質や人間生活の仕方にまで独自の影響・変質を及ぼすことになると同時に、逆に流通主体の行動がこの社会的生産の側から一定の規制を受けることになる。

第二篇と第三篇では、この産業資本によって全面的に担当され、編成されている社会的生産であるいわゆる純粋資本主義の社会的生産を想定して、その理論的再構成を行なう。その場合、課題を編成過程の考察と編成結果の考察の二つに大別し、個別流通主体の無政府的な行動がその意図せざる結果として社会的生産を編成するその現実的な過程は第三篇の競争論で考察することにして、第二篇では結果を、しかもそのうちの編成が達成されている側面をいわば先取り的に分析することに課題を限定する。

資本主義的な社会的生産はこうしていわば均衡的に編成されているものとして分析の対象となるのである。個別流通主体の行動は、ここでは生産の側から規制を受ける面がとり出されて考察されるのであり、その不確定性、不均質性は消極化して捉えられる。いいかえれば、それは社会的生産を担当する総資本の平均的一分肢としての相互に同質的な代表単数的なものの行動として考察されるわけである。しかし、そのことは個別主体の側の規定力を実際上も消極化するものとみなし、資本主義的生産を現実的な運動の過程で次第に一種の定常状態に収束するようなものとみなすということではない。結果といっても均衡状態は収束点としてではなく、不断に不安定化、不均衡化している資本主義的生産のいわば運動の重心として措定されるにすぎないのであり、個別主体の無政府的な行動や生産編成の不断の不均衡化は、それが行き過ぎれば引き戻す錘を持っていて無際限なものたりえないことが示されているとはいえるにしても、なくなってしまうとみなされるべきものではないのである。

それでは第二篇は対象をこのような均衡状態に限定することによって、全体として何を明らかにしようとするものであろうか。それはまず、資本主義社会も人間生活に必要な生活資料の生産のための諸要素の生産を独自な仕方ででではあるが均衡的に実現しうるものであり、そのことによって一社会として存続しうる根拠を獲得しえていることを明らかにする。そしてまた、重心としてにせよ均衡編成が実現されることによって、個々の資本の価値増殖は、流通過程の不確定的な変動以外にも、一種の確定的な根拠を獲得しうることになる点が明らかにされる。しかし、本篇の課題は単にこのような社会存続なり資本存続の根拠を明らかにすることにとどまらない。資本主義的な社会的な生産編成と資本の価値増殖が、人間による労働・生産過程のどのような特殊な質を条件にして可能になっているのかを明らかにするのが、中心的な課題なのである。いいかえれば、本篇の課題は資本主義的な労働・生産体制の独自の本質を明らかにし、比較体制分析の基準を確定することにあるわけであって、第一篇は商品世界内部の個別当事主体の商品経済的な意識と行動が形成する関係をいわば写すといった展開であったのにたいして、第二篇は他の生産体制との比較なり将来の生産体制の展望を念頭におきながら資本主義的生産体制の特殊な本質を第三者的に、あるいは分析者の関心にしたがって、分析するものであるということができよう。また、その意味で本篇は、資本主義的生産体制の歴史的な意義と限界を確定するという、分析者の資本主義批判を叙述するところでもあるのである。

流通主体は商品経済的利益の最大化を追求して行動するだけで、社会の存続などということ自体にはとくに関心はない。しかし、資本主義社会も曲りなりにも一社会として歴史的な一時代を画して存立していることからすれば、個別流通主体が意図せざる結果として編成することになっている社会的生産であっても、そこには社会成員の生活に必要な生活資料の生産と配分の基本的な仕組みは存在しているとみてよいのであろう。そして、その仕組みの特殊性が資本主義社会の独自な差異性を規定することになっていると考えられるわけである。

もしこのように考えることができるとすれば、資本主義的生産の独自な差異性ないし本質を明らかにするためには、とりあえずその基準として、人間と自然との社会的な物質代謝一般としての人間の労働・生産過程の一般的な性質が、特定の社会形態から独立に明らかにされていなければならない。そこでこの第一章では、あらゆる社会に共通の労働・生産過程編成の一般的原則、労働の生産力増進の一般的な諸結果を考察する。

第一章　労働・生産過程

この人間と自然との社会的な物質代謝一般なるものは、これまでの人類の歴史において特定の社会形態から独立にそれ自体として現実に存在したことはない。それは種々の宗教的関係、政治的関係、法制的関係、暴力的関係などと結合し、それに補足されることによって特定の社会形態を作りあげながら遂行されていたのである。ただ、序論でも述べたように、人類史上のある時期に、商品経済的関係が人間と自然との物質代謝を処理する圧倒的に支配的関係となった社会が登場したため、それを観察対象としながら商品経済を一元的な関係とする社会的生産を理論的に再構成することが可能となったのであった。そして、古典派経済学以来の経済学の成果を受けて、人類史上の種々の社会形態の特殊性を規定しているとおぼしき諸関係の捨象を、まず宗教、政治などの商品経済外的関係から始め、最後に商品経済的関係の捨象をいわば思考実験的に行なうならば、労働・生産過程一般を措定することが可能になると考えられるのである。こうして本章では、たとえば労働・生産過程の経済性ないし効率性についても、あらゆる社会に共通なものと資本主義的生産に特殊的なものとを区別し、人間の自然との物質代謝行動は必ずしも効率性原則によって一元的に規制されるものと捉えることをしていない。このような本書の捉え方は、資本主義的生産の批判的解明という分析者の関心に由来するものではあるが、必ずしも恣意によるものではない。ただ、それは本書の第三篇までの全展開によってはじめて確証されることであって、それまではこれは、資本主義的生産の独自性にたいする予断によるもののようにみえるかもしれないが、叙述の順序として止むを得ないことと考えられる。要するに、ここでは資本主義的生産の本質の解析基準として、特定の社会形態から独立に考察された労働・生産過程が、いわば先験的な形で提示されるという方法がとられることになっているわけである。

第一節　労働過程

労働と人間生活　人間は、人間に特有の主体的活動としての労働によって自然に働きかけ、自然を人間にとって有用な使用価値に加工し、それを消費して人間生活を営む。人間と自然とのこのいわゆる物質代謝は、あらゆる形態の社会に共通に人間生活の基礎過程をなす。この人間の自然との関係の本源的なものは、自然そのものとして原生的にあるものを単に採取して消費する、あるいはせいぜい採取したものを運搬ないし保存したあとで消費するという関係である。一般の動物の生活は大体そのようなものであるといってよいであろうが、人間も動物の一種であるかぎりでこの過程が消費生活の一般的基礎をなす。しかし、人間の欲望は他の動物の場合と異なり比較的短期の間に様々に変化・発展するのであり、人間はそれに応じて主体的に自然に働きかけ、様々の種類の有用物を獲得、消費し、その欲望を充足することができるのである。

ここで主体的ということの意味は二つある。一つは、人間の場合は人間自身がその様々に変化する欲望に応じて労働の目的ないし内容を措定するという意味である。もう一つは、あらかじめ措定され、表象されている労働の目的ないし内容を実現するために、自らを制御し、目的意識的に行動するという意味である。クモや蜜蜂がいかに精巧な作業をしようと、人間の労働と他の動物の本能的な、あるいは生得的ないわゆる定形行動とはこの二点で相違する。このような人間労働を、人間の自然との物質代謝の過程としての労働過程の主体的要因と呼ぶことにしよう。

労働対象と労働手段　人間労働を主体的要因と呼ぶとすれば、人間労働が働きかける労働対象が労働過程の客体的要因をなすということができる。労働の本源的対象はもちろん自然であり、たとえば地上の草や木、地中の油田や鉱石、水中の魚、空中の鳥などであるが、すでに労働によって加工されたものも労働の対象となる。通常これは原料と呼ばれる。

労働の対象を決定する場合、人間は欲望充足という労働の目的にできるだけ適した対象を選択するわけであるが、人間労働はこの対象に直接働きかけないで、対象との間に労働手段を挿入することが多い。労働手段は人間の肉体的諸器官の種々の労働能力を増幅、拡大するものであり、その本源的な供給源も、土地、河川などに代表される自然であるが、すでに労働によって加工されたものも労働手段となる。道具、機械などがそれである。また労働が行なわれる場所のように、労働の場として一般的に必要な対象的条件も広い意味では労働手段ということができる。ここでもその一般的基礎は土地そのものであり、労働によって加工されたものとしては建物、運河、道路、鉄道などである。労働手段は、労働対象への人間労働の導体ないし媒体として役立つという点で、労働過程の媒体的要因と呼ぶことができる。

なお、このような労働対象、労働手段のためにさらにいわゆる補助材料が使用されることがある。たとえば、(1)リンネル漂白用の塩素、精錬用の石炭、繊維に使用される染料などのように、労働対象に素材的変化を起こさせるためのもの、(2)蒸気機関のための石炭、機械のための油などのように、労働手段の運転や使用のために消費されるもの、(3)作業場の照明や冷暖房用の資材のように、労働の遂行そのものを助けるために使用されるもの、などである。

労働と消費と生活　労働は人間が主体的に自然に働きかける活動である。人間は自分の欲望がみたされるように自然を加工し、その加工物（無体物を含む）を消費する。この消費によって労働は完了し、人間的生活を営むことが可能になる。しかし、それではこの労働過程と消費過程と生活過程とはどこで区切られるのかということになると、これは必ずしも判然としない。少なくとも労働が終って消費が始まり、消費が終って生活が始まるというようなものではないことだけはたしかである。労働の過程は同時に物の消費の過程であり、また半面、人間の生活活動は同時に何らかの物の消費活動でもあるので、したがってまた労働にも多かれ少なかれ人間の生活そのものという側面があることにもなる。この区切りの不分明さは、たとえば自分で作った曲を自分で作った笛で演奏して楽しむとか、自分で魚釣りを楽しみ、その魚を自分で料理して食べるといった例を考えてみるとわかりやすいであろう。労働の過程で同時的に進行する消費にたいして、最終消費というようなものを区別してみるとしても、その場合も目的は消費それ自体ではなくて、欲望の充足（感）なのであり、労働にもそのような側面があるのであるから、最終消費が目的で労働は手段だとしてしまうわけにもいかないのである。そして単なる手段ではないかぎりでは、労働そのものは煩労であって、できるだけ効率的に行なわれた方がよいとは必ずしもいえないのであり、労働手段の選択も労働主体によって様々でありうるのであって、そこには必ずしも技術的な一義性はないといわなければならない。

もっとも、労働の主体と消費の主体が異なる場合には、行為主体の相違によって労働と消費の外面的な区別は可能になる。あるいは、労働過程が分業的に編成されて遂行され、それぞれの分業の過程の主体が相違するという関係を導入するならば、最終消費とそのための過程という区別は一応はできる。人間の労働そのものは不静止の活動であるが、それはその分業の過程で不断に様々の生産物(無体物を含む)として外化するとみることができる。この生産物の見地から捉え直した労働過程を生産過程と呼ぶことにすると、労働過程は種々の特殊的な使用価値の生産過程の連関としてあることになる。分業はこのような生産過程についての問題であるが、しかしその場合でも、生産過程は労働過程の一環であるかぎりで、消費過程としての側面ないし人間生活そのものである側面を払拭できない。別のいい方をすれば、労働過程という捉え方ないし用語法は、人間の労働と消費と生活そのものとは互いに重なり合っていて、必ずしも明確に区別できないような側面があることをとくに取り出すためのものなのである。

第二節 生産過程

労働と生産 労働過程は人間の個々人を区別しないで、人間の集団がいわば一体となって自然を加工して人間的諸欲望を充足する過程を考察したものであるといってよい。そこではこの集団内部での人間と人間の関係なり、労働の異質性なりはとくに問題にしなかったのである。しかし、人間労働が媒体を用いながら対象を消費し、何らかの意味で人間の外部に生産物化して個人的な最終消費の対象となるという過程は、必ずしもある期間いわば不静止の流動状態で経過する人間活動が、最終消費の直前になってはじめて生産物化するという過程としてあるのではない。最終消費までの間に人間労働は中間的に様々な生産物として外化し、それらをまた労働手段なり労働対象にして、労働の媒介や対象化を繰り返すのである。この生産物化の繰り返しを通す最終消費財の生産という関係は、一人の人間の労働についてもその内部での継起的事態として生じるが、集団を形成する個別的な人間の労働の間の並列的な連関としても編成することができるのであり、こうして、人間集団の内部の労働と労働の連関は、この労働の中間的な生産物化の関係を通して、生産物と生産物の連関を作りあげることになる。労働過程を生産過程として捉え直すのは、人間の自然との物質代謝がこのように無数の特殊な生産物の生産過程の有機的な分業編成体と生産物連関を作りあげることを通して遂行されることを示すためなのである。

この分業によってはじめて個々の人間について、生産する財と最終的に消費する財の分離が生じ、したがってまた生産主体と消費主体の分離が生じ、生産と消費の区別を措定することができることになる。こうしてまた個々人の労働は生産物を生産する生産的労働という規定を受けとり、その規定性において消費と区別されることになる。また労働が生産的労働として捉えられることに対応して、労働手段と労働対象は一括して生産手段と呼ばれ、さらに生産的労働をも一緒にして生産要素という捉え方が生じることにもなる。

生産過程の分業連関　最終消費財を aKm, bKm, cKm……という記号で示し、それぞれを生産するための生産手段を aPmⅠ, aPmⅡ, aPmⅢ, ……, bPmⅠ, bPmⅡ, bPmⅢ, ……, cPmⅠ, cPmⅡ, cPmⅢ, ……と示すことにしよう。これらには無体の生産物も含まれるとする。社会的生産の使用価値連関はたとえば図Ⅱ-1-1のように書けるであろう。この生産物連関は社会的労働の質量編成を労働の対象化というレベルに直して捉えたものである。総体とし

……	aPmⅣ,	aPmⅢ,	aPmⅡ,	aPmⅠ,	aKm,
……	bPmⅣ,	bPmⅢ,	bPmⅡ,	bPmⅠ,	bKm,
……	cPmⅣ,	cPmⅢ,	cPmⅡ,	cPmⅠ,	cKm,
……	dPmⅣ,	dPmⅢ,	dPmⅡ,	dPmⅠ,	dKm,
	……	……	……	……	……

図　II-1-1

ての人間労働がこれらの生産物の生産に適当に配分されることによって、人間の自然との物質代謝が遂行されるわけである。ただ、この図ではこれらの種々のKmなりPmなりの生産や消費に要する期間は度外視しているので、これはいわば無時間ないし抽象的な時間の場における連関である。つまり、このような図で量的連関（編成）を示すことはきわめて困難なので、質的な有機的連関（編成）しかこれは示していない。したがってまた、生産手段の中の労働対象と労働手段の区別もしていない。また、一つの生産物種類が複数の生産物の生産手段になる場合、あるいは複数の生産物種類が一つの生産物の生産手段になる場合も示してない。その意味でこの図は社会的生産の使用価値連関をきわめて単純化したものである。

ところで、この図で時間や量を度外視しているということは、図示することが困難だからであって、もちろん量関係がどうでもよい問題であるということではない。それでは、分業編成における各生産過程ないし生産物の量関係はどのようなものと考えられるであろうか。ここではその基本的性質だけをごく一般的に考察しておこう。

ある時代なり時期なりをとると、自然との物質代謝を一般的な基盤として様々の生活を営んでいるある人間集団の文化の型、生産技術の水準、需要の構造などはある期間はほぼ安定していると考えられる。そして、そのような諸条件が安定している場合には、社会的生産の一環をなすある生産物の生産に必要な諸生産手段の量と生産的労働の量の間にはほぼ安定的な関係があると想定することが可能であると考えられる。

もちろん安定的といっても、これはかなり大きな変動幅の間での緩い安定的関係であると考えられなければならないであろう。たとえば一単位の労働量が一単位の生産手段を消費して一単位の生産物を生産するという関係がほぼ安定的に維持されているというようないい方をするとしても、このことは一単位の労働量による生産手段の消費がたとえば〇・八単位から一・二単位の間で行なわれ、その生産量もたとえば〇・八五単位から一・一五単位の間をある形の分布でバラついているというようなことを妨げない。生産技術といっても人間が主体的に利用するものであるし、文化や需要はもちろん人間の個人的生活に直接かかわるものであるから、それぞれに仮りに安定的な水準、型、構造があっても、人間の側の様々の不均質性と不安定性によって安定的な量関係なるものにもある幅での変動は避けられないのである。

もっともこの変動の幅なり不安定性の大小なりは、生産過程の性質によっても相違する。手段性の濃い生産物の生産過程や煩労性の強い労働については、節約原理が強く働くような技術を採用したり、そのように主体的に対応したりすることによって確定性が強まるということもあろう。最終消費財的性格の濃い生産物の生産過程や消費との境界が必ずしも明確でないような生産過程では、物量の安定的関係は必ずしも関心の対象にはならず、緩い関係のまま進行することもあろう。しかし、節約原理がかなり強く働く場合でも、それは必ずしもそれぞれの社会に独自の文化や生活様式まで解体してしまうようなものとして行なわれると考える必要はない。ある特殊な生産過程で一種の効率的な確定的量関係が形成されている場合、そこでたとえば労働の合間に何回かの礼拝をしたり、午睡をとったりすることがそのまま行なわれていても、その社会なりの効率性が実現されていると考えて構わないのである。

社会的生産の均衡編成　いくつかの条件が安定的であれば、単位生産物の生産に必要な労働量と生産手段量の間に、多少とも変動幅はあるにせよ、ほぼ安定的な関係の存在を想定しうるということは、いいかえれば、ある生産物の生産のための一連の生産手段連関には、ある確定的な量連関を想定することができるということである。そして、どのような仕組みによるにせよ、種々の生産過程の有機的連結による生産編成は、生産諸要素と生産物の間のこの確定的な量連関を基準にして編成されていれば、ほぼ安定的に進行しうるのである。

仮にこの生産過程の有機的連結関係を誰かが意識的に編成しようとするならば、種々の生産過程へ労働ないし資源を配分する際に、彼はこの量連関を基準にした行動をせざるをえないであろう。この基準連関よりはずれたような配分・編成を行なうと、労働と資源の無駄が生じ、分業を通して行なわれる生産に減少が生じることになり、ひいては人間生活に支障が生じる。意識的に編成が行なわれるわけではない場合、つまり編成が種々の生産過程を担当する個々人の自由な行動に委ねられている場合にも、生産過程の連結の過程で生産諸要素の過不足が発生し、それに対処しようとすると、個々人は確定的な量連関を何らかの意味ないし仕方で行動基準とすることを強制されるであろう。

一般に、たとえば天変地異なり動乱なりがあれば、社会的生産編成のどこかの環に変動が生じ、生産手段連関の様々の地点で生産諸要素の過不足が生じることになるが、労働・生産が人間の主体的な活動として行なわれている以上、この過不足はいずれ何らかの仕組みで調整され、均衡的な連関が回復するであろうと考えられる。その場合、それがどのような仕組みで行なわれるか、意識的にか自律的にか、迅速にか緩慢にかという点にはいろいろ相違がありえようが、いずれにせよこの調整ないし回復は、諸生産過程間の確定的量連関を実現する方向に進行するであろう。以下では、諸生産過程の間で生産手段の過不足が生じないような社会的生産編成のことを均衡編成と呼ぶことにしよう。それはいいかえれば、生産諸要素と生産物の間の確定的な量関係を基準とする労働の配分ないし生産の連結関係のことである。

無体の生産物　ここで念のために無体の生産物について説明を加えておこう。これは一般にサービスと呼ばれているものにほぼ相当するといってよいが、無体のものは Km にも Pm にもある。

まず Pm からみてゆくならば、図Ⅱ-1-1のような生産手段連関の一環をなすものとして、たとえば次のようなものが考えられよう。

(i) 運輸効果　これは物ないし人の場所移動という、物の生産に附随して必要ないわば補助的労働の生産物である。人間は労働する際にこの効果を利用、消費することによって人間の諸器官の能力を増幅、拡大させることができるのであるから、これは労働手段の役割を果たすものとして生産手段連関の一環として位置づけられなければならない。

(ii) 保管効果　これも物の生産に附随して必要な、生産物在庫の保管という労働の生産物である。種々の生産物の生産に要する期間は長短様々なので、生産編成が曲がりなりにも連続的に行なわれているとすると、生産手段連関のあらゆる接点で生産物在庫が発生せざるをえない。また、生産量や消費量の不確定性が大きい生産手段の場合には、変動に備えた準備的在庫も必要となる。いずれにせよ、これも物的生産を補助する生産手段としての意味をもつ効果であると考えることができる。

(iii) 通信効果　集団を構成する個々人やその生産物、生産の諸条件などについての状況変化を情報として収集したり、伝達することは物的生産に附随して必要な労働であり、したがってその生産物としての通信効果も生産手段として位置づけられる。

(iv) 調整効果　人間労働が特殊的な生産過程を有機的に編成することによって遂行される際に、種々の原因によって個々の生産過程間に生産手段の過不足問題が発生することはどのような形態の社会でも避けられない。そこで人間労働の分業の一つとして、いくつかの生産過程を見渡して、その連結・編成関係を多少とも管理、調整することも、物的生産に附随する労働として必要になり、したがってこのような編成労働の効果も一種の生産手段としての生産物といってよいであろう。

(v)労働補助効果　以上はいずれも生産過程と生産過程の連結・編成にかかわる労働の生産物という性格をもっているといってよいが、連結と必ずしも関係なく、特殊的な生産過程そのものの内部で労働の遂行を助けるのに消費される種々の有用効果もある。たとえば生産過程内の照明、冷暖房、音楽、神事、医療、技能教育などであるが、これらも生産手段連関の一環をなすとしなければならないであろう。

Km にはこのような無体のものは無数にある。たとえば、右の(v)で述べたようなものが、ある生産物の生産活動の手段として消費されるのではなく、その消費が人間の生活それ自体の内容を構成していると考えられる場合には、それは Pm ではなく Km である。

以上のものはいずれも、それを生産するさいには有体の生産物を消費するので、その生産は有体の生産物量を減少させるといってもよいが、これらも生産物であり、生産手段の場合にはそれはさらに有体ないし無体の生産物に転ずるわけであって、これらが社会的総生産物にたいして追加をなすものであることはいうまでもないであろう。

社会的生産の簡単な例解　図Ⅱ-1-1で示したような社会的生産物の使用価値連関をさらに極端に単純化し、社会的生産は一種類の最終消費財 Km（数種類の消費財バスケットと考えてもよい）の生産と、そのための二種類の生産手段 Pm Ⅰ，Pm Ⅱ，の生産とから編成されていると考えることにしよう。そして、簡単化のために Pm Ⅱ→Pm Ⅰ→Km と順次に労働が対象化されてゆくものとしておく。

いま全体として三〇キログラムの Km を生産するために、Km 生産部面に六人（六億人と考えてもよい）、Pm Ⅰ生産部面に四人、Pm Ⅱ生産部面に二〇人の労働する人間が配分され、それぞれが九時間ずつ労働しなければならないとする。そして、この六人、四人、二〇人という労働者の比率、すなわち3：2：10という労働量の比率は、先に述べたようないくつかの条件が安定的である場合の比率であるとする。したがって、この比率での編成がこの社会の社会的生産の均衡編成である。この比率が維持されないで労働配分に過不足が生じる場合には、人間労働の一定部分が社会的に無駄になる。たとえば何らかの理由によってKm, PmⅠ, PmⅡにたいする労働配分が三人、二人、二五人になったとすると、PmⅡの生産に従事した一五人の労働は無駄になる。Kmは三人、二人、一〇人によって一五キロしか生産されないのであり、一五人については配分の変更が行なわれなければならないが、その変更もKmの生産とそのためのPmの生産のための労働編成として行なわれる以上、一定の文化的、技術的条件のもとではあくまで3：2：10をいわば基準比率として行なわれることになる。何らかの理由で変動が生じた場合も、それはこの基準比率にたいする一時的ズレという意味をもつわけであり、この基準比率からはみ出した労働については、社会形態によってそれぞれ特有の仕組みなり方式なりによってではあるが、結局は全体の労働配分がこの基準比率を実現する方向に、つまり人間とその消費財とその生産手段との間に過不足のない均衡編成が実現される方向に、調整・復元作用が働くことになると考えられるのである。

30kg		50kg		40kg
Km	←	PmⅠ	←	PmⅡ
6人×9時間		4人×9時間		20人×9時間

図　Ⅱ-1-2

　なお、念のために付言すると、ここでは諸条件がある期間安定的であるという条件をおいているので、この生産連関は三日間にわたる継起的連関を意味していると同時に、ある一日の横の同時的連関をも意味している。すなわち、今日のKmの生産は一昨日のPmⅡの生産と昨日のPmⅠの生産の結果にたいする今日の労働の対象化であると同時に、今日のPmⅠの生産は明日のKmの生産のためのものであり、今日のPmⅡの生産は明後日のKmの生産のためのものなのである。またこのことと関連するが、PmⅡ生産部面では労働だけが生産要素にされているが、それは他の生産要素の使用を排除するものではない。この連関の中に出て来ない生産手段は、それをこの期間のこの連関の中で再生産しなくてよいということを意味しているにすぎない。逆にまた、この期間にこの連関と並行して行なわれている生産があっても、この期間のKmの生産に直接関係のないものは、この連関の中に現われない。その点でもこれは極端に単純化した例解なのである。

労働の二重性　右の設例では三〇人が全体として三〇キロのKmを生産しているわけであるが、これを全員が一日一人当り一キロずつ消費して日々の人間生活を営むとしよう。そのうちの二〇人はPmⅡを生産し、四人はPmⅠを生産し、六人はKmを生産しているということは、この三部面の特殊な労働はそれぞれ労働の目的も対象も手段も相違し、その結果として別の生産物を生産しているということである。設例のように一日に一人平均九時間の労働をするとすれば、三部面のそれぞれにおける一日一八〇時間、三六時間、五四時間の労働は、たとえばPmⅡを四〇キロ、PmⅠを五〇キロ、Kmを三〇キロ生産する労働として、それぞれが特殊な種類の生産を行なう異質の労働をなすわけである。しかし、同時に他面ではそれらは、全体として三〇キロのKmを生産しているのであって、PmⅠを生産する労働もPmⅡを生産する労働も、実はKmを生産する労働であるということができる。それぞれはいずれも三〇キロのKmを生産するために必要な二七〇時間の一部をなすものとして同質な労働であり、さきの一八〇時間、三六時間、五四時間という区分は、人間労働の特殊的な対象化に即した区分でしかないという面をもっているわけである。しかも、それぞれの部面の労働は、同一人が次々に継起的にそれらに従事しても、つまり各人がそれぞれ他の諸部面に移動してそれらを行なっても、どこでも同じように行ないうるものとしての代替可能な労働が特殊的な部面で並列的に行なわれているとみなすことができるといってよい。

こうして、人間の労働は二面に分けて考察できることになる。すなわち、一つは、さまざまの特殊な目的に応じてさまざまの対象、手段を選択しながら特殊な使用価値を生産する具体的有用労働としての面であり、他の一つは、人間がその生活資料を生産するのに要する労働総体の同質的な一部を構成するものとしての抽象的人間労働としての面である。人間が自然との物質代謝を質的・量的に編成し、人間にとって有用な使用価値生産の有機的編成を実現しうるのはこの二面によるのである。

したがって、このいわゆる労働の二重性はどんな社会形態のもとでの生産過程にも共通の、人間の労働に本来的な性質であるということができよう。もちろん、人間は本来同じように労働しうるものであるといっても、誰もがあらゆる有用労働を行ない、同じ結果を実現できるということは、厳密にはありえない。生産手段の発展の段階によって大小様々の差異がありうるし、社会形態によっては同一人の生産部面の移動ないし労働の種類の変更が必ずしも自由ではないこともある。しかし、これらの事情は、人間の労働の二重性の発現が技術的要因なり制度的要因なりによっていわば人為的に阻害されることがあるということを意味するものではあっても、労働の二重性そのものがある特定の社会形態だけに特有のものであることを意味するものではないであろう。人間が労働手段を改善したり、新しい欲望の発生に対応して新しい生産物を開発したりできるのも、人間労働が本来的に特定の有用労働に制限、固定されるものではないからである。

第三節　生産物の二分割

生産力の増進の諸結果　人間は、労働によって自己の人間的生活の物的基礎を確保し、その人間的生活によって新たに労働する能力と意欲を形成するのであるが、人間は、その長い歴史のおそらく非常に早い時期から、日々のこの労働力を再形成するのに直接に必要な日々の生活資料以上に生産物を生産する能力を有し、実際またそのような生産を行なってきたといってよいであろう。このことは、いいかえれば人間は自分の日々の生活に直接必要な使用価値を生産するのに要する労働時間以上に労働しているということを意味し、したがってこのことは、いわゆる階級社会の形成を可能にする根拠の一つにもなるわけであるが、このこと自体は特定の社会形態とは必ずしも関係がない。人間は一日の労働によってかろうじて翌日の労働を継続するのに必要な生活資料以上の生産物を生産できるということは、労働の生産力が十分に発展していれば可能な事態であり、またそのことが労働の生産力のいっそうの増進の条件ともなるのであるが、このような生産力は必ず階級社会を形成しなければならないというわけのものではないのである。

労働の生産力は一定量の労働が生産する生産物の使用価値量で示すことができる。生産力の増進にはいろいろな原因がありうるのであって、偶然に自然的条件が好転したことによることもあれば、新しい技術が発見ないし開発されたことによることもあれば、特定の社会形態に独自的な生産力の特殊な促進によることもある。しかし、ここではさしあたりどのような原因によるかは問わないで、労働の生産力の増進のありうべき諸結果を一般的に考察しておくことにしよう。

たとえば前例のような社会的生産編成において、何らかの原因で PmⅡ生産部面の生産力が二倍になり、四〇キロの PmⅡを生産するのに従来の二分の一の九〇時間で、すなわち従来どおり一日に一人が九時間労働するとすれば一〇人の労働者ですむようになり、その結果 Km の生産に社会的に必要な総労働時間は二七〇時間から一八〇時間に減少することになったとしてみよう。なお一日一人当り一キロの Km は日々の生活に直接必要な生活資料であるとする。

(1)　いま仮に従来と同じ消費水準が維持されるとすれば、従来と同じ三〇キロの Km が生産されればよいわけであるが、そのことは Km, PmⅠ, PmⅡの生産にそれぞれ六人、四人、一〇人が配分されて、従来通り一人が九時間労働するという社会的生産編成によって達成できる。すなわち、従来と同じ生産水準は二〇人の労働者によって維持できるので、残りの一〇人が生産から遊離してまったく労働しないいわば有閑階層化しても、従来の生活水準は維持で

30kg　　50kg　　40kg
Km ←―― PmⅠ ←―― PmⅡ
6人×9時間　4人×9時間　10人×9時間

図　Ⅱ-1-3

30kg　　50kg　　40kg
Km ←―― PmⅠ ←―― PmⅡ
9人×6時間　6人×6時間　15人×6時間

図　Ⅱ-1-4

きるわけである。これは生産力増進の一つの結果である。

(2)　三〇人が全員労働して、従来と同じ生産・消費水準を維持するように社会的生産を編成することも、もちろん可能である。変化した基準比率の3：2：5になるように労働が配分されればよいのであるから、Km, PmⅠ, PmⅡの生産にそれぞれ九人、六人、一五人が従事し、一人が一日六時間労働すればよいわけである。労働する人間についてみると、一人の一日の労働時間は、生産力の増進以前の全員が労働した場合が九時間であったのにたいして、ここでは六時間に短縮されている。これも生産力増進の一つの結果である。

この結果と先の(1)の場合の結果とを対比してみると、(1)では労働する人間の労働時間はここの全員が労働する場合の労働時間よりも三時間延長されており、その代わりに労働する人間が三〇人から二〇人に減少し、残りの一〇人は生産しないで消費だけをしているという関係が明らかになるのであって、(1)の九時間のうち三時間は他人のための労働であることがはっきりする。

なお、一部の人間が日々の生活資料の獲得に直接必要な労働から解放されたり、あるいは全員について日々の生活資料の獲得に直接必要な労働時間が短縮されたりした場合、こうして増大した自由に処分しうる時間は、いろいろな使い方ができる。たとえば文化的な、あるいは趣味的な、自由な個人的消費生活にあてることもできるし、生産技術の錬磨、子弟にたいする生産技術の伝承・教育、より高度な生産技術の研究・開発といった多少とも生産に関連のある個人的生活にあてることもできる。

(3)　一人あたり一日一キロのKmを消費する生活によって、人間は九時間の労働を行なう能力と意欲を再形成しうるのであるから、全員が最大限九時間労働することも可能なはずである。三時間の追加的労働が行なわれれば、三〇キロのKm以上の（あるいは以外の）追加的生産が行なわれることになり、次のような様々な用途に充用されることによって、人間生活の物的基礎が拡充、強化される。

(i) 生産過程には自然的災害や政治的動乱、戦争などによる生産力の低下、生産の減少とか資源の涸渇などの大小様々の不測の変動がある。この変動の原因自体は生産力水準の高低とは関係がないが、生産力に余裕があれば、不測の事態に備えた生産手段や消費財の備蓄が可能になり、また天災・人災の防止対策も可能になる。これらの備蓄や防災のための追加的な生産物は、日々の直接的な生活資料とは区別されなければならない。しかし、不測の事態が発生した場合には、備蓄が動員されて日々の生活資料の補充にあてられるのであるから、備蓄のための生産ないしその節約活動としての防災の資材の生産は、広義の生活資料生産の一環をなすものであるということができよう。

(ii) 人間の不断に増大する欲望に応じて、日々の生活において直接に消費するKmそのものの生産とその消費の拡大、つまり生活水準の上昇が実現されうる。Kmは様々の消費財を便宜的に一括して一財のように示したものにすぎないから、このことの中には新しい種類の生活資料の生産と消費の追加という意味での生活水準の上昇も含めて考えてよい。また、単に日々の生活に直接に必要ないわば直接的な生活資料以外の、自由に処分しうる時間における文化的消費のための消費財の追加的生産も含めてよい、(2)で述べた子弟の教育・訓練や新生産方法の研究・開発に要する資材の生産もここに含めることができよう。

(iii) 研究・開発された新生産手段を現実に生産過程で使用するためには、この生産手段の生産が一定期間従来の生産過程と並行して追加的に行なわれて、新生産方法による新生産過程のための準備が行なわれなければならない。追加生産の能力はこのことを可能にする。こうして旧来の生産手段との取り替えが行なわれることになれば、労働の生産力がさらに増進することになり、そのことによって再び以上のような諸結果がもたらされうることになる。

剰余と必要　人間は集団をなし、したがって多かれ少なかれ分業を形成して、日々の生活に直接に必要な生活資料を生産し、それを消費しながら人間生活を送る。そしてその生活の中で労働の能力と意欲を再形成し、生活資料の生産・補塡を繰り返す。人間の集団が全体として最終消費財を生産しながら人間生活を営むこの関係を、日々生活資料を消費しながら全体として最終消費財を生産する関係として捉え直してみると、労働の生産力が十分に大きければ人間は日々の直接的な生活資料の生産に要する労働時間以上に労働し、したがって日々の生活で直接に消費する以上に生産しうるものであり、ある十分な期間をとってみた場合、日々の生活で消費する直接的な生活資料の総量とその期間に生産する最終生産物の総量との間に差がありうることを知ることができる。ある期間に行なわれる人間の総労働のうち、日々の生活で消費する直接的な必要生活資料とその生産のための生産手段を生産している生産的労働を必要労働、それ以上の労働を剰余労働と呼び、剰余労働による生産物部分を剰余生産物と呼ぶことにする。この限りでは剰余生産物とは、ある時点ないし期間における生産の結果とその要因との間の差を示す概念であるといってよいであろう。これは人間集団全体、あるいはそれを構成する平均的可除部分としての人間についてのいわば投入と産出の関係を示す概念であるから、これは具体的な使用価値の区別とは無関係である。いいかえれば、最終生産物の形をとっている剰余生産物ももちろんあるが、その期間中にそれを生産するために垂直分業的な生産系列にあった生産手段であれば、それも剰余生産物なのである。

ある期間の社会的総生産物のうちから剰余生産物を除いた残りは、その期間に生産に従事した人間の生活において日々消費された生活資料とその生産のための生産手段である。これらは社会的生産を直接担当している人間の日々の生活に直接に必要な生産物部分であるということができるが、これを剰余生産物にたいして必要生産物と呼ぶことにする。

広義の必要と剰余の必要化　社会的総生産物を人間の日々の生活に直接に必要な必要生産物とそれ以外の剰余生産物とに区分するということは、剰余生産物が人間の日々の生活にとってまったく必要のないものとして全く自由に処分しうるということではない。それはさまざまな意味と度合いにおいて必要であったり、あるいは何らかの期間の後に必要になったりするものにあてられる。

たとえば、いま仮に全体としての人間集団の内部を直接に労働に従事している部分とそうでない部分とに分けることができるとした場合、前者の日々の生活に直接に必要でない最終消費財とそのための生産手段は剰余生産物として分類されることになる。しかし、後者の部分集団が全体にとって必然的なもの、あるいは必要なものであれば、彼らの消費する生活資料とその生産のための生産手段は、全体にとって広義の必要生産物であるということになろう。後者の部分集団の例としては、子供、老人、病人、あるいは彼らのための教師、介護人、医者などが考えられるし、芸術家や宗教家たちを含めて考えることもできるであろう。

また、ある一定の期間をとった場合、その期間の直接的な必要からすると剰余に分類されなければならないような生産物でも、その期間を超える期間をとってみると、日々の生活に直接的に必要な消費財ないしそれを生産するための生産手段に分類されなければならないものであることがはっきりするものもある。災害が発生したときのための備蓄のようなものはその点が比較的明瞭なものであろう。奢侈品的な消費財の中にはある期間内は剰余生産物に分類することができるが、より長い期間をとると消費水準が向上して、日々の生活に直接に必要な必需品化するということもありうる。新たに研究・開発された生産手段の試作品なり本格的に作動するまでの間の新生産手段在庫なりは、ある期間内は剰余生産物であろうが、より長い期間をとると旧来の生産手段にとって代わって必要生産物生産の一環に位置することになっているというような場合には、これも必要生産物化するといわなければならないであろう。

このように、必要と剰余とは概念的には一応の区別は可能ではあるが、日々の生活に直接的に必要という場合の直接的ということの意味の規定の仕方によっては剰余が必要に分類し直されなければならなくなったり、より長い期間をとってみると剰余が必要化する事態が生じたりするのであるから、剰余と必要の区別の理論的意味は、この区別を特定の社会形態から独立に考察しようとする場合には、かなり限定的なものであるといわなければならない。

ところが、人間集団の内部に階級的な分離が存在し、支配される集団が、自らが生産したものであるにもかかわらず、その日々の生活に直接的に必要な生活資料を、支配する集団からいわば譲渡されて取得し、消費するという関係が確立していると、必要生産物部分は外的に確定されることになっていわば可視的になるのであり、必要と剰余は階級社会ではじめて外的に確定されるものであることを明確にする点にこの区別の理論的意味があるといってよい。

現実には階級社会でも、この区別の境界の曖昧さは残るが、純粋に措定される資本主義社会においては、社会的に生産される最終消費財のうち労働者階級に引渡される分割分が明確に確定されるので、社会的総生産物についてもその観点から、労働者階級の必要生活資料とその生産のための生産手段とのグループを必要生産物グループとし、それを超える他の階級の生活資料とその生産のための生産手段とのグループを剰余生産物グループとして明確に区分しうることになる。この問題は次章で考察するが、剰余と必要の区別はこのように資本主義社会の分析の際に積極的な意味のある区別であって、その独自な性格を鮮明にするために、ここであらかじめ一般的考察を加えたわけである。

第二章　剰余価値の生産
――資本主義的生産の本質――

資本主義社会においては、前章で考察したような人間生活の物的な基礎過程としての労働・生産過程は、個々の産業資本による無数の私的な生産過程として分断されて遂行され、商品流通関係を通して独自的に連結されることによってその有機的全体性を回復する。個々の資本の生産過程においては、生産手段が商品として購入されるだけでなく、労働・生産過程における労働・生産主体である労働者も賃銀を支払って雇用される。現実の資本主義社会は必ずしも社会的生産の全体が資本と賃労働によって担当されているわけではなく、多かれ少なかれ独立自営の生産者の商品生産や自給自足的な関係が残存していたり、公営の企業体による生産が存在していたりするのであるが、本章以下では社会的生産は全面的に私的資本（家）とそれが雇用する賃労働（者）によって遂行されているものとして考察する。

資本家は労働者に賃銀として貨幣を支払うのであるから、労働者は資本家にたいして何らかの商品を販売していると考えることができよう。この売買される商品のことを、当事主体としての資本家や労働者たちは、労働の全体ないし労働の成果であると観念するかもしれない。しかし、賃銀の決まり方からするとそうはいえそうにない。資本主義社会以前の商品経済社会における職人の賃銀についてならばいざ知らず、資本主義社会においては賃銀額と労働の質ないし量とは相互に独立の要因によって規定されるのであり、したがって賃銀は何か別の商品の代価と考えられなければならないのである。

そこで以下では、資本家は労働者の労働能力と労働意欲を商品として購入すると考えることにし、この商品のことを簡略化して労働力商品といい、資本のもとでの労働者の労働はこの労働力商品の使用価値の資本家による消費とみなすことにする。しかし、このような捉え方はあくまで、人間の活動が商品売買のような形式を通して行なわれる関係を、一般の物としての商品の売買に擬して捉えていることによるものでしかないことに留意しておかなければならない。しかもそれは、実際に行なわれている人間と自然との物質代謝を、そのまま労働を投じて生活資料を得てくる関係として捉えるものではない。賃銀の独自の決まり方とそれにもとづく剰余価値の発生を解明するための概念装置として、労働力商品といういわば擬制的商品の概念が必要となるのである。

なお、一定の賃銀水準の形成、それとは独立に行なわれる労働者の労働、それにもとづく価値の重心の形成と剰余価値の発生は、労働市場、生産過程の内部、商品市場の構造などに関して一定の条件が社会的に整備され、確保されていることを前提とするものであるが、本章ではとりあえずこれらの条件は社会的に整備、確保されているものとして、そのもとで展開される剰余価値生産の基本的関係と構造を考察することにし、それらの条件の基本的なものについては次章で改めて考察するという方法をとる。

第一節　資本による社会的生産

分断と連結　資本主義社会においては、社会的生産は個々の産業資本の私的な価値増殖活動の意図せざる結果として実現される。そこでは個々の資本家は利潤追求の一つの手段として種々の特殊な使用価値の生産を選択するのであり、人間生活の維持とか社会の存続といったことには何の関心もない。もちろん私的利益を増進するものであるか

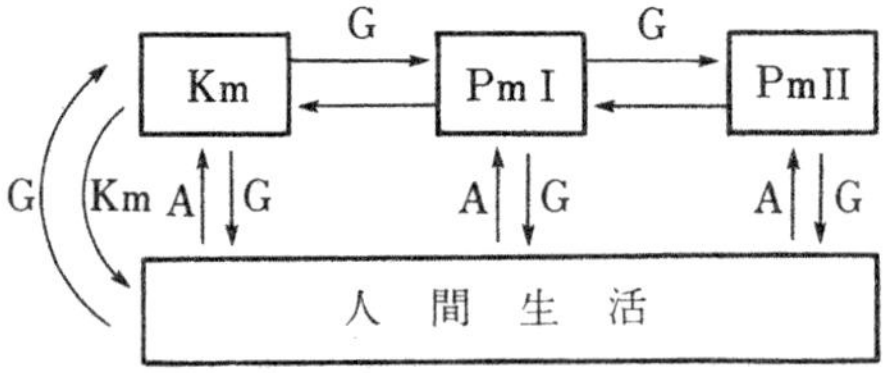

Gは貨幣，Aは労働力.

図 II-2-1

ぎりでは、それらの事柄に関心を示すことはありうるが、そのような関心が私的利益に優先してそれを犠牲にするということはない。

ここでは社会的生産は、このような商品経済的な利益の最大化だけを行動基準とする資本によって無数の特殊な使用価値の生産過程に分断されて遂行され、商品流通関係によって相互に連結されて社会的生産として編成されるのである。前章で考察したように、人間が自然を加工して生活資料化する活動は、人間労働を中間的な様々な生産物に対象化し、それを有機的に連結する活動として行なわれるのであり、労働過程は分業的な生産過程として編成されるのであった。この過程を資本が担当することになると、分業編成の有機的一環としての種々の特殊な生産過程は、私的所有の垣根によって囲い込まれ、相互に分断されることになるわけである。もちろん生産物ごとに囲い込まれて分断が生じるということではない。一般に一資本の生産過程もさらにいくつかのいわゆる工場内分業的な生産過程から編成されている。他方ではまた、同じ使用価値を多数の資本が並列して別々に生産しているという意味での分断もある。

しかも、資本による労働・生産過程の分断はこのような生産過程と生産過程の間の分断にとどまらない。人間生活の重要な一環をなすものである人間の労働・生産活動と人間生活そのものとが私的所有の垣根によって分離、分断される。労働する人間の生活は労働する現場の垣根の外で行なわれ、そこで日々の労働の能力と意欲が形成される。しかし、彼らは生産手段から分離されたいわゆる無産の労働者なので、この労働力を自分では労働として現実化できない。そこで彼らは生産手段の所有者である資本家に労働力を販売してそのもとで労働し、資本家から支払われた賃銀によって、自らが生産した生活資料を資本家からいわば買い戻して、日々の生活を維持するということになる。資本としては垣根の外で売りに出されている生産要素の一つとしての労働力を外部的に購入してきて、それを私的に消費するのであって、こうして人間生活と人間社会存続との物的基礎過程をなす人間の労働・生産活動は、資本の私的所有の囲いの中で、そのいわば私事として行なわれるのである。そして、社会的生産の有機的編成とそれによる人間生活の維持は、このような資本家の私的行動の意図せざる結果として実現されるのであり、労働者の人間生活は、資本家の側からは生産要素の形成過程として位置づけられることになるわけである。

主体の分裂　資本家たちは市場の現在と将来とにたいするそれぞれの判断と予想にもとづいて、資本価値の増殖に有利であると考えられる使用価値の生産を自らの計算と責任で選択し、そこに雇用される労働者は資本家が選択した使用価値の生産に従事するものとしてその生産過程に入ってゆく。こうして、資本の生産過程における労働は、労働する人間が自ら主体的に選択し、措定した目的にたいする合目的的活動としてでなく、資本家が主体的に選択し、措定した目的にたいする合目的的活動として行なわれることになる。すなわち、労働は、資本家が購入した商品の買手による自由な消費として、資本家によって目的を設定され、指揮、監督されて行なわれることになるわけである。

もちろん、賃銀労働者の場合でも、労働における労働者の主体性はそのすべてが資本家に奪われ、移譲されてしまうわけではない。資本家による賃銀労働者の雇用は一種の商品の売買関係であるから、資本家のもとにおける賃銀労働者の労働には、人間の労働力がまるで物のように売買され、消費されるような関係として捉えることができる一面があることはたしかであるが、しかしそのことは、労働力が労働者の身体から切り離されて売買されるということではない。したがってまた、その消費も人間主体と切り離して行なうわけにはいかない。資本の主体性も、労働者の主体的な、目的意識的活動を媒介にしなければ実現されえないのであって、第一章で述べた自然との間で物質代謝を行なう人間の二つの主体性は、ここでは資本家の主体性と賃銀労働者の主体性として分裂することになるわけである。そして、無産の賃銀労働者としては、日々の生活の維持のためには他人の設定した目的にしたがった合目的的活動を強制されざるをえないのである。このような強制を確実にする具体的な装置については次章で改めて考察する。

効率性原則の強制　以上のように資本による社会的生産は、生産過程と生産過程のヨコの関係、および本来一体的な人間の労働・生産活動と人間生活とのいわばタテの関係を私的所有の垣根で分断し、商品流通で連結することによって編成されるのであるが、このことの意味は単に人間のための社会的な生活資料生産が特殊な形式によって連結、編成されるという形式上のことにとどまらない。それは人間の労働・生産過程のあり方や人間生活の内容に実質的な変質を強制する一面をもっているのである。

たとえば前章での社会的生産編成の例解 Km－PmⅠ－PmⅡの PmⅠをとってみよう。そこでは四人の労働者と四〇キロの PmⅡを組合わせて一人一日九時間、計三六時間の労働によって五〇キログラムの PmⅠを生産するというのが標準的な関係であるとしたが、そこで考えられていた労働は、一定の文化的条件を前提にしたいわば人間生活の一部としての労働であった。すなわち、そこでの一日九時間という労働時間は、それぞれの社会の文化状況、生活様式、労働慣習に応じて、その中にたとえば共同体的団らんや儀式の時間、神への祈禱、礼拝の時間、昼寝の時間、大衆討議の時間などが含まれることを排除しない労働時間なのである。

ところが、資本による価値増殖の手段としての生産過程においては、労働・生産活動は人間生活の一部であるという性格を奪われ、生産物をできるだけ安く、つまり少ない費用で生産するということが至上命令となる。資本はそのために生産諸要素をできるだけ安く購入しようとすると同時に、購入した生産要素をできるだけ効率的に消費しようとするのであり、それは労働力についていえば、直接に労働している時間以外の資本にとってのいわば無駄な時間をギリギリの限度まで排除して、労働の密度を高めると同時に、一定の賃銀当たりの労働時間をできるかぎり延長する行動として行なわれる。資本による生産過程はこうして技術的に最も効率的な生産諸要素の組合わせと労働力の効率的消費を実現することになるのである。

もちろん、生産諸要素の効率的消費といっても、労働者の主体的活動を媒介にしなければ実現しえないものであり、労働者も人間としてのさまざまな主体的意志をもった存在であるから、資本による効率性の強制は必ずしも容易に実現されうるものではないが、次章で考察するような様々な条件の形成によって、労働者の主体性の消極化と最大限の効率性が確保されるのである。

なお、念のために一言しておくと、資本が生産過程を効率性原則によって締めるということと資本の生産過程相互の間の連結・編成の効率性とは別の問題である。資本主義的生産は無政府的生産であるから、種々の使用価値の生産にたいする資本の配分、したがってそれによる労働の配分は、不断に不確定的に変動して基準比率よりも過剰になったり過少になったりする。たとえば例解として、社会的生産編成 Km－PmⅠ－PmⅡ の PmⅠ の生産をとってみよう。いま仮に資本主義社会の効率的な基準編成関係においては、たとえば五〇キロの PmⅠ の生産のためには五人の労働者が一日五時間労働すればよいとする。しかし、現実にはこの生産に六人配分されたり二人しか配分されなかったりして PmⅠ の生産量が変動し、社会的生産はたえず不均衡編成化するわけである。しかし、これは Km－PmⅠ－PmⅡ 間の連結、配分の無政府性にかかわる不効率発生の問題であって、それぞれの内部で効率性が緩むということではない。たとえば三人配分されようが五人配分されようが、いずれの場合にも一人一時間の労働が一・六キロの PmⅡ を消費して二キロの PmⅠ を生産するという締められた関係は不変なのであって、一人一時間の労働が一キロの PmⅡ しか消費しないとか一・五キロの PmⅠ しか生産しないという関係に緩むという問題は純粋の資本主義的生産には存在しえないのである（もちろんこの場合にも、たとえば一人一時間のPmⅠの生産量が二キロであるといっても、それは実はたとえば一・九五キロと二・〇五キロの間をバラついているのであるが、この問題はここではいうまでもないこととして捨象する）。

人間生活の分解　資本主義社会では、生産が資本の価値増殖の手段と化すことによって人間生活から分離し、手段としての効率性が徹底的に追求されることになるが、資本主義的生産の特殊性はこの点にとどまらない。人間の労働・生産過程を特定の社会形態から独立に考察するならば、消費そのものに密着していて、消費にとっての手段性が稀薄であるような、あるいは人間生活そのものであるような人間の諸活動、たとえば料理、室内装飾、服飾、化粧、性愛、育児、子弟の教育、病人の介護といった人間的な活動までもが、生活の手段と化し、そのことによって資本の価値増殖の対象となって、人間生活そのものの内部から離脱する。人間生活は解体して人間活動の多くの部分が資本の生産過程化し、人間生活における人間の主体的な諸活動は、資本によって効率的に生産された出来合いの商品を賃銀によって購入して個人的に消費するという単なる消費者活動化する過程が進行することになるのである。

第二節　価値の重心

価値法則とは　個々の商品の価値（交換性）は流通世界の中で個別流通当事者たちの間の関係として形成されるものであり、個々の商品の価値量（交換力の大きさ）はそれぞれの商品をめぐる個々の当事者たちの需要・供給の関係によって規定される。この需要・供給の関係は当事者たちの個別的諸事情によって不断に不確定的に変化するので、それによって規定される商品の価値ないしその貨幣形態としての価格も、一般的には不断に不確定的に変動することになる。

ところが、社会的生産を担当する産業資本の生産物としての商品の場合には、この価値ないし価格の不断の変動は不確定的な変動ながらもそこにある法則性を認めることができるような変動となる。すなわち、その変動は価値ないし価格がある水準より上がるとそれを押しとどめ、さらにはそれを引下げようとする力が働いて、上昇し続けることができなくなり、ある水準より下がるとそれを押しとどめ、逆に引上げようとする力が働いて、下落し続けることができなくなるとみうるような変動をするのである。ある水準に変動が収束するとか、ある水準で変動が停止するというのではなく、変動は不断に行きすぎるのであり、その行きすぎの程度も不確定的なのであるが、そうであるにもかかわらずその変動にはある重心があるかのような運動をするわけである。本書では、資本主義的商品の価値ないし価格の変動のこのような法則性のことを価値法則という。

資本主義的商品は、このようにその価格変動に重心があるとみなしうる点で特殊な商品であるということができるのであるが、商品価格がこのような特殊な変動をするためには、その商品は次のような条件を満たしていなければならない。すなわち、その商品はそれにたいする社会的需要が増大した場合、少なくともある期間はある一定の技術水準の生産条件ないし生産費で供給を弾力的に追加・増大することができるという条件である。このような条件があれば、追加需要によって価格が一時的に上昇しても、やがて追加供給によって引下げられることになり、下落が行きすぎると、供給が減少ないし停止して価格が反転上昇することになる。たとえば、個性的な芸術家が製作する作品や、人数に狭い限界のある熟練労働者の生産する商品などは追加供給が非弾力的であるため、それらの価格変動には重心が存在しない。芸術作品も商品として売買される限りでは価値（交換性）を有しており、芸術家の創作活動もそのかぎりで価値形成活動であるが、その作品の価値ないし価格は需要に一面的に規定されて無限に上昇したり下落したりしうる。熟練労働者の生産物の場合は、価格の下落については、そのことによって多少とも供給が減少することになれば価格回復力が作動しうることもあると考えられるが、上昇する価格を引下げる力の作動には限界がある。

これにたいして、ここで資本主義的商品といっているのは、一定の生産力ないし生産費で、ある期間追加供給が可能であるという条件を充足している商品のことである。このことはいいかえれば、その商品を生産するための生産手段の追加供給と労働力の追加供給がある期間安定的に確保しうるということであり、以上のことは結局のところ、われわれは資本主義的な社会的生産を、労働力と追加資本の多少とも安定的な供給が確保しうるような社会的生産として想定しているということを意味する。資本主義的生産がこの条件をどのように確保するのかは次章で、あるいはより具体的には第三篇で考察することにし、以下では資本主義的商品の以上のような特殊性をとりあえず前提することにしよう。

用語上の注意　このような資本主義的商品の不断に変動する価値の変動の重心としての価値のことを、一般には単に商品の価値と呼んでいることが多いのであるが、これはあくまで簡略化した用語法であることに留意しておく必要がある。資本主義的商品の場合も、それが無政府的に生産されていて、不断に不確定的な価格変動を示すものである以上、個別当事主体にとっての表現価値ないし表現価格と実現価値ないし実現価格という、個別的な関係としての価値ないしその価格という概念と、それにたいする社会的な価値ないしその価格という概念を区別して使用することが必要である。この社会的な価値ないしその価格というのは、流通形態の問題としては、一物は一価と考えられるという観念を概念化したものでしかなく、社会的な需要・供給の対応関係の変動に応じて不断に不確定的に変動すると考えるしかないのであるが、資本主義的商品の場合にはそれは一定の重心があるかのように変動するものであることが明らかになるわけである。つまり資本主義的商品の重心としての価値ないし価格は、流通論で述べた社会的価値ないしその価格のある特殊な規定性であるといってよいであろう。

そして生産論では、不断に不均衡化している無政府的な社会的生産編成の不断の変動の重心としての独自な均衡関係を抽象して考察し、不断の変動の方は積極的には問題にしないので、不断の価値変動の重心としての価値のことを単に価値と簡単化していう場合が多いわけである。そのような用語法の場合には、価値変動というのは重心としての価値そのものの変動、つまり重心そのものの変動を意味することになるが、しかし重心としての価値は不変のままで、つまり生産力水準は不変であるにもかかわらず生じている日常的な価格変動においても、流通論で規定した本来の意味での価値はやはり変動しているのである。個別的な価値はもちろんのこと、社会的な価値も、価格変動の背後で変動し、それが価格変動として現われていると捉えられるべきものであって、重心の変動だけを価値変動というのは生産論的省略法であることを忘れてはならない。

1　資本家と労働者の売買関係

さて、それではこの価値の重心はどのような関係によって規定されているのかが次に問題になるであろう。ここではまず資本主義的商品にたいして本源的な社会的需要を形成するものとしての労働者の賃銀の決まり方、すなわち本章冒頭で述べたような意味での、いわゆる労働力商品の価値ないし価格の決まり方から考察しよう。

賃銀決定の特殊性　原理論の世界では、あらゆる社会に共通な労働主体としての人間は全面的に生産手段から切り離されて賃銀労働者化していると想定されている。彼らは資本のもとで労働して自分たちの生活に必要な生活資料とその生産のために必要な生産手段とを生産し、資本によって支払われる賃銀で自分たちが分業して生産した生活資料を購入して人間としての生活を営むのであり、こうしてまた再び資本のもとで労働する意欲と能力が形成される。

資本からすると、労働者に支払う賃銀は、一方では自分たちが生産・販売する生活資料の価値を実現し、さらに生活資料を生産する生産手段の価値を実現するのであり、したがって資本による労働力の購入は資本主義的商品全体の価値関係の形成ないし実現のいわば起点的契機としての意味をもつものといってよい。そしてまた同時に他方では、この賃銀支払いは労働者の生活を保障することによって、自分たちの生産要素である労働力の補塡を確保する意味をもっているのである。

しかし、いうまでもないことであるが、個々の当事者はこのようなことには何の関心もない。個々の資本家は労働力をできるだけ安く購入しようとし、個々の労働者はできるだけ高く売ろうとする。商品の売買関係においては、一般に買手に価格決定のイニシアティヴがあるわけであるが、とくにこの場合のように生産手段から切り離されていて資本に雇用されるしか生活の方法のない賃銀労働者と資本家との売買関係では、買手の側に決定的なイニシアティヴがあるといってよいであろう。労働者たちは失業よりも多少とも生活資料を取得しうる就業の方を選択しようとする行動をとると考えられるので、労働者にたいする需要がきわめて旺盛で、かつ供給が涸渇しているという特殊な場合を除けば、労働者の間に競争が働いて賃銀を抑制する力が作動すると考えられよう。

しかし、他方で買手の間にも競争が働くと考えられるので、賃銀の下落にはある下限が存在するであろう。賃銀が労働力商品にたいする需要とその供給の関係だけで決定されるのであれば、多少とも失業が存在しているかぎり賃銀はどこまでも下落しなければならないが、必ずしもそうはならないのである。それは労働力という商品の独自性による。労働力は単なる物と違って、労働者の主体性を媒介しなければ消費すること、すなわち労働させることができない。主体的な労働意欲のない労働者に無理矢理労働をさせると、怠けたり、集中度が低下したりして、生産手段の消費の無駄が多くなったり、不良品の比率が大きくなったりするという問題が生じ、資本の効率性原則が侵害されることになる。こうして買手としての資本の間でも、労働者の主体的意欲も含めた意味での良質の労働力を確保しようとする競争が働くことになると考えられるわけである。

労働力の価値の重心　このように考えられるとすると、賃銀は短期的、個別的には様々に変動しうるとしても、長期的には維持ないし回復されなければならないある水準があって、それを重心とするような変動をするとみなすことができるであろう。この重心をなす賃銀とは、要するに労働者が主体的に労働意欲と労働能力を発揮するのに最低限必要な生活資料を購入しうる賃銀である。

このような意味での生活資料は、資本家的観点からすると、良質な労働力商品を再生産するために最低限必要な生産要素のようなものであるとみなすこともできなくはないであろうが、良質な労働力というのは人間の主体性にかかわるものであるから、もちろんそれは単に生理的、肉体的な欲望を充足するのに必要な最低限の生活資料というようなものではない。また、労働力商品は、資本の生産物である一般の資本主義的商品のように、その再生産に必要な生産諸要素の量に技術的な確定性があるといったものでもない。ここでの最低限必要な生活資料とは、人間としての労働者のいわば文化的欲望とでもいうべきものをも充足しうるような質と量の生活資料でなければならないが、この欲望は一つの歴史的産物であり、社会の種々の文化的状況によって規定されるものなのである。したがって、これを充足すべき生活資料は質的にも量的にも歴史的・文化的要因によって規定されるのであり、かなり弾力的な性質のものであるといってよいが、ともかくそれを購入しうるような賃銀が不断の賃銀変動の重心をなすと考えられるわけである。

なお、労働力の代価である賃銀は、労働力の消費についての条件である労働時間やその他の労働条件と一体的に取り決められるのが普通であるが、これらの労働条件についても、たとえば労働時間についていえば、資本家にとってはできるだけ長い方がよいし、労働者にとってはできるだけ短い方がよく、その決定のイニシアティヴは資本家にあるわけである。しかし、この点についても買手の間に競争が働くので、むやみに延長するということにはならない。それは社会の歴史的・文化的状況に規定された、労働者の労働意欲の阻喪を生ぜしめないような、ある範囲内での最も長い時間に落ちつく傾向があるといってよいであろう。このような意味での標準的な労働時間は、時代とともに一〇時間労働日、九時間労働日、八時間労働日、あるいは四〇時間労働週ないし週休二日制へと短縮される傾向にある。重心としての賃銀を論じる場合には、労働力の消費は標準的な条件によって行なわれているものとする。

こうして、労働力商品の価値ないし価格にも、不断の変動の重心としての価値ないし価格があるということができるのであるが、生産論では、この労働力商品についても個別的ないし短期的な価値変動は捨象し、重心としての価値のことを単に労働力の価値と簡略化していうことが多い。こうして、以上を要するに、労働力の価値とは、生産論では、労働意欲も含めた一定の質の労働力の再形成に最低限必要な生活資料を購入しうるような貨幣にたいする労働力の交換力の重心のことであり、したがって、それはそのような生活資料の価値（交換力）の重心と対応関係になければならないということになる。生産論では、この重心と重心の関係を簡略化して、労働力の価値は必要生活資料の価値に規定されるという。

なお、念のために付言しておくと、一般の資本主義的商品の価値の場合とは異なり、ある期間社会的な生産力水準が一定のままでも、重心としての労働力の価値は必ずしも一定ではないと考えられるべきであろう。一定の質の労働力を確保しうる賃銀ないし生活水準は、一面ではもちろん生産力水準に規定されるのであるが、しかしそれから相対的に独立したかなり弾力的な規定のされ方をする面もあると考えられるのである。たとえば、失業率の高い不況局面では失業者は家族内で扶養されているわけであるが、就業労働者の労働の質を維持するためには、家族の生活が不安定にならないような賃銀水準の維持が必要になるというような問題がある。同時にむろん、不況で全般的に生活水準が低下している状況では、好況期の生活水準が維持されなくても止むを得ないという了解が社会的に存在する場合もあり、そのかぎりでは重心としての水準そのものがかなり低下することもありうると考えられよう。同様にして最好況期には労働力商品の単なる価格だけでなく、価格変動の重心そのものが上昇すると考えられるべきであろう。要するに、一定の質の労働力を確保するのに必要な最低限の生活資料の量なり質なりは、生産力水準が一定のままの期間内でも景気の局面やその他の様々な社会的状況によって可変であると考えられるのである。これは一般の資本主義的商品と労働力商品との重心の規定要因の違いによるもので、その意味で、労働力商品の価値は必要生活資料の価値に規定されるといういい方には簡略化にすぎるところがあることには注意しておく必要があろう。なお、標準的な労働時間にも同様の問題が考えられるが省略する。

2　資本家と資本家の売買関係

設例とその諸前提について　以下では、このように賃銀ないし生活水準には変動の重心があり、したがって生活資料にたいする需要にも変動の重心があるということ、つまりこの重心からはずれるような変動が生じた場合には必ず何らかの調整メカニズムが働くということを前提にしたうえで、一般の資本主義的商品の価値を規定している関係の考察に進もう。

ここでも前章での社会的生産編成の簡単な例解 Km－PmⅠ－PmⅡを用いることにする。ただ、資本主義的生産では独自の効率性原則が強制されることによって、労働時間から生活時間が排除される分だけ生産力が上昇して労働編成に変化が生じると考えられるので、そのように数字を変えておくことにしよう。すなわち、日々の直接的な必要生

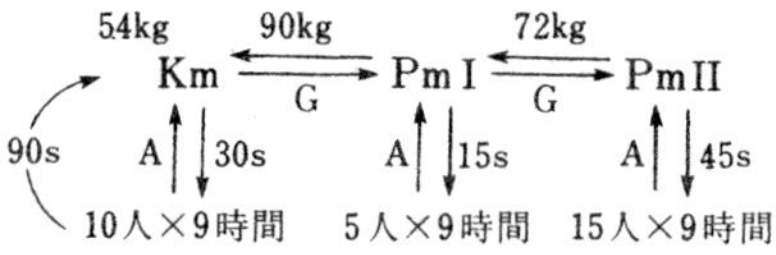

図 II-2-2

活資料は前例と同じく一人一キロの Km であるが、三〇人で三〇キロの Km を生産するためには、Km に一〇人、Pm I に五人、Pm II に一五人の労働者を配置し、一人あたり五時間ずつ労働すればよいとし、しかし実際には労働者はそれぞれ九時間ずつ労働していて、全体として五四キロの Km(あるいは三〇キロの Km と別の種類の消費財 Km' と考えてもよい)が生産されていると考えることにしよう。なお、生産手段の私的所有者である資本家も社会の構成員である三〇人の中に含まれていると考えることにする。いいかえれば、資本家にも生産過程に参加して労働を分担している一面があると考え、その側面では三〇人の労働者の一員として賃銀を取得し、一日一キロの必要生活資料を購入・消費していると考えることにする。もちろん生産手段の所有者としては、資本家はその他に資本家的活動を行なって利潤を取得し、必要生活資料以上の消費を行ないうる。Km 生産部面の一〇人のうちの一人、Pm I 生産部面の五人のうちの一人、Pm II 生産部面の一五人のうちの一人がこのような資本家であるとしよう。

そこでその賃銀と利潤であるが、賃銀は一人一日当たり三シリングとする。これはいいかえれば一日の必要生活資料の価格を三シリングとするということである。もちろん、これも両者の不断の変動の重心がそういう関係だということであるが、どうして一キロの Km が三シリングという金量と交換されるのかということは、ここでは金生産を明示的に説いていないので説明できないし、またここでの問題はこの金との比率自体を説明することではない。ここではそのような交換比率が現実に成立していることを前提にしたうえで、そのような購買力をもっている金によって媒介される資本間の Km, Pm I, Pm II の売買関係が問題なのである。もちろん、このことは一キロの Km の価格が金三シリングであることを偶然的な関係として前提してよいということではない。金生産資本をこの生産編成の中に仮

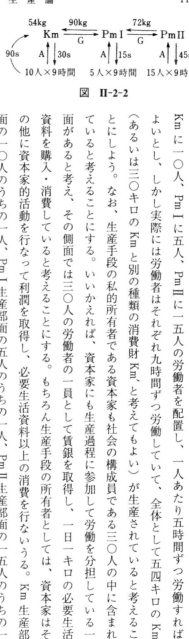

に想定してみるならば、この資本は自らが生産した金をKmなりPmⅠなりPmⅡと交換するわけであり、お互いに有利になりすぎたり不利になりすぎたりしながら、その交換比率はさまざまに変動することであろうが、そこにもやはり変動の重心が存在すると考えられるのである。一キロのKmと三シリングの金の関係はこの重心の関係であり、重心の性質自体はこれから考察する一般の資本主義的商品のそれと同じであると考えておいてよいのである。

こうして三〇人の賃銀総額九〇シリングは五四キロのKmのうちの三〇キロの購入に支出され、三〇人の人間生活が維持されることになる。残りの二四キロには資本家が利潤で買い向うわけであるが、いま仮にこの利潤はKm生産資本ではxシリング、PmⅠ生産資本ではyシリング、PmⅡ生産資本ではzシリングであるとしよう。この利潤量の決定とその支出の問題は、これまで考察してきた賃銀の場合のような人間と自然との物質代謝という観点からの問題ではなく、それとは異質の特殊な要因による問題である。すなわち、利潤量は賃銀のように人間の最低限の必要生活資料といった要因によって規定されるものではなく、第三篇競争論で考察するように、利潤率の極大化という資本家の特殊な行動を動力にして展開される諸資本の競争によって決定されるものである。またその支出も、資本家の奢侈ないし蓄積（価値増殖）という特殊な欲望充足のためのものであって、賃銀と利潤とでは、それぞれが最終生産物にたいする需要を形成することを通して、それを生産する生産手段にたいする需要を形成すること自体は同じであるが、社会的生産におけるその需要の意味と性質には相違があるといわなければならない。

したがって、利潤部分は別種の使用価値に支出されるという設例にした方が適切かもしれないとも思われるが、ここでは簡単化のために同じKmに支出されることにした。こうしてこの設例では、PmⅡを生産する資本家は七二キロのPmⅡを45＋zシリングで販売して、生産要素を補塡すると同時に自らもzシリングの利潤を取得し、それをKmに支出して労働者とは別種の人間生活を営み、PmⅠを生産する資本家は九〇キロのPmⅠを15＋(45＋z)＋yシリングで販売して、生産要素を補塡すると同時にyの利潤を取得し、それによってKmを購入・消費し、Kmを生産する資本家は五四キロのKmを30＋(60＋z＋y)＋xシリングで販売して生産要素を補塡し、同時にxシリングに相当する利潤部分のKmを取得・消費するということになる。

このように利潤が同じKmに支出されるという設例の場合には、資本家によるKm需要も含めてKm一キロの価格が三シリングになっているのであり、利潤によって購入されるKmは剰余生産物の二四キロであるから、この設例の利潤総額は七二シリングということになり、この利潤部分は一人四時間、合計一二〇時間の剰余労働によるものであることがここに示されている。そして、この七二シリングがxシリング、yシリング、zシリングとしてこの三資本にどのように配分されるのかはいまは措くとすれば、三資本の資本家によって合計七二シリングのこの利潤が剰余生産物としての二四キロのKmに支出されることによって、この剰余部分のKmの生産に必要な剰余生産物としての生産手段の販売が可能になるのであり、こうしてそれぞれの資本家が利潤をKmに支出することによって、それぞれの利潤が実現されるという循環関係が形成されているのである。

さて、そこでこの三資本間の売買関係、あるいはKm，PmⅠ，PmⅡの価格変動の重心を規制している要因は何であるかという問題であるが、それぞれの価格を構成している要因は賃銀ないし生産要素と利潤に大別することができ、それぞれは異質の原理によって規制されると考えられるので、以下では三資本間の売買関係を、規制原理を異にする二つの関係に分けて考察することにしよう。

必要生産物連関　資本による社会的生産も、人間に独自な原則を強制することによってではあるが、人間の自然との物質代謝を実現する。資本は労働する人間に資本主義的な意味での必要生活資料を購入しうる賃銀を与えて、労働力という基本的な生産要素の補塡を繰り返すと同時に、賃銀による必要生活資料にたいする需要は社会的生産を編成する諸資本の生産物にたいする需要を形成し、諸資本の生産費用の回収を可能にするのである。ここではまず、この関係だけを抽象して考察するために、労働者が必要労働を行なっている部分だけをとり出してみてみることにする。さきの設例でいうならば、労働者は賃銀として三シリング受け取って九時間労働するのであるが、ここでは五時間労働して生産した部分だけをみてみようというわけである。

資本は相互にできるだけ安く買い、できるだけ高く売るという活動を行ない、その売買によってできるだけ多くの剰余（利潤）を残そうとしている。そのことに成功するかどうかは不確定であるが、悪くても生産費用を回収できるような価格で販売して生産要素を補塡できなければ、再生産を継続できない。しかもまた、どこかの資本がたまたま生産費用を回収する以上の価格で販売できても、そのことによって他のどこかの資本で生産要素が補塡できないとか、あるいは労働者の側で必要生活資料が取得できないという事態が発生することになれば、社会的生産編成は何らかの仕方で調整されなければならないことになるのである。

たとえば、一五人の労働者を雇用してPmⅡを生産する資本は、その商品を最低限四五シリングで販売しなければその生産規模を維持できないことになるわけであるが、いま仮にその売買活動によってたまたま六五シリングで販売することができ、二〇シリングの利潤を取得できたとする。PmⅠを生産する資本にとっては生産費用は、65シリング+15シリング=80シリングになるわけであるが、ここでも売買活動によって九〇シリングで販売することができ、一〇シリングの利潤が取得できたとする。したがって、Kmを生産する資本にとっては生産費用である一二〇シリング以上で販売できなければ同一規模の再生産を継続できないわけである。賃銀の合計額九〇シリングと二資本の利潤の合計額三〇シリングとを合計すれば一応Kmにたいする一二〇シリングの購買力は存在するといってよいが、Kmがこの一二〇シリングにたいして販売されるということは、労働者は九〇シリングの賃銀では三〇キロのKmを購

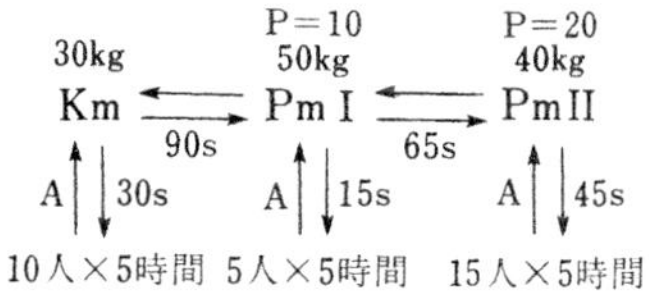

図　II-2-3

入・消費できないということである。すなわち、Kmは一キロが四シリングとなり、労働者は一人当たり〇・七五キロ、全体で二二・五キロしか消費できないことになるので、労働力の再生産ないし供給に問題が生じることになり、賃銀の上昇ということにでもなれば生産費用に変動が生じることにもなる。資本の側で利潤の増大によって生産拡大の誘因が生じる場合もあるであろうが、生産費用の増大によって生産を縮小せざるをえなくなる場合もあり、いずれにせよ生産の増減とともに価格もさまざまに変動しながら社会的生産編成の調整が進行することになるわけである。

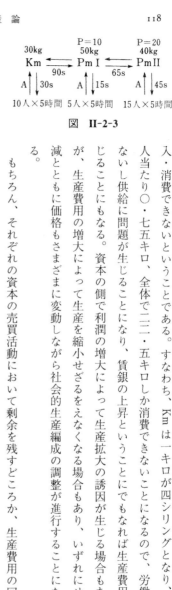

もちろん、それぞれの資本の売買活動において剰余を残すどころか、生産費用の回収すらできないということもありうる。たとえば右の例でPmⅠを生産する資本はPmⅡを六〇シリングで購入することに成功したが、PmⅠを七〇シリングでしか販売できず、生産を縮小せざるをえないということもありうる。しかし、Kmの需要が必ずしも減少しなければ、PmⅠの減産がその価格を回復させることもありうるし、PmⅠの減産がPmⅡの価格を低下させ、生産費用を減少させることによって、生産要素の補填が可能になり、PmⅠの生産規模が回復するということもありうる。このように無政府的に編成されている社会的生産においては、諸資本間の売買において不断に価格変動が生じ、それに対応して不断に生産規模の変動が生じ、社会的な生産編成における資本ないし労働の配分の変更・調整が生じるわけである。

それではどうしてこのような変動が生じ、それはどのような原理で調整されるのであろうか。この問題を考えるためには調整の生じないような関係を考えてみればよいわけであるが、それは要するに、先に述べたような意味での社会的生産の基準編成どおりの資本ないし労働の配分が行なわれ、その基準編成が維持されるのに必要な生産費用が過不足なく回収されるような価格での売買が行なわれ、その結果として諸資本の生産要素が過不足なく補塡される関係であるといってよい。設例によって具体的に例解しよう。ここの設例では、ある生産力水準を前提にすると、生活資料Kmを生産するためのKm生産部面、PmⅠ生産部面、PmⅡ生産部面の相互編成は、それぞれの生産物量（重量）が3：5：4という比率になるように、労働者を2：1：3の比率で配分して組合わせるのが最も効率的な編成であるとされ、労働力の価値が三シリング、すなわち一人一日の必要生活資料一キロの価値が三シリングであるとされているわけであるが、その場合にはPmⅡが四五シリングで売買され、PmⅠが六〇シリングで売買され、Kmが九〇シリングで売買されれば、それぞれの資本は生産要素を補塡して再生産を安定的に継続し、社会的生産は円滑に進行する。これが社会的生産のいわば均衡編成関係であり、この関係からズレた価格での商品売買なりズレた比率での労働配分なりが行なわれると、何らかの仕方で調整が作動することになるわけである。したがって、価格変動の重心をなしている価格関係とは、このような効率的な均衡編成関係としての基準編成を実現するような価格関係のことであり、これを簡略化していうならば、諸商品の価格変動の重心を規定しているのは社会的生産の基準編成であるということができるわけである。しかし、これはさしあたりは必要生産物連関を抽象して考察したかぎりでの帰結であって、剰余生産物連関も含めると事態はやや複雑になる。

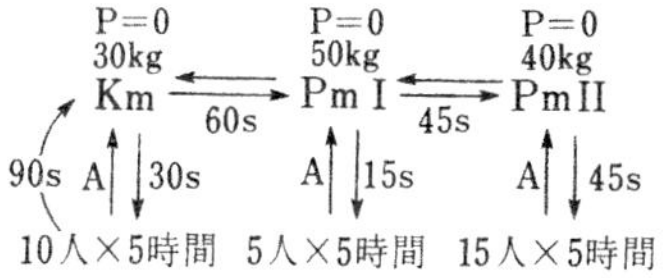

図　II-2-4

剰余生産物連関の導入　以上のように必要生産物連関だけを考察したことによって、必要労働時間だけの生産ないし必要生産物だけの売買によっては、資本は、一時的、偶然的にはともかく、安定的な関係として利潤を取得することは不可能であることが明らかになった。しかし資本はもちろん、生産費用を回収し、生産諸要素を補塡して再生産を継続していることで満足しているものではない。資本は価値増殖を唯一の目的とし、その手段として生産をその増殖運動の過程にとり込

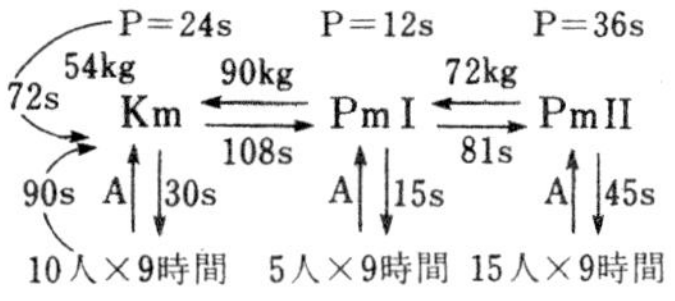

図　II-2-5

んだにすぎないのである。それにここでも、すでに述べたように、資本は労働者に九時間の労働をさせて剰余生産物を生産し、そのことによって安定的に利潤を取得しえているという想定をしているのである。それでは、そのような場合の価格変動の重心を規定する関係は、必要生産物の売買だけを取り出して抽象的に考察してみた場合と同じに考えておいてよいであろうか。

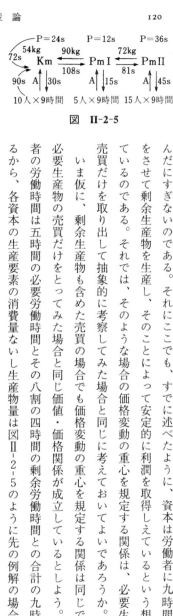

いま仮に、剰余生産物も含めた売買の場合でも価格変動の重心を規定する関係は同じで、先の必要生産物の売買だけをとってみた場合と同じ価値・価格関係が成立しているとしよう。各労働者の労働時間は五時間の必要労働時間とその八割の四時間の剰余労働時間との合計の九時間であるから、各資本の生産要素の消費量ないし生産物量は図II-2-5のように先の例解の場合の八割増しとなり、PmIIが七二キロ、PmIが九〇キロ、Kmが五四キロ生産されて売買される。先の場合と同じ価格で売買されるとすれば、物量がそれぞれ八割増加したことに対応して、PmIIを生産する資本は販売高が八一シリングとなり、生産要素の補塡に四五シリング支出しても、なお三六シリングの剰余が残ることになる。同様にPmIを生産する資本は、PmIIの補塡に八一シリング、労働力の補塡に一五シリングと合計九六シリングを生産要素の補塡に支出するが、販売高が一〇八シリングになるので、一二シリングの剰余が生じることになる。Kmを生産する資本は、PmIに一〇八シリング、労働力に三〇シリング、合計一三八シリングを生産要素の補塡に支出するが、五四キロの生産物のうち三〇キロは労働者の九〇シリングによって購入され、残りの二四キロのうち一六キロは、PmII生産資本の剰余三六シリングによって一二キロが、PmI生産資本の剰余一二シリングによって四キロがそれぞれ購入されて、生産費用を回収する。残りの八キロはKm生産資本の剰余分となるわけであり、その価値は二四シリングである。

このような価値ないし価格の関係は、しかし、先の必要生産物連関の場合と同じような意味で重心としての調整力をもつとはいえないであろう。先の場合には、たとえばPmⅡを生産する資本が四〇キロのPmⅡを四五シリングで販売するという関係は、社会的生産の均衡編成のためにはこの生産部面に一五人の労働者を配分することが必要であり、彼らの労働力の補塡のためには四五シリングの貨幣の回収が絶対的に必要であるという関係に強制されて、重心としての調整力をもっていた。それにたいして、ここの場合には同じ一五人の労働者によって七二キロのPmⅡが生産されている、すなわち三二キロの剰余生産物が生産されているわけであるが、生産要素の補塡についての条件は前の場合と同じであり、四五シリング以上に販売されれば再生産の継続は可能なのであるから、再生産の観点からは七二キロのPmⅡが八一シリングで販売されなければならないという強制は働かないのであり、またここで資本にとっての剰余の必要という観点を導入するとしても、それが三六シリングでなければならないという必然性はないのである。いいかえれば、先の場合の価格関係は必要生産物連関だけを取り出したという特殊な例解の条件に規定された限りでの価格関係でしかなく、剰余価値生産物も含めた連関ではこれは調整力のない価格関係だということになるわけである。

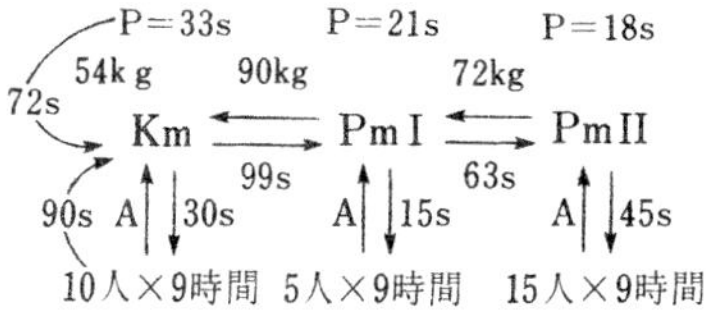

図　II-2-6

剰余による規制の弛緩　そこでいま、PmⅡが仮に六三シリングで販売されたとしよう。その場合にはPmⅡ生産資本は生産要素を補塡してなお一八シリングの剰余、すなわち利潤を残すことになる。PmⅡを購入してPmⅠを生産する資本にとっては生産費用が七八シリングになるわけであるから、それ以上で販売されれば、生産要素の補塡が可能で、再生産の継続には支障はない。仮にいま九九シリングで販売されたとすれば利潤は二一シリングになる。そこでKmを生産する資本にとっては生産費用は一二九シリングになるが、生産した五四キロのKmのうち三〇キロのKmが労働者全体の賃銀の合計九〇シリングによって購入され、一二キロのKmがPmⅠ資本と

PmII資本の利潤の合計三九シリングによって購入され、それらの合計一二九シリングによって生産費用が回収されるので、残りの一一キロないし三三シリングがこの資本の利潤となる。

以上の各資本の販売価格は例解として恣意的に想定してみたものでしかないが、それはとりあえずは生産費用以上であればよく、それを超える利潤部分については、その合計が総利潤の範囲内であればよいのであって、その限りでは右の金額でなければならない必然性はまったくない。個々の資本の利潤は、補塡原則からする限りではいくらでなければならないという規定性をもたないものなのである。いいかえると、必要生産物連関だけをとって考察してみた場合に比べると、生産費用のうちの賃銀は各資本でそれぞれ四五シリング、一五シリング、三〇シリングでなければならない点は変わりがないが、生産要素として購入する生産手段の価格の方にはこのいわば無規定的な利潤が含まれるのであり、販売価格にはそのうえにさらにこのような無規定な利潤が追加されるのであるから、販売価格の変動にたいする生産要素の補塡原則からの調整作用はきわめて緩いものになるのである。

しかし、このことは剰余生産物連関を導入した場合の諸商品の売買関係には価格変動の重心が存在しなくなるということではない。労働力の補塡の側面からの規制は緩くなるが、生産要素の補塡が可能な価格でなければならないという原則は相変わらず充足されなければならない。しかもそれだけではなく、剰余の存在をめぐってこれとは別の形態的な規制原理がいわば追加的に作用するのである。すなわち、諸資本はできるだけ安く買い、できるだけ高く売ることによって、できるだけ大きい利潤の取得を追求して競争し、第三篇で明らかにするように、その結果として利潤率の変動に重心が存在することが示される。これは価格変動の問題としては、生産費用に追加される利潤部分に別の原理による変動の重心が生じるということであり、こうして価格変動の重心は次元の異なる二重の原理によって規定されているものであることが明らかとなるのである。

3　価値の重心と労働編成

投下労働量と価値　本章の設例では、資本主義的な社会的生産編成 Km－PmⅠ－PmⅡ によって必要生活資料である三〇キロの Km を均衡的に、すなわち生産要素に過不足が生じないように生産するためには、労働者は Km 生産部面に一〇人、PmⅠ 生産部面に五人、PmⅡ 生産部面に一五人配置され、一人当たり五時間労働しなければならないのであった。また実際には労働者は九時間労働し、四時間の剰余労働によって剰余生産物である二四キロの Km を生産しているのであった。

この基準編成関係において各生産物の生産に必要な累積労働量を計算してみると、必要生産物だけの連関の場合は PmⅡ が七五時間、PmⅠ が一〇〇時間、Km が一五〇時間であり、剰余生産物連関を含む場合はそれぞれ一三五時間、一八〇時間、二七〇時間である。いずれの場合も Km－PmⅠ－PmⅡ に労働者が 2：1：3 という基準比率で配置されていて、労働者一人当たりの労働時間はそれぞれ同じなので、それぞれの部面で新たに対象化される生きた労働の比は 2：1：3 であり、それぞれの生産物についての累積投下労働量の比は 6：4：3 ということになる。この基準編成は、資本の効率性原則によってギリギリまで締められ、節約されている個々の生産過程と生産過程の連結関係であり、この基準編成の環におけるそれぞれの生産物について計算された累積投下労働量は、社会的生産の一環を担う資本が一定の技術水準・需要構造・労働主体の側の条件などを前提にして可能な限り効率的に生産するとした場合の社会的に必要な基準労働量を意味するわけである。この基準投下労働量のことをそれぞれの商品の生産に要する社会的必要労働時間と呼ぶ（剰余労働時間にたいする必要労働時間と区別せよ）。

ところで、先に資本主義的な社会的生産から必要労働連関だけを抽象し、必要生産物連関が生産要素の補塡原則だけによって規制される場合の価格変動の重心を考察したが、その場合にはKm－PmⅠ－PmⅡの間の価格変動の重心相互の関係は九〇シリング－六〇シリング－四五シリングであった（図Ⅱ-2-4参照）。この価格の比はそれぞれの商品の生産に社会的に必要な労働時間の比6：4：3と同じである。ということは、いいかえれば、どの商品をとっても価値と投下労働量の関係は同じ、つまり一時間＝〇・六シリングという関係になっているということであり、その限りでは個々の商品にたいする投下労働量がその商品の価値を直接規定しているという命題が成立しているといってよいようにみえる。

しかし、これは必要生産物連関だけを抽象してみた場合のことであって、先にもみたように、剰余生産物連関が導入されると、たとえば一六二シリング－九九シリング－六三シリングという価格連関でも補塡原則は充足され、再生産の継続に支障はないのであった（図Ⅱ-2-6参照）。この価格の比はそれぞれの商品の生産に要する社会的必要労働時間の比6：4：3とは異なるものであり、したがって、ここでは投下労働量が価値を直接規定する関係は成立していない。価値と投下労働量の間の量関係は商品によって様々に異なっているのである。

この価格連関の例解の数字はまったく恣意的なものであるが、先にも述べたように、剰余生産物を含んでいる連関の場合には、このように投下労働量と直接対応しているような価値ないし価格でなくても再生産の継続が可能であるということは、そこでは価格変動の重心がなくなってしまうということではない。補塡原則からの規制力は緩くなるが、第三篇で詳論される利潤率の変動の重心としての一般的利潤率の形成という別の規制力が作動するので、価格はいわゆる生産価格を重心とする法則的な変動を行なうのである。

そこで、先の例解の価格を仮にこの生産価格であるとしよう。これは利潤率の変動の重心としての一般的利潤率に規制される重心価格であるから、ここでは資本量とその資本が取得する利潤量との比率が均等になるような利潤がこの重心の規定要因の一つをなすことになる。ところが、個々の資本が同率の剰余労働の実現に成功して剰余生産物の連関が形成され、それぞれの資本が均等な利潤をその変動の重心とするような利潤を取得しうることになっても、その原因となった労働にたいする個々の資本の費用支出としての賃銀支払額は不変のままであり、しかも個々の資本における資本・賃労働構成とでもいうべき資本量とこの賃銀量の比率は様々であるのが一般的であるから、それぞれの部面の資本量と労働者数ないし実現労働時間との比は、資本によって一様ではないのが一般的である。こうして、それぞれの部面の生産物に成立する生産価格とその生産物にたいする投下労働量との関係は一様ではないことになるわけである。

労働編成と価値関係　それでは、投下労働量と価値量との関係がこのように商品種類によって一様ではないということは、労働は価値の重心の規定要因とはいえない、あるいは労働と価値とは無関係である、ということなのかというと、そうではない。もちろん、投下労働量と価値量との間のいわば換算率が商品種類によって一様でないとすれば、そのことを労働が様々に相違する換算率によって価値を規定しているといってみても、それは無意味である。この限りでは、労働は価値を規定していないというしかないであろう。

しかし、すでに明らかにしたように、価格変動の重心を規定しているのは社会的生産の基準編成であった。いいかえると、社会的生産編成における労働配分が基準編成からズレて行なわれたり、基準編成が維持できないような価格関係が生じたりすると、価格変動による調整メカニズムが作動することになるのであった。もちろん、この調整は利潤率を基準にした資本行動に媒介される。たとえば、何らかの理由である商品についての社会的需要・供給の対応関係に短期的な変化が生じ、その結果として価格変動が生じたとしよう。このことによって生産諸部面の利潤率ないし利潤率の関係に変化が生じたり、生産要素の補塡さえもが不可能であるようないわばマイナスの利潤率になったりすると、資本移動による資本配分の調整活動が生じ、それにともなって諸商品についての需要・供給の対応関係に変化が生じ、それによって諸商品の価格変動が生じ、その価格変動のもたらす結果についてまた調整行動が生じ、……ということが繰り返される。しかしその際、価格変動なり利潤率の変動なりにたいして一種の引力のように作動し、それを事実上規制する意味をもつことになっている社会的生産の基準編成そのものは、安定的な生産力水準と文化的状況のもとでは、ある期間安定的であると考えられるのであって、労働者の一日の労働時間ないし社会的総生産物量がどのように変化しても、そのことによっては変化するものではないのである。すなわち、必要生産物だけの連関の場合であろうが、何時間かの剰余生産物の連関を導入した場合であろうが、それぞれの生産部面において、雇用される労働者数ないし新たに対象化されるいわゆる生きた労働の量の比でいえば2：1：3、それぞれの生産物に累積的に対象化される投下労働の総量の比でいえば6：4：3という基準編成からズレるような編成が行なわれると、価格変動が生じてこの基準編成が回復するような方向に調整が作動することになるわけである。

生産物連関が必要生産物だけの連関であるか剰余生産物も含む連関であるかによって、価格変動の重心としての価格の連関は変化する。剰余生産物連関が追加され、しかもその量が変化すれば、利潤率を基準とする形態的原理の作動によってそれぞれの価格変動の重心相互の関係、簡略化表現での諸商品の価値関係は変化するわけであるが、基準労働編成には変化はない。したがって当然、総生産物量が変化すれば個々の商品の生産に要する社会的必要労働時間と個々の商品の価値量との関係は商品種類によって一様ではない変化をすることになるわけである。しかし、労働と価値の換算率がいかに多様化し、かつ不断に変化するとしても、そしてその限りでは労働が価値を規定するという命題は成立不能であるとしても、この投下労働量との直接的な関係としては多様な価格変動の重心も、それが重心として作動するのは不変の基準編成のいわば規制力によるのである。そしてその限りでは、社会的生産の基準編成が、したがってまた種々の商品種類の生産に要する社会的必要労働時間相互の一定の連関が、価格変動を規制しているということができるのである。労働が価値を規定するという命題も、このように基準労働編成が価格変動を規制しているという意味のものと理解するならば、成立可能な命題であるといってよいであろう。

労働価値説の理論的意義　資本主義的商品の価値ないし価格の変動は重心をもっている。この重心を規定する要因を、その商品を生産する労働に求める考え方をとりあえず労働価値説と呼ぶことにしよう。価値の意味や労働の意味や規定の意味の理解の仕方によって、労働価値説にもいろいろなタイプがありうるが、従来の労働価値説の一つのタイプは、ある商品の生産に投じられた社会的必要労働時間がその商品の価値量を直接規定するというものであった。この説によれば、どの商品をとっても同じ投下労働量は同じ価値量を規定するのであり、こうして諸商品の売買関係はいわゆる等労働量交換が価格変動の重心となるように規制されると考えられるわけである。

これはしかし、すでに述べたように、必要生産物連関だけを抽象して考察した売買関係の場合には成立するが、剰余生産物連関を導入した売買関係の場合には成立しない関係であった。しかも、この後者の場合にも、詳しい説明は第三篇で行なわれるが、価格変動に重心がなくなってしまうわけではないのであるから、投下労働量が価値量を一様な比率で規制するという売買関係は、抽象的な条件を設けて問題を考察したことのいわば副産物としての特殊な帰結であり、価格変動の重心の規定にとっては本質的な内容をなすものではないと考えられなければならないのである。

このように投下労働量と価値量との関係が一様でなくなるのは、要するに、重心を規定する要因に一般的利潤率の形成という剰余についての要因が追加されることによるものである。しかし、それぞれの重心がどのように規定され、それぞれの重心における労働量と価値量の比率が商品種類によってどのように様々になろうとも、社会的生産の質量編成における各生産部面の労働量連関なり各生産物相互の使用価値量連関なりの均衡的な基準連関そのものには、何の変化もない。これはいいかえれば、剰余の配分によって労働量と価値量の間の関係がどのように変化し、多様化しようとも、価格変動は、社会的生産の基準労働編成なり基準物量編成なりが維持されるように規制されざるをえないということであり、したがってまた、補塡原則と平均利潤原理とによって形成される重心相互の連関が価格変動にたいして調整力を作動させるのは、それが基準編成を充足させている限りでのことなのである。

以上は本節のこれまでの考察の要約であって、労働が価値を規定するという命題はこのように理解すれば成立可能であると考えられるわけであるが、それは単に成立可能というだけではない。このように理解することによって独自的に明らかにしうる問題があるのであり、その意味で労働価値説には理論的に積極的な意義があるといってよい。

価値法則論が単に諸商品の価格変動の重心を規定する要因の存在を示し、いわゆる均衡価格体系の存在を示すことだけを目的にするものであれば、このようにわざわざ労働の編成まで問題にしなくても、それは可能であるかもしれない。しかしわれわれの関心は、単なる物的な均衡体系の存在を明らかにすることにあるのではなく、基準連関としての均衡的な物量編成なり価格体系なりの形成、あるいは簡略化表現での価値関係の形成の背後で、人間の労働について何が行なわれているのか、それらの形成の条件となっている労働者の必要生活資料の量、賃銀、諸生産部面間の技術的な関係、労働者と生産要素との間の技術的な関係などの安定性ないし確定性は人間にとってどのような意味をもったものであるのか、といった問題を明らかにすることにある。そして、本節の考察はこの問題について次のような点を明らかにしたのであった。すなわち、資本主義的生産にあっては、人間の生活と人間の労働・生産過程までが資本の行動原則である効率性原則によって極限まで締めあげられ、その意図せざる結果としてではあるが、効率的連関としての基準編成が作りあげられるのであり、価値関係の法則性とは諸資本がその売買関係において自らが作りあげた基準に自らが規制される関係なのである。この場合とりわけ重要なことは、価格変動の重心ないし均衡価格体系の重心は、この資本の効率性原則を受容する労働主体が存在してはじめて存在しうるということであろう。資本がこの条件をいかにして確保するのかについては次章で改めて考察するが、資本はこの条件を確保しえていることによって労働者の剰余労働の実現にも成功しうるのであり、労働者にたいする資本の効率性原則の強制は、同時に商品経済的に階級関係を措定するメカニズムになっているわけである。価格変動の重心を規定する要因を基準労働編成に求める理論構成は、以上のような諸問題の解読を可能にするものであって、その点に労働価値説の意味があるといってよい。均衡価格体系を単なる物量体系としてのみ考察することによってはこのような諸問題は脱落してしまわざるをえないであろう。

第三節　資本価値の増殖

方法上の前提　必要生産物連関だけを取り出し、補填原則を適用してそれらの価値関係を考察すると、労働と価値の比率はどの商品種類についても一様になるが、この連関はきわめて特殊な連関である。資本が剰余労働の実現に成功しないということは短期的には実際にも大いにありうることであるから、これは決して非現実的なものではないが、前節ではこれを現実的なものとして想定したわけではない。資本の効率性原則によって形成された基準労働編成が、価格変動の重心を規定しているということを明らかにするための思考実験を簡単にするために想定したのである。本篇では利潤率をめぐる諸資本の競争とその結果としての一般的利潤率の形成は立ち入って問題にしないことにしているのであるから、そもそも価格変動に重心があるということ自体がまずこのような想定によらないと明らかにできなかったのである。

ただ、このような想定によると、基準労働編成の意味をきわめて端的に示すことができる点にはメリットがあるといってよいが、何分にもこれは特殊な想定であり、剰余生産物連関が含まれている方が一般的なものであるから、この特殊な想定から得られた帰結は一般化できるものであるかどうかが問題になる。そして、労働と価値の比率がどの商品種類についても一様になるということの想定からの一つの帰結については、これはそのままは一般化できないものであり、その意味でこれは労働価値説にとって本質的な内容をなすものではないことが明らかになったのであった。そのようなことがあって、剰余生産物連関を導入するさいに、止むを得ず先取り的に利潤率の均等化の問題に言及せざるをえなかったのである。

ところで、この必要生産物連関の想定には、価格変動重心論に関するものの他に、もう一つの理論的意義があったといってよい。それは必要労働が行なわれているだけでは安定的な剰余ないし利潤の根拠は存在しないということ、いいかえれば、安定的な利潤の根拠は剰余生産物連関の存在、つまり剰余労働の実現の成功にあるということを端的に示すことができているという意義である。

前節では、価格変動の重心の形成の背後の問題として労働編成と剰余労働を問題にしたため、利潤率の均等化傾向への論及が必要となり、資本によって資本・賃労働構成が一様でないという条件を導入して投下労働と価値の関係も一様でないということに言及せざるをえなかったわけであるが、いまこの重心の形成という問題視角をひとまず措いて、安定的な利潤の根拠をめぐる資本と賃労働の関係という論点に問題をしぼるならば、そこでは利潤率を基準にした諸資本の競争を立ち入って問題にすることは必要のないことである。この論点にとっては個別資本相互の区別はとくに導入する必要のない条件であるから、個別を問題にする場合も、社会的生産を分担している諸資本が全体として労働者の剰余労働の実現に成功して利潤を取得しえている関係の、平均的可除部分ないし代表単数としての資本・賃労働関係を想定すれば十分なのである。本節や次章第三節のように、資本と賃労働の基本的関係にもとづく諸問題を考察するような場合にはとくにそうである。というよりも、代表単数で考える方が簡単で理解しやすい。

資本・賃労働の構成比率が資本によって一様ではないという点を度外視するならば、投下労働と価値の関係はどの商品種類についても同一になり、これは必要生産物連関についてのみ妥当する関係を剰余生産物連関を導入した場合にもそのまま適用するということと同じ結果になるわけであるが、このことが労働価値説の本質的な内容をなすわけではないということに十分留意しておきさえすれば、そのように考えてもとくに支障はないであろう。支障がなければモデルはできるだけ簡単な方がよい。

不変資本と可変資本　社会的生産の一環を担当する資本の安定的な価値増殖は、それぞれの資本が雇用する労働者の剰余労働に根拠があるのであった。利潤率の均等化の問題を導入すると、先に述べたような理由で、それぞれの生産部面の資本のもとで行なわれる剰余労働の量とそれぞれの資本が取得する利潤の量との比率は部面によって一様ではなくなるので、剰余労働が利潤の直接の源泉であるとはいえないようにみえるかもしれないが、これは全体として生産された剰余の資本間配分によって生じる問題であり、剰余労働が行なわれなければ利潤はないのである。しかも、この剰余労働もどこかの個別資本のもとで独立に行なわれても、そこで個別的に利潤化するというようなものではない。それはやはり社会的生産の基準編成の一環として行なわれてはじめて個々の資本にとっても安定的な、いわば重心としての利潤の原因となりうるのである。ここでは、この剰余労働が利潤の原因であるという点にかかわる問題だけを考察するので、右の方法上の前提のところで述べたように、全体として生産された剰余の個別への配分によって生じる問題は度外視し、全体として行なわれることを代表単数としての個別資本によって考察するという方法をとることにする。

さて、安定的な利潤の根拠は剰余労働にあるということを個別資本の行動様式にそくしていいかえれば、利潤の根拠は資本が購入する生産要素のうちの労働力の消費の仕方にあるということである。同じ生産要素でも労働力と生産手段とでは資本の価値増殖にたいして果たす役割に相違があるわけであり、したがってまた、労働力の購入に支出される資本と生産手段の購入に支出される資本との間には相違があるということになる。

この相違を明らかにするために、先の例解の Km－PmⅠ－PmⅡ連関を資本構成に相違のない代表単数としての資本の連関であるとし、そのうちの PmⅠ生産資本をとりあげて考察しよう。この資本は生産手段 PmⅡと労働力Aとを商品として購入し、それらを組合わせて消費して新たな商品 PmⅠを生産する。購入された二つの生産要素はいずれもいったん消費過程に入るのであるから、それらの価値はそこでともに消滅し、それらの使用価値の消費はともに新たな商品の生産とそれによる新たな価値の形成に寄与するのであるが、その寄与の仕方に相違があるのである。このことは PmⅠ生産資本のもとで労働者が必要労働だけを行なっている場合と剰余労働をも行なっている場合をとって比較すると明らかになる。

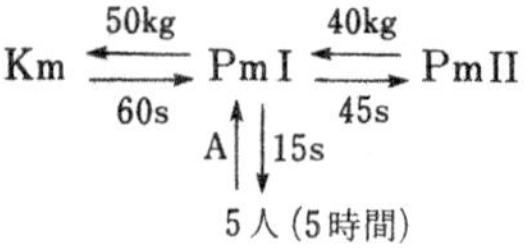

図　II-2-7

まず必要生産物連関をとってみよう。価格はそれぞれ変動の重心のそれであるとし、図Ⅱ-2-7のように、PmⅠ生産資本は生産手段を四五シリング、労働力を一五シリングで購入し、それらの消費によって六〇シリングの新商品を生産しているとする。必要労働だけが行なわれている場合には、この販売代金はちょうど生産手段と労働力にたいする支出の回収分にあたり、それらの生産要素の補塡を繰り返すことが可能になる。先に述べたように、生産手段と労働力の価値はともにそれらの消費の過程で消滅するのであるが、このように生産手段に支出された四五シリングと労働力に支出された一五シリングが新しい商品の販売価格六〇シリングから回収されるという関係が安定的に存在するかぎりでは、それぞれの生産要素の価値が新たな商品にそのまま移転され、新たな商品の価値の一部を構成することになるとみなすことができなくはない。そしてこの限りでは、生産手段と労働力との間にはとくに相違はないようにみえるわけである。

そこで次に剰余生産物連関を含む場合についてみよう。労働者が同じ強度で九時間労働する、すなわち四時間の剰余労働を行なうとすると、これは代表単数としての資本の生産物の連関であるから、図II-2-8のように生産物量はもちろんのこと、それらの価値量も比例的に増大すると考えてよい。こうしてPmIを生産する資本は新たに生産した商品を一〇八シリングで販売することになり、そのための生産手段の購入も八一シリングに増大するが、労働力の購入価格は一五シリングのままである。生産量が増大すれば原料などの生産手段の消費量が増大し、したがってその購入量も増大してそのための費用も増加するが、労働力については消費量が増大しても、すでに述べたように賃銀（もちろんその重心）は労働力の消費量とは独立に決定されるので、そのための費用はそのままなのである。こうしてこの資本は一二シリングの価値増殖を実現することになるが、これは労働力の消費量が増大し、四時間の剰余労働が行なわれたことによるものであることがここにきわめて明瞭に示されることになっており、こうしてまた、二つの生産要素ないしそれぞれに投じられた二つの資本の価値増殖にとっての意味の相違が明らかになる。すなわち、生産手段の方は消費量の増大に応じて費用が増大するが、それは同時に販売高の増大と対応し、したがって回収の増大と対応しているのであり、先の必要生産物連関で生産要素の価値が新商品の価値として移転するとみなすことのできた関係はここでもそのまま維持されているといってよい。ところが、労働力の方は、消費量が増大し、そのことによって商品の生産量が増大し、販売高が増大しても、費用の方はそのことと無関係に規定されて

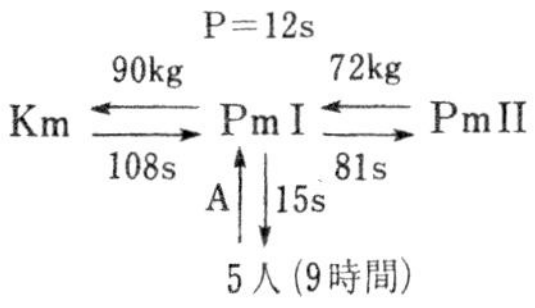

図　II-2-8

いるのであるから、労働力の価値は新商品の価値にそのまま移転するとみなすことのできる関係にはない。これは消費量が必要労働時間以下の場合を考えてみればさらに明白であろう。ちょうど必要労働時間と一致している場合も含めて、労働力はその消費過程において自らの価値量とは独立無関係に、新たな価値を形成するのであり、そのうちの賃銀費用を超えた分が資本価値の増殖分になるわけである。

こうして、生産過程に投下される資本は、価値を移転するにすぎないとみなすことのできる資本と新しく価値を形成するとみなすことのできる資本とに区別することができることになる。前者は資本として投じた価値をそのまま維持しているとみなすことができることから、不変資本と名づけてcであらわし、これにたいして後者は資本として投じた価値とは独立に価値を形成するものとして可変資本と名づけてvであらわすことにする。このように二つの資本を区別することによって、資本の価値増殖は可変資本部分の資本価値の変化として行なわれると捉えることができることになるわけである。

剰余価値と剰余価値率　新しい商品価値のうちの生産費用を超える部分を剰余価値と呼び、これをmであらわすことにする。第一篇の資本形式論のところで述べたように、生産要素の購入にあてられる資本は商品売買資本における商品買入資本に対応すると考えることができるのであって、商品売買資本が転売する商品についても販売価格と購入価格の差にたいして剰余価値という概念を用いることができなくはない。ただ、そこではその剰余価値の原因は明瞭ではないわけであるが、ここではこれを可変資本の増殖分として捉えるのであり、剰余価値という概念を用いる場合はそのような意味が含蓄されているのが一般的であるといってよいであろう。

それはともかく、このc、v、mという記号を用いて以上を要約すると、資本はc＋vとして投下され、そのうちのc部分は新しい商品価値に移転し、v部分は新しい商品価値のうちのv＋mを新たに形成し、こうして新しい商品価値はc+v+mとなる、ということである。このうちのv+mは労働力の消費によって新しく形成された価値という意味で価値生産物と呼ばれる。可変資本と剰余価値の比率m/vは剰余価値率と名づけられてm′であらわされる。これは可変資本の増殖率ないし労働力消費の効率をあらわしていると読むことができるが、同時に価値生産物のうちの労働者に帰属する部分と資本家に帰属する部分との分割比率をあらわしていると読むこともできる。したがって、これは労働者の労働時間のうちの必要労働時間と剰余労働時間の比率を価値比率として示したものであり、その意味でこれは資本主義社会における資本家と労働者の階級関係の基本的指標である搾取率を価値のタームで示したものということもできよう。

ただこの場合、ここでの価値というのは限定的な条件のもとでのそれであることへの留意を忘れてはならない。ここでの連関は代表単数としての資本の連関であるという前提のもとで剰余価値と剰余価値率の問題を考察しているのであるから、ここでの個別資本は相互に資本・賃労働比率が同一であり、したがってそれぞれの資本の生産する商品についての社会的必要労働時間とその価値量の比率も同一であると考えてよい。そしてその限りで、価値比率としての剰余価値率はどの資本についても同一なのである。しかし、いま仮に個別資本相互の資本構成の相違と利潤率の均等化傾向の問題を導入すると、剰余労働量と剰余価値量の関係は資本によって一様ではないことになる。この場合でも、vと労働量との関係はどの資本にとってもつねに一様であるから、このことは剰余価値率m/vは資本によって一様ではないということを意味することになる。したがって、剰余価値率は階級関係の指標であるという命題をこの場合にそのまま適用すると、階級関係は個別資本によって一様ではないということになりそうであるが、そのように理解してはならない。剰余価値率は代表単数としての資本をとって考察した限りで階級関係の指標でありうるのであり、その意味でこれは総体としての資本・賃労働関係についての命題なのである。資本構成の相違という条件を導入している場合の個別資本についても、剰余価値率という概念を用いるのであれば、それは価値タームの概念としてではなく、必要労働と剰余労働の比率を時間のタームで示したものと理解されるのでなければならない。

絶対的剰余価値の生産　個別資本は、第三篇で述べるような種々の仕方で利潤率の個別的な増進を追求し、その意図せざる結果として剰余価値率の社会的な維持・増進を実現するのであるが、そのような社会的結果を実現する方法ないし径路は二つに大別して考察することができる。まず絶対的剰余価値の生産といわれているものからみよう。

個別資本は利潤率増進の様々な方法の一つとして、生産要素の一つである労働力の消費量をできるだけ大きくしようとする。つまり労働の強度（密度ないし集中度）をできるだけ大きくし、かつ労働時間をできるだけ長くしようとする。個々の資本がそのことに成功し、それが社会的に一般化すれば、社会的に剰余価値生産の増進が実現されることになる。剰余価値は労働力の消費によって新しく形成される価値と労働力の価値との差額であるから、労働力の価値を一定とした場合には、労働力の消費量（使用価値量）を極大化することがこの差額極大化の唯一の方法になる。

しかし、労働力の消費は、単なる物の消費とは異なり、労働者の主体的な意欲を通さなければならないので、この方法は資本と賃労働の間の対抗・調整の問題を含み、したがってまた他の資本のもとでのそれとの比較・調整の問題をも含みつつ行なわれる。個々の労働者が諸資本間の比較・移動を行なうことを通して全体としての資本・賃労働関係の対抗と調整が形成され、そのような過程を通して労働力の消費量の社会的標準が形成されることになるわけである。もちろん社会的標準が形成されるということは、資本と賃労働の対抗関係がそれで消滅するということではない。それは労働力の消費量をめぐる資本と賃労働の不断の個別的な対抗を通して形成され、維持される。しかも労働者の主体的状況はさまざまな社会的条件によって短期的にも長期的にも変動しうるものであり、したがって、労働者の主体性に媒介される労働力の消費量も短期的、長期的に様々に変動可能なものなので、個々の資本としては不断に労働の強度を維持・強化し、不断に労働時間を維持・延長する行動をとらなければならないのである。

ところで、資本と労働主体との対抗・調整関係は弾力的なものであるから、労働力の消費量はある程度は変動可能ではあるが、その絶対的な増大にはかなり狭い限界がある。物理的・生理的限界があることはいうまでもないが、それだけではない。それは労働者の主体的意欲を減殺することのないような範囲のものでなければならないという意味では、歴史的・文化的な要因による限界もあるわけである。しかし、資本主義的生産は剰余価値率の社会的な維持・増進を実現するもう一つの方法をもっており、それによってこの絶対的な方法の限界を消極化しうるのである。

相対的剰余価値の生産　これは労働力の価値の低下によるものである。労働力の消費によって形成される価値と労働力の価値との差額はこの径路によっても増大する。この労働力の価値そのものの低下は、賃銀の価値以下への引下げのことではないし、また生活水準の引下げを意味する生活資料の標準的な量の減少のことである必要もない。労働力の価値は前に述べたところからも明らかなように、省略形でいうならば労働力の再形成に必要な標準的な量の生活資料の価値によって規定されるものであり、この生活資料の価値は、その生産に要する社会的必要労働時間によって規定される。したがって、労働力の価値の低下は、生活資料の量の削減によることなく、すなわち生活資料の量はそのままであり、場合によっては増大するとしても、その価値が低下することによって可能となるのであり、この生活資料の価値の低下は、生活資料を生産する労働の生産力の増進によって、その生産に要する社会的必要労働時間そのものが短縮することによって可能となるのである。

個別資本は利潤率増進の様々な方法の一つとして生産条件の改善による生産力の増進につとめる。新生産条件が同じ生産部面の他の諸資本との比較において例外的に優等な条件である間は、この新条件を採用した資本は特別の利潤を取得しうるが、やがてこの新条件がその生産部面全体に普及することになると、例外性にもとづく特別の利潤は次第に消滅して行くと同時に、その部面全体の生産力が上昇し、その部面の商品の生産に要する社会的必要労働時間が減少する。この部面が労働者の必要生活資料生産のための社会的編成の一環を占めていない場合、つまり奢侈品生産のための連関の一環でしかないような場合を別にすれば、ある生産部面での生産力の上昇は生活資料の生産に要する社会的必要労働時間を減少させるのであり、こうして生活資料の価値の低下が生じることになる。したがって、生活水準と労働日を一定とすれば、労働力の価値ないし賃銀水準の低下がもたらされ、必要労働時間が減少して剰余労働時間が増大することになるわけである。

このように、個々の資本にとっては必ずしも自己の生産部面における生産力の増進ではなくても、生活資料の生産を分担している諸資本による社会的生産編成のどこかの生産部面で生産力が増進すれば、そのことによって社会的に剰余価値率の上昇が実現されることになるのである。絶対的剰余価値の生産に狭い限界があるにもかかわらず、資本主義的生産が剰余価値生産の継続的な維持・増進を実現し、資本の無限の価値増殖欲の充足を実現しえているのは、このように部分的に実現される生産力の増進でも、それがそのまま全体的な剰余価値率の上昇に帰結する構造によるものといってよいであろう。

方法上の注意　(1)　相対的剰余価値の生産の原因をなす生産力の増進は、それが社会的生産編成の中のある一部の生産部面において生じる場合にはもちろんのことであるが、すべての生産部面において生じる場合にも、その増進の程度は様々であろうから、諸資本における生産力の相対的関係を様々に変化させることになろう。したがって、このような生産力の増進の問題を、それが諸生産部面の資本に全面的かつ一様に行なわれるものとしてでなく、それぞれの部面で特殊的に行なわれるものとしてここに導入するのは、厳密には代表単数としての資本による結果の考察という生産論の基本的な方法とは背馳するといわなければならない。生産力の増進も、それが全体としての資本・賃労働関係を変化させるものである限りでは、生産論で考察されるべき内容をもつものであるが、具体的な過程の問題としては、それは個別資本的な動力によって一部の個別資本ないし一部の部門に不均質な関係として発生するものである。そして、この部分的に発生したことが全体としての関係を変化させる点に、この問題の理論的に重要な点があるのであるが、この問題をこのような問題として直接的に説くことは、生産論の一般的な方法にはなじまないところがあるわけである。

それでは、全体についての結果の意味を代表単数としての資本によって考察するという、生産論の一般的な方法をいわば機械的に徹底化するとしたら、ここの相対的剰余価値の生産はどのような説き方になるであろうか。その場合には、どこでどのようにして生じたものであるかは問わず、ともかく結果的に総体としての資本の生産力に増進が生じたことを取りあげ、そのことの意味を、全体の生産力の増進前の代表単数と増進後の代表単数の比較によって考察するということにでもなるであろう。しかし、これではいわゆる相対的剰余価値の生産という問題を取りあげて論じることの理論的に積極的な意味は殆どないといってよい。それだけではない。代表単数としてにせよ、なまじ個別をとりあげることによって、かえって個別と全体、過程と結果の区別を不明確にするのであり、この区別が不明確にならないように何らかの注意を与えるとすれば、結局は本節での展開と多かれ少なかれ同じことになるといってよい。生産力の増進を問題にする場合には、先に述べた生産論の基本的な方法の機械的適用を多少緩めざるをえないのである。

(2)　生産力の増進は、それが行なわれた生産部面の資本・賃労働構成を変化させ、社会的生産の基準編成を変化させることになるため、諸商品の価値関係も変化することになる。生産力の増進は、一つの部面については不断に生じることではないとしても、すべての部面についてある時期に集中して生じるという想定をしないとすれば、いろいろな部面で不断に生じていることになるわけであり、そのたびに諸商品の価値関係も変動することになる。しかし、このことはもちろん、生産力の増進の問題を導入すると価値法則が消失するとか、資本主義的生産の均衡編成が説けなくなるということを意味するものではない。基準編成はいわば不断に変化し、その結果として諸商品の価格変動の重心ないしその連関は不断に変化することにはなるが、そのことは個々の商品種類について価格変動の重心が消失するということではない。多かれ少なかれある期間は重心を規定する一定の生産力水準での追加供給が継続すると考えられるから、その限りであくまである重心が価値ないし価格の変動を規制しているといえるのである。その点が緩んでしまうのではない。ただ次のようなことはいいえよう。生産論は、諸個別資本の無政府的な行動の社会的な結果として均衡編成が達成されているところをとって、そのことの意味とか条件とかを考察する場であるといってよいが、そこに生産力増進の問題が導入されることになると、均衡編成の基準そのものが不断に変化することになり、重心としての均衡をいわば静態的に考察する生産論という場の理論的な限界が露呈されることになるわけである。

第三章　資本・賃労働関係の再生産
――資本主義的生産の条件――

資本は、第一篇で考察したように、別に生産を担当しなくても価値増殖を行ないうるし、生産をとり込んでも、それを個別的に行なっている限りでは、その価値増殖は不確定性をまぬかれない。しかし、資本が社会的生産を編成することになると、個別的にはあくまで不確定性をまぬかれないにせよ、その価値増殖にはある安定的な根拠が付与されることになる。前章ではこの点を明らかにするために、まず価値に重心が形成されることを明らかにして、価格変動を利用した価値増殖の問題を除去し、諸商品の売買関係から価値の重心相互の安定的な関係だけを抽象しても、剰余価値の発生根拠を説明しうるという問題を考察したわけである。

この価値の重心の形成と資本価値の増殖が継続的に維持され再生産されるためには、いくつかの条件が社会的に形成され、確保されていなければならない。そのうちの最も重要なものは労働者の主体性の処理の問題であろう。社会的生産における基準連関の形成なり資本の生産過程における剰余労働の実現なりは、資本の効率性原則が労働者に受容されていることを意味するわけであるが、生産過程における資本家と労働者の間の対立と調整の具体的過程そのものは、商品経済外的な様々な要因が作動するところなので、ここは原理的に説明不可能な領域である。その意味でここはブラック・ボックスにしておくしかないが、実はその外部にこの調整を成功させるような商品経済的な社会的な仕組みがあるのであって、これは原理的に説明しておく必要があるわけである。

なおこの他にも、資本関係が再生産されるためには、資本の生産した商品の販売市場が存在し、資本の再投資に要する生産要素の供給市場が安定的に存在するという市場条件が社会的生産の内部に確保されていなければならない。社会的総生産物の流通表式としてのいわゆる再生産表式はこの条件の存在を明らかにするものである。また、労働力の問題には、先の問題の他に労働力の供給の量的制限の問題があるが、この制限の緩和の仕組みについては第三節で明らかにされる。

第一節　機械制大工業——労働者の主体性の包摂

資本主義的生産は歴史的には機械制大工業をその生産機構とすることによって社会的生産として確立した。これをいいかえると、商品生産資本は機械制大工業を自らの生産方法とすることによって、社会的生産編成の主体としての産業資本として自らを確立しえたということである。それではこの機械制大工業は、産業資本と資本主義的な社会的生産の確立にとってどのような意義をもつものなのであろうか。

前章で考察したように、資本による剰余価値の生産は資本による労働力の消費の仕方にかかっているのであった。資本はそれをできるだけ効率的に行なおうとするわけであるが、これは労働者の主体的意志を媒介とするほかない問題であり、これが労働力という特殊な商品を生産要素とする場合の独自な問題である。機械制大工業はこの労働者の主体性の処理の機構にとっての物的な基盤を提供し、さらには社会的な基盤を補強するのであり、その点で資本による剰余価値生産を確実にする意義をもつものとなっているのである。機械制大工業を三つの構成要因に分けてこの点を考察しよう。

協業　協業とは複数の労働者が同一の作業場において協同して労働を行なう最も単純な集合労働の形態のことである。この労働形態は次のような種々の効果をもたらす。すなわち、(i)それは個々の労働者の力の単なる機械的な総和以上の集団力としての生産力を創出する。(ii)個人的には到底不可能な仕事をする力が発揮される。(iii)個々の労働者が相互に競争心を刺激し合うことによって労働の強度が増大する。(iv)生産手段が共同使用されることによって節約される。そして、これらの諸効果により全体として労働の生産力が増進し、商品の生産に要する社会的必要労働時間が減少し、諸商品の価値を低下させることになる。

また、(v)個々の労働者の労働が集合労働の一部として平均的な部分労働と化し、不熟練労働も一定の生産力を発揮しうることにより、個々の労働者の特殊な熟練の意義が消極化して、資本による労働者の主体性の処理が容易になる。(vi)しかもこのような集合労働は、労働の計画、指揮、監督を必要とすることになるが、この機能は資本家に属するものとなり、労働者から取りあげられてしまうために、資本主義のもとでは協業による集団的生産力は労働者自身では発揮できないものとなるのであって、労働者の主体性はさらに消極化するのである。

分業　ここでの分業はもちろん社会的分業のことではなく、作業場内分業のことである。すなわち、同一作業場における複数の労働者の集合労働の内部が特殊な種類の部分作業に分解され、その有機的結合によって一つの作業場が構成されるような結合労働形態のことである。この分業にもとづく協業は、単なる協業の効果に加えて、次のような種々の効果をもたらす。すなわち、(i)複合的な作業がいくつかの単純な作業に分解されることにより、個々の労働者はそれぞれの作業に容易に習熟できるようになる。(ii)作業内容の改善も容易になる。(iii)作業の特殊化、単純化は生産手段の特殊化、単純化と並行しており、生産手段の改良も容易になる。(iv)種々の作業の転換は一人の労働者によって行なわれるより別の労働者の間で行なわれる方が転換の間で失なわれる時間が節約される。そして、これらの諸効果により労働の生産力はいっそう増進する。

また、(v)この分業は一面では作業の特殊化、専門化を進めるので、一種の熟練労働者を発生させるが、しかしその反面、その作業内容は単純化し、習熟が容易になると同時に、部分化が質的に深化して完結性を喪失する。こうして、労働者の部分労働者化、労働者の主体性の消極化はいっそう進展することになる。(vi)しかも、分業という集合労働は単なる協業よりもさらに高度な労働過程の管理や労働者の組織化を必要とすることになるが、資本主義的生産のもとではこの機能も資本家に属するものとなるのであり、この面からも生産過程における個々の労働者の主体性はいっそう消極化するのである。

機械制大工業　機械制大工業においては、このような協業、分業が、いわば機械の協業、機械の分業にもとづく協業となり、人間の労働はこのような機械体系を操作するものとなる。機械体系は一般に発動機、配力機、作業機に分類されるが、このうちの作業機は人間の主体的な作業の大部分を機械の作業におきかえ、それを精緻化するものであり、発動機と配力機はこの作業機を動かす動力を人力から解放し、そのことによって作業機の意義を拡大するものであるといってよい。こうして協業、分業による諸生産力効果は機械制大工業によって飛躍的に増大し、人間の労働は単にこのような機械体系を操作するものとしてその単純労働化を完成し、資本家による労働者の管理と組織化もこの機械体系を通して行なわれることになって、労働者の主体性の消極化はいっそう深化することになる。

機械制大工業の資本主義的生産にとっての意義は、こうして一つには労働力と生産手段の充用を効率化することによって剰余価値生産を量的に増進するといういわば生産力効果にあり、またもう一つは労働者の熟練ないし主体性の消極化を実現することによって剰余価値生産を質的に確実にする、労働者のいわば管理効果にあるわけである。この後者の効果というのは、もちろん機械制大工業によって労働者の技能や意欲のバラツキなり個性なりが消滅してしまうということではない。労働者が人間である以上それらは消滅しようもないものであるが、それらの資本主義にとっての意味が消極化するのである。資本は機械体系をその主要な生産手段とすることによって、労働者の熟練なり主体性なりに積極的に依存することなく、したがってそれらに制約されることなく、資本の主体性によって生産過程を管理、組織化することができるようになるのである。

ただこの効果には、それが単なる物的装置のもたらす効果である限りでは、なお可能性としての効果でしかないという問題が残っている。換言すれば、機械体系によって労働者に労働させるという条件だけでは資本の効率性原則を労働主体に強制するには十分ではないのであり、機械体系による管理効果は生産過程外の労働市場の一定の構造に支えられてはじめて現実化しうるものとなると考えられるのであるが、このような労働市場の条件形成にも機械制大工業が寄与しているのであり、したがってむしろ機械制大工業の意義としてはその点の方が重要であるといってよい。すなわち、機械体系を利用する労働は部分的、平均的で、単純なものでよく、労働者の熟練は消極的な意味しかもたなくなるということから、労働者の代替性が増大し、労働市場の範囲が拡大して、労働力の調達が容易になる。つまり労働市場が買手市場化する。しかも機械体系は、他面で、生産方法を改善し労働節約を増進することが容易であるということから、労働力供給の制約を緩和する効果をもっている。この問題は第三節で改めて考察するが、この面からも機械制大工業は労働力の供給条件を緩和することができるのであり、この両面が相まって生じる労働市場の買手市場化によって、資本は一方では労働力の売買のさいに賃銀や労働時間などの労働条件決定のイニシアティヴをとりうることになると同時に、他方で労働者の主体性を媒介にしながら労働力を効率的に消費するという生産過程内の困難な問題を資本に有利に解決しうることになるのである。こうして機械制大工業は、資本主義的生産にたいして労働力の商品化と労働の資本のもとへの包摂の物的な、そしてまた社会的な基盤を確立し、資本による労働の階級支配と労働力の消費を安定化することによって、剰余価値生産を確実にするという意義をもつものとなっているわけである。

第二節　いわゆる再生産表式——商品市場の社会的編成

資本の価値増殖が円滑に繰り返されるための、すなわち資本の再生産のための第一の条件として、前節では生産過程の内部での労働者の主体性の処理のための物的装置の問題と、外部でこの処理効果の現実化を支えている労働市場の買手市場化の問題を考察した。個々の資本はこのような条件に支えられて資本家的に効率的に生産することのできた商品を市場で販売して貨幣に実現し、そのうちから次の生産過程に必要な生産要素を購入して価値増殖を繰り返す。したがって、個々の資本にとってはそれぞれの商品生産物の販売市場と生産諸要素の供給市場の存在が資本の価値増殖が繰り返されるための第二の条件をなす。

本節ではこの資本の再生産の第二の条件を考察するが、生産諸要素のうちの労働力商品は、次節で考察する絶対的な量的制限性の問題を別にすれば、資本が生産手段の所有を独占して労働者を生産手段から分離し、労働者の必要生活資料を資本の商品として生産し続けることによって、繰り返しその商品化を確保しうるものであると考えることができよう。したがって、ここではとりあえず生活資料を供給できれば労働力は供給されうるものとして、第二の条件の生産要素のうちの労働力の供給の問題は生活資料の供給の問題に置き換えて考察することにし、労働者人口の絶対的制限の問題は度外視することにする。

再生産表式論の課題　資本の生産過程は、生産手段と労働力を購入・消費して新しい生産物を生産・販売することを繰り返す。いいかえれば、産業資本の運動は、一方では生産手段と労働力（生活資料）の需要を創り出し、同時に他方で生産手段かあるいは生活資料のどちらかの供給を創り出しているわけである。供給に先行して必ず需要があり、供給はやがて再び需要になるというこの関係から、時間の契機を捨象するならば、産業資本の運動は需要と供給の両面をもっている、あるいは産業資本はそれ自体の内部に、供給は需要であり、需要は供給であるという関係を内包しているということができる。

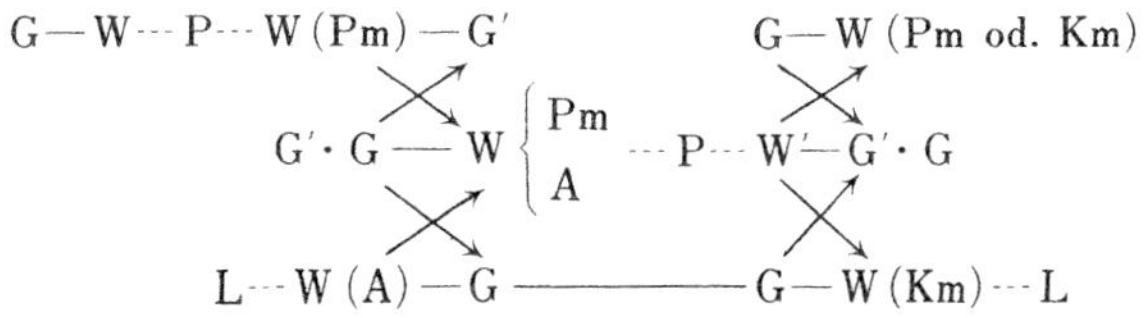

Lは労働者の個人生活.

図 II-3-1

この場合、剰余労働ないし資本の価値増殖を考慮するならば、個別産業資本の運動それ自体の内部の前後関係としての需要と供給の関係には、価値量の観点からするとズレが存在するわけであるが、産業資本の運動には当然それと並行して資本家の個人生活があるのであり、そのためのたとえば奢侈品的な生活資料にたいする需要が形成されるということもあるし、またその個人生活を倹約して、生産規模の拡張や資本家的活動の効率化のための資材や労働力（したがって生活資料）にたいする需要が増大するということもあるのであって、供給の価値量が必ず需要の価値量を超えるということはないのである。

また他方、この需要と供給とは個々の産業資本相互の間でも対応関係にある。すなわち、個々の産業資本がその運動の過程で創り出す生産手段と生活資料（資本家の個人生活の分も含めて）にたいする需要は、純粋資本主義社会においてはその社会的生産を構成している他の産業資本の生産する生産手段ないし生活資料の供給によって充足されるしかないのであり、個々の産業資本の供給する生産手段ないし生活資料は、他の産業資本がその運動の過程で創り出す需要によって購入されてはじめてその価値を実現するのであって、社会的生産を構成する個々の産業資本相互の間で、需要は供給であり、供給は需要であるという、需要と供給の対応関係が存在しているのである。

したがって、それ自体が需要と供給の両契機を内包している個々の産業資本をいわば横に並べて、それぞれが創り出す供給と需要（労働者の個人生活はもちろん資本家の個人生活のための需要も含めて）が相互に過不足なく対応するように社会的生産を編成することができれば、諸資本の生産する諸商品の価値の実現と生産諸要素の補塡は円滑に進行し、社会的生産を構成するすべての個別資本の再生産が円滑に進行するはずである。そして、このように諸資本の需要・供給が相互に過不足なく対応するように資本による社会的生産を編成することは可能なはずである。このいわゆる社会的生産の均衡編成は、純粋資本主義においては諸商品の価格変動とそれにもとづく資本と労働の移動によって実現されるのであるが、この具体的過程の考察は第三篇で行なうとして、ともかく資本が全面的に社会的生産を担当している以上、不断の不均衡化の重心としてにせよ、均衡編成を実現することは可能なはずなのである。ここでは、結果として実現される諸産業資本の需要と供給の社会的な絡み合いの基本的な構成を簡単な表式によって考察し、需要と供給が過不足なく対応するような社会的生産編成が可能であることを示すことにしよう。

表式の構造　まず表式の表示方式を一般的に説明しておこう。表式はある一定の期間（たとえば一年）に社会的生産を編成する全産業資本の運動が創り出す供給と需要の絡み合いを、全産業資本の一定期間（以下年間とする）の総生産物の供給と、それにたいする需要の対応の問題として考察する。そのさい、需要は生産要素の補塡と人間の個人的生活の必要から生じ、供給は商品生産物の価値の実現のために行なわれるのであるから、社会的総商品生産物を使用価値の観点と価値の観点とから最小限必要ないくつかの部分に分割し、需要と供給の対応を、使用価値の生産的ないし個人的消費と価値の実現との対応の問題として、その最も簡単な構造によって考察するという方法をとるのである。

そこでまず使用価値的観点からの分割であるが、全産業資本の円滑な再生産が確保されるためには、使用価値的には生産要素（生産手段と労働力）が補塡されなければならず、そのうちの労働力の補塡は生活資料の補塡によって可能となる。また資本家の個人生活にも生活資料が必要とされる。こうして、使用価値の最低限必要な分割は生産手段と生活資料の二分割であるということになる。それぞれの生産物を生産する生産手段生産部門と生活資料生産部門のことを、一般に簡略化して第Ⅰ部門、第Ⅱ部門と呼び、総生産手段をW_1'、総生活資料をW_2'と略記する。

この社会的総生産物のうち生産手段を補塡する部分は、価値としては総資本の不変資本価値の生産物への移転部分に相当し、個人生活にあてられる生活資料の部分は、価値としては価値生産物部分であり、これは可変資本価値と剰余価値の合計に相当する。いいかえると、生産物が販売されてその価値が実現すると、その内の不変資本価値の回収分で生産手段が補塡され、可変資本価値の回収分で賃銀が支払われて労働者の生活が維持され、剰余価値部分で資本家の生活が維持され、こうして資本・賃労働関係が再生産され、資本の価値増殖が繰り返されるのである。したがって、使用価値の補塡（いわゆる素材補塡）との対応関係を考察するさいの生産物の価値の最低限必要な分割は、不変資本価値部分と可変資本価値部分と剰余価値部分の三分割であるということになる。それぞれをc、v、mと略記し、第一部門の総生産物の構成部分についてはそれぞれc_1, v_1, m_1、第Ⅱ部門の総生産物の構成部分についてはそれぞれc_2, v_2, m_2と略記することにする。

こうして社会的総生産物の最も単純化した使用価値構成と価値構成は次のように表式化することができることになる（Ⅰは第Ⅰ部門、Ⅱは第Ⅱ部門。それぞれのW'は年間総生産物である）。

$$\text{Ⅰ}\quad W_1'\,(\mathrm{Pm}) = c_1 + v_1 + m_1$$

$$\text{Ⅱ}\quad W_2'\,(\mathrm{Km}) = c_2 + v_2 + m_2$$

社会的生産におけるこの二つの生産部門の生産物の関係を、使用価値補塡と価値実現とが相互に条件となり合うように編成することができれば、社会的生産を担当する両部門の資本の再生産はともに円滑に進行し、それらの価値増殖もともに円滑に進行する。この表式を使ってそのための基本的な条件を明らかにするのが再生産表式論である。

単純再生産表式　まず、年々の剰余生産物ないし剰余価値がすべて資本家によって個人的に消費され、社会的生産が同じ規模で繰り返される単純再生産について考察しよう。このような単純再生産が進行するためには、年間総生産物は毎年同じ使用価値構成と価値構成でもって再生産されなければならない。すなわち、次の表式が毎年同じ規模と構成で繰り返し成立するというのが単純再生産である。

Ⅰ　$W_1' = c_1 + v_1 + m_1$

Ⅱ　$W_2' = c_2 + v_2 + m_2$

この表式で示されているような社会的生産が同じ規模と構成で繰り返し再現するということは、次のようなことを意味する。まず第Ⅰ部門の W_1' は、前年度に生産された生産手段を c_1 と労働力（したがって生活資料）を v_1 だけ消費して生産された今年度の生産物で、生産手段という現物形態で存在しているが、これが今年度中に販売されて貨幣となり、それによって来年度再び生産手段を c_1 と労働力を v_1 だけ補塡し、この c_1+v_1 という生産要素によって来年度も同一規模の生産が繰り返されるということである。同様にして第Ⅱ部門の W_2' は、前年度に生産された生産手段を c_2 と労働力（生活資料）を v_2 だけ消費して生産された今年度の生産物で、生活資料という現物形態で存在しており、これが今年度中に販売されて貨幣となって、それによって再び生産手段を c_2 と労働力を v_2 だけ補塡し、この c_2+v_2 という生産要素によって来年度も同一規模の生産が繰り返されるということである。

したがって、ある年度に生産的に消費される生産手段が第Ⅰ部門で c_1、第Ⅱ部門で c_2 であるとすると、その合計が前年度の第Ⅰ部門の総生産物 W'_1 に等しいという関係がなければ単純再生産は進行しえない。すなわち、$W'_1 = c_1 + c_2$ が単純再生産の条件である。同様にして、ある年度に消費される生活資料のうち第Ⅰ部門関連のものが $v_1 + m_1$、第Ⅱ部門関連のものが $v_2 + m_2$ であるとすると、その合計が前年度の第Ⅱ部門の総生産物 W'_2 に等しいという関連がなければ単純再生産は進行しえない。したがって、$W'_2 = v_1 + v_2 + m_1 + m_2$ が単純再生産の条件であるといってもよい。

また、この単純再生産は次のようにも理解することができる。まず第Ⅰ部門からみると、この部門の資本はこの部門のある年度の総生産物 W'_1 を販売して得た貨幣で、第一に、次年度の生産のための生産手段を補塡するわけであるが、それは第Ⅰ部門内部の取引によって処理される。つまりこの c_1 部分は同一部門内で販売（価値実現）され、同一部門内から購入（使用価値補塡）される。さらに第二に、労働力を補塡するわけであるが、こうして第Ⅰ部門の労働者に支払われる賃銀による生活資料の購入と、第Ⅰ部門の資本家の個人的消費のための生活資料の購入は第Ⅱ部門との取引によらなければならない。つまり $v_1 + m_1$ 部分は他部門に販売され、他部門から購入する部分である。

第Ⅱ部門については、この部門の総生産物 W'_2 のうちの $v_2 + m_2$ 部分の販売と、この部門の資本の労働力の補塡によるこの部門の労働者の生活資料の購入、およびこの部門の資本家の生活資料の購入は、同一部門内の取引として処理される。生産手段の補塡は、この部門の生産物である生活資料のうちの c_2 部分を他部門に販売し、それによって得た貨幣で他部門より生産手段を購入することによって行なわれる。

したがって、単純再生産が円滑に進行するということは、この部門間取引が行なわれる二つの部分、すなわち第Ⅰ部門の $v_1 + m_1$ と第Ⅱ部門の c_2 とが過不足なく対応しているということであり、この $v_1 + m_1 = c_2$ を単純再生産の条件であるといってもよいわけである。一般には、次の拡張再生産の場合の条件を考察する場合に直接応用できるということもあってか、三つのうちのこの第三の式を単純再生産の基本条件の式としている。

資本主義的生産にあっては、このような基本的条件を充足するように社会的生産を編成することにはとくに問題はないといってよい。したがってまた、部門編成や価値構成をいかに複雑に分割してみても基本的な原理は同じであって、需要と供給を過不足なく対応させることは可能であり、単純再生産に関するかぎりでは、資本主義的生産にとって価値実現と使用価値補塡のための市場条件は確保されうるものであることが以上によって明らかにされたわけである。もちろん、このような均衡関係は、不断に変動する諸商品の価格を指標にしながら無政府的に利潤追求を行なう諸資本の行動によって、いわば瞬間的に達成されては不断に破られるものであるが、ただこのような均衡が不断の変動、不断の不均衡化のいわば重心として変動や不均衡を調整するように作動すると考えられるのであり、そのような意味で資本主義的生産は、均衡可能な社会的生産であるといっているのである。

なお、念のために具体的な数字を入れた単純再生産の表式例を次に掲げよう。

$$\text{I}\quad 6000\ W_1 = 4000\ c_1 + 1000\ v_1 + 1000\ m_1$$

$$\text{II}\quad 3000\ W_2 = 2000\ c_2 + \ 500\ v_2 + \ 500\ m_2$$

両部門の資本による価値実現と使用価値補塡のための取引の説明は省略する。

拡張再生産表式　剰余価値を全部個人的消費にあてることをしないで、その一部を再び資本として投下する、すなわちいわゆる蓄積（追加投資）にあてるということになると、社会的再生産の規模は拡張されることになる。資本は価値増殖を追求する運動体であるから、資本の無限の価値増殖欲は必然的に個人的消費を抑制し、増殖規模を拡大する行動として現われるのであって、資本の再生産過程は一般的には拡張再生産過程として進行するのである。先の単純再生産表式はこの拡張再生産の条件を解明するために、この拡張再生産の一面を抽象して考察したものであったといってよい。

さて、剰余価値の一部が蓄積され、社会的生産がその規模を拡張して再生産されるためには、年間生産物があらかじめそのことが可能であるような使用価値と価値の構成をもった年間生産物として生産されていることが必要である。それでは、年間生産物がどのような構成になっていれば蓄積は可能であるといえるのであろうか。蓄積が可能であるためには、年間生産物の構成はどのような条件を充足していなければならないのであろうか。これを考察するのが拡張再生産表式論である。

ある年度（第一年度と呼ぶことにする）の年間総生産物は先の表式のように表示することができるわけであるが、次年度（第二年度と呼ぶことにする）にそのうちの剰余価値部分の一部が両部門において蓄積されるということは、それらが追加投資のために必要な生産要素に転化するということである。すなわち、それらは生産手段およびそれと一定の比率で組合わされる労働力に転化しなければならず、労働力は一定量の生活資料に転化しなければならないのである。そこで、第二年度に第一年度の総生産物が販売されて貨幣化したあと、そのどの価値部分が何をどれだけ購入し、それを消費することによって蓄積が行なわれるのかという観点から、第一年度の総生産物の表式を書き直すと、次のように表示することができるであろう。

$$\text{I}\quad W'_1 = c_1 + v_1 + m_1(c_1) + m_1(v_1) + m_1(m_1)$$

$$\text{II}\quad W'_2 = c_2 + v_2 + m_2(c_2) + m_2(v_2) + m_2(m_2)$$

ここの、たとえば $m_1(c_1)$ というのは第一年度の生産物の剰余価値部分のうち、第二年度には資本家が個人的な消費にあてないで生産手段に追加投資する部分という意味である。

これはさらに次のように書き直すことができる。

$$\text{I}\quad W_1' = c_1 + m_1(c_1) + v_1 + m_1(v_1) + m_1(m_1)$$

$$\text{II}\quad W_2' = c_2 + m_2(c_2) + v_2 + m_2(v_2) + m_2(m_2)$$

第二年度にこの両部門の拡張再生産が円滑に進行するためには、単純再生産表式について明らかにした $v_1 + m_1 = c_2$ という条件と同じ内容の条件が、ここの第一年度の総生産物についても充足されていなければならない。すなわち、第I部門の $c_1 + m_1(c_1)$ 部分は部門内取引によって価値実現が行なわれ、使用価値補塡が行なわれる。第II部門の $v_2 + m_2(v_2) + m_2(m_2)$ 部分も、部門内の労働者と資本家への販売と部門内の労働者と資本家による購買によって完結する。したがって、W_1' のうちの他部門との間で取引が行なわれなければならない部分と W_2' のうちの他部門との間で取引が行なわれなければならない部分とが過不足なく対応していれば、両部門の拡張再生産は円滑に進行することができる。つまり、$v_1 + m_1(v_1) + m_1(m_1) = c_2 + m_2(c_2)$ が拡張再生産の条件であるということになるわけである。

この式を単純再生産の条件の式と対比しやすい式に変形すると、$v_1 + m_1 = c_2 + m_1(c_1) + m_2(c_2)$ となる。第二年度に拡張再生産が行なわれるためには、単純再生産の場合と比べて、第一年度に第I部門の生産物、つまり生産手段が両部門で追加投資される生産手段分だけ多く生産されていなければならないということが、この式によって示されているわけである。そして、資本主義的生産にあっては、次節で考察する労働力供給の制限の問題を別にすれば、すなわち労働力の供給が確保されていさえすれば、このような条件を充足するように社会的生産を編成することにはとくに問題はないと考えられるわけである。

拡張がどのように行なわれると考えるかによって数値例はいろいろになりうるが、ここでは最も単純な場合を想定して例解することにしよう。

第一年度の社会的総生産物の使用価値と価値の構成が次のようであるとする。

$$\left.\begin{array}{ll}\text{I} & 6600\,W'_1 = 4400\,c_1 + 1100\,v_1 + 1100\,m_1 \\ \text{II} & 2400\,W'_2 = 1600\,c_2 + \ \,400\,v_2 + \ \,400\,m_2\end{array}\right\} = 9000\,W'$$

この場合には第二年度に、両部門のそれぞれにおいて、たとえば次のように資本家が個人的消費を剰余価値の半分に抑制し、残りの半分をcとvの割合が第一年度の投資と同じ四対一という構成であるように蓄積するということが可能である。

$$\begin{array}{ll}\text{I} & 4400\,c_1 + 440\,m_1\,(c_1) + 1100\,v_1 + 110\,m_1\,(v_1) + 550\,m_1\,(m_1) \\ \text{II} & 1600\,c_2 + 160\,m_2\,(c_2) + \ \,400\,v_2 + \ \,40\,m_2\,(v_2) + 200\,m_2\,(m_2)\end{array}$$

剰余価値率を第一年度と同様一〇〇%であるとすれば、第二年度に第一年度の生産要素の一割を蓄積したことによって、第二年度の総生産物は次のように第一年度の一割だけ拡大することになる。

$$\left.\begin{array}{ll}\text{I} & 4840\,c_1 + 1210\,v_1 + 1210\,m_1 = 7260\,W'_1 \\ \text{II} & 1760\,c_2 + \ \,440\,v_2 + \ \,440\,m_2 = 2640\,W'_2\end{array}\right\} = 9900\,W'$$

同様にして再び剰余価値の半分が同じ資本構成で蓄積されると、第三年度の総生産物は次のように第二年度の一割だけ拡大しうることになろう。

$$\left.\begin{array}{ll}\text{I} & 5324\,c_1 + 1331\,v_1 + 1331\,m_1 = 7986\,W'_1 \\ \text{II} & 1936\,c_2 + \ \,484\,v_2 + \ \,484\,m_2 = 2904\,W'_2\end{array}\right\} = 10890\,W'$$

表式の前提についての注意　(1)　表式論での生産手段と生活資料の区別は使用価値そのものによる区別ではなく、人間にとってのその役割の相違による区別である。たとえば石油は産業用燃料として使用されれば生産手段であるが、家庭で暖房用燃料として使用されれば消費材である。小麦粉、米、糸、布、自動車などについても同様である。したがって第Ⅰ部門（生産手段生産部門）、第Ⅱ部門（生活資料生産部門）というのも産業部門としての区別ではない。同じ産業部門でも生産される生産物の用途によって第Ⅰ部門と第Ⅱ部門に分かれる。

(2) これらの部門の内部および部門相互の間の取引は、もちろん貨幣によって媒介される。この貨幣は、ある年度のはじめに一部の資本家群が前年度の彼らの生産物と一緒に保有していると想定しておけばよい。部門内取引の場合は簡単で、生産手段の場合は、第Ⅰ部門を構成する諸資本の間だけで貨幣が授受されることによって種々の生産手段の持手変換が行なわれる。生活資料の場合は、第Ⅱ部門の資本家相互間および第Ⅱ部門の資本家と労働者の間で貨幣が授受されることによって、種々の生活資料の持手変換および生活資料と労働力の変換が行なわれる。いずれの場合も、貨幣は部門内交換を媒介して最初の持手に戻ると考えることができる。部門間取引の場合は、最初の貨幣保有者がたとえば第Ⅰ部門のある一部の資本家群であるとすると、彼らが労働者に賃銀を支払い、労働者が第Ⅱ部門から生活資料を購入し、第Ⅱ部門の資本家はその貨幣で第Ⅰ部門から生産手段を購入し、第Ⅰ部門の資本家がその貨幣で自らの生活資料を購入するという諸取引を媒介して、最初の資本家の手に復帰する。もちろん最初の貨幣保有者の数、所属する部門、保有貨幣額、貨幣の流通速度（交換媒介回数）、流通経路などは様々に想定できようが、ここで立ち入る必要はなかろう。

(3) 表式において W′＝c＋v＋m という形で示されているものは社会的生産を構成する諸産業資本の年間総生産物の価値構成であって、したがって、このうちの c＋v はこれらの産業資本の投下資本価値の総計を示しているというようなものではない。これは当該年度に生産要素として消費された生産手段の価値と、生産要素としての労働力の形成に要する生活資料の価値の合計を示しているにすぎない。仮に資本の回転期間を一年と想定した場合でも、産業資本はこの一年間に消費する生産要素にたいする資本投下の他にもいろいろな資本投下をするのであるが、それらは表式には出てこない。(i)たとえば(2)で述べた貨幣も、それを保有する資本のもとでは商品資本と並存する追加的な貨幣資本の形態をとっているのであるが、年間生産物とは別の範疇のものなので表式には出てこないわけである。(ii)固定資本にも類似の問題がある。表式のc部分には固定資本の価値移転部分は含まれていると考えるとし、したがってW_1'には固定資本の更新部分は含まれていると考えるとしても、残存価値部分は表には出てこない。減価償却で積み立てられた貨幣資本も出てこない。(iii)いわゆる純粋な流通費用も資本として投下される。もっともこれは前二者と異なって、年間生産物にとって必ずしも外的なものではない。すなわち、この費用部分のうちの少なくとも流動資本部分は、ある年度の年間生産物の一部がその次の年度に売買されて流通費用として消費されると考えられる部分である。それが生産費用として消費される生産物部分と違って表式に出てこないのは、その消費が年間生産物ないしその価値（重心としての）を新たに生産ないし追加することをしないと考えられているからで、したがって、この純粋な流通費用部分は、価値の問題としては年間生産物の剰余価値部分からの控除として、また使用価値の問題としては資本家の個人的消費用の生活資料の一種として消費されると処理されるのである。純粋な流通費用部分が価値（の重心）を移転もせず形成もしないと考えるのは、その費用支出とそれが作り出す有用効果との間に技術的な確定的関連がなく、資本によって一様でないからである。そのような有用効果の価格には変動の重心があると考えるわけにはいかない。いいかえれば、その支出は個別資本家の責任において、個別資本家の判断によって行なわれるしかなく、したがってその結果も、利益にせよ損失にせよ、個人的なものとして処理されざるをえないのである。なお、(2)で述べた貨幣は、それ自体としては個別資本の費用をなすものではなく、純粋な流通費用とは区別されなければならないが、表式論においては類似の問題をもっている。すなわち、貨幣は流通するうちに摩滅するので、その摩滅部分については年間生産物から補塡しなければならないし、また拡張再生産にともなって貨幣必要量が増大することになれば、それも年間生産物から補給しなければならないわけであるが、表式的にはそれは剰余価値ないし資本家の個人的生活資料からの控除として処理されるのである。

第三節　資本の蓄積過程——労働人口制限の相対化

資本の蓄積が進み、社会的再生産の拡張が行なわれると、一般的には多かれ少なかれ労働力にたいする追加需要が生じる。前節では、労働力の追加供給は生活資料の追加供給が行なわれれば自動的に確保できるものとし、労働力が確保できれば、拡張再生産が行なわれるように社会的生産を編成することにはとくに問題がないことを示したのであった。しかし、労働力はいうまでもなく、労働の生産物のように生活資料を生産要素にして自由に生産できるものではない。その絶対的な追加供給は人口の自然的増加にまつしかないわけであるが、需要の増加にたいして供給を増加しようとしても、子供が生まれてから労働力になるまでには十数年はかかるのであるから、これは問題にならない。こうして資本の蓄積は、このような人口の自然的制限をどのような方法で解除ないし緩和し、どのようにして労働力の追加を調達するかにかかることになる。もしこれが調達できなければ、資本蓄積は、個別的にはともかく、社会的総体としては、労働者の完全雇用が実現したところで絶対的限界に逢着せざるをえないであろう。本節では資本の蓄積の方法自体の中にこの労働人口の自然的制限を緩和し、労働人口をいわば相対的に創出するような側面のあることを明らかにし、こうして資本主義的生産は資本の価値増殖の拡大再生産の根本条件を内的に確保しえているものであることが示されるのである。

資本の有機的構成　剰余価値の一部を原資本に追加して生産規模を拡大するいわゆる資本の蓄積には、二つの異なった型を区別することができる。その一つは一般に資本の有機的構成不変の蓄積と呼ばれているものであり、他の一つは資本の有機的構成の高度化をともなう蓄積と呼ばれているものである。ここでまず資本の有機的構成という概念を説明しておこう。

産業資本の生産過程における生産諸要素は、一定の技術的に規定された比率によって組合わされて生産的に消費されるわけであるが、その機能の相違によってそれらは労働力と生産手段に大別することができた。この労働力を労働者数で表わし、それとそれに組合わされる生産手段の技術的に必要な量との比率を資本の技術的構成と呼ぶ。しかし、生産諸要素は様々な使用価値から成っているのであるから、この資本構成は数量的には比較しようがない。数量的に比較しようとするとそれらの価値ないし価格によるしかないわけで、この資本の生産過程における諸生産手段の価値と労働力の価値との比率をその資本の価値構成と呼ぶ。しかし、この価値構成は、生産手段なり労働力なりに価値変動があれば、技術的構成とは無関係に変動するものであり、したがってまた、技術的構成が変化していても価値構成が不変であることもある。そこで、技術的構成に規定され、それを反映するかぎりでの価値構成という概念を設けて、それを単なる資本の価値構成と区別して資本の有機的構成と呼び、不変資本価値cと可変資本価値vの比率(c/vまたはc/(c＋v)で表わす。単に資本構成と省略形でいう場合もある。

有機的構成不変の蓄積　蓄積の二つの類型のうちの一つは、旧来の物的設備の基本構造を前提にし、それにいわばつぎ足し的に固定資本を増設することを基本とするものであり、しかもその増設分には従来の技術に比べてとくに改良がみられないような蓄積である。一般にこのような蓄積を有機的構成不変の蓄積と呼ぶが、これはいわば象徴的な呼び方であり、厳密には必ずしも構成不変でない場合もこれに含めてよい。構成不変の蓄積ということを厳密に考えると、それは、仮に原資本の構成が、たとえば工場と動力機・配力機・作業機といった物的設備と原料と労働者との技術的に最も効率的な最適組合わせによって規定されているとして、これと同じ組合わせの生産諸要素がセット単位で追加されていくということでなければならない。しかし、具体的な実際の過程においては、そのようなセットの追加が可能になるまで現実資本の蓄積を行なわないで、剰余価値を貨幣資本のままで蓄積資金として積立てておくというような行動は考えられない。原料と労働者だけを追加するとか、配力機と作業機と原料と労働者を追加するということもあるであろう。その場合に、機械や労働の組織に若干の改良がほどこされるということもありえよう。あるいは追加される生産諸要素の組合わせは、技術的に最適なものではないこともありえよう。またこれらは技術的に最適な構成に到達するまでの経過的な蓄積であるとして、これらの過程を無視して結果だけを考察することにしたとしても、生産規模が拡大したことによって最適な技術構成そのものが変化するということもありうるわけであり、いずれの場合も厳密な意味での資本構成は不変とはいえないのである。したがって、本書では有機的構成不変の蓄積というのは、顕著な技術的な革新をともなわない蓄積、その前後で生産力水準に顕著な変化がないような蓄積という意味に理解しておくことにする。

さて、このような蓄積が進行すると、それとともに当然可変資本部分も増加する。厳密な意味で構成不変の蓄積であれば、原資本にたいする追加資本の増加率と同じ比率で可変資本も増加する。前節の拡張再生産表式の例解（一五五頁）の場合がそのような蓄積であるが、この場合には総資本量の拡大と比例して雇用労働者数が増大することになる。厳密な意味での不変ではないとすれば、可変資本は、したがってまた雇用労働者数も、総資本の増加と厳密に同じではないが、ほぼ同じ比率で増加することになる。雇用の機会を待っている非自発的な失業者のプールのことを産業予備軍と呼ぶとすれば、資本の蓄積とともに、それとほぼ同じ比率で産業予備軍から労働者が吸収されてゆき、やがて労働力の追加需要にたいする追加供給が不可能な限界にぶつかることになる。産業予備軍が涸渇しても、労働者の引き抜き競争を行なうことができる限りで、個別資本的には必ずしも蓄積は停止されないが、社会的生産全体としては円滑な拡張はここで不可能になる。資本蓄積が有機構成不変の蓄積としてだけ行なわれるとしたら、社会的生産の拡張は短期間のうちに人口の自然的制限にぶつかってしまい、全体としてはあとは単純再生産が進行するだけということになるであろう。

有機的構成の高度化をともなう蓄積　蓄積の第二の類型は、蓄積とともに生産過程のとくに固定資本部分に新技術が導入され、生産力水準がかなり顕著に上昇するような蓄積である。これには大別して二つの場合がある。一つは、従来の物的設備の基本構造はそのままであるが、蓄積によってそれに追加的に増設される固定資本が新技術によるもので、その増設分についてだけ資本の有機的構成が高度化し、その結果、その資本全体としても有機的構成が高度化している場合である。他の一つは、蓄積が既設の固定資本の一部ないし全部の更新と並行して行なわれ、しかも更新が新技術による固定資本によって行なわれる場合である。これを改善更新の場合と呼ぶことにしよう。新固定資本が旧固定資本よりも高価であれば、単なる改善更新だけで追加投資になる。また必ずしも高価ではなくても、生産力の増進度が大きくて一定の労働者による原料消費量が増加する場合には構成は高度化する。

資本構成が高度化するということは、いいかえれば生産過程に投下される資本の中に占める可変資本の比率が減少するということである。しかし、比率が減少しても可変資本の絶対額が減少するとは限らない。とくに第一の場合には、既投下資本は同じ構成のままで稼働していて、それに構成の高度化した蓄積資本部分が追加されるのであるから、全体として構成が高度化すると同時に、可変資本の絶対額は追加分だけ必ず増加するのであり、したがって雇用労働者数は増大する。第二の場合については、可変資本の絶対額が増加するか減少するかは不確定である。すなわち、それは構成の高度化の程度と蓄積の程度にかかっているわけで、可変資本の相対的減少を相殺して余りがある程度に追加資本量が増加すれば、可変資本は絶対的に増加するし、そうでなければ減少する。可変資本が絶対的に増加すれば雇用労働者数は増加し、産業予備軍にたいして吸収的に作用する。絶対的に減少する場合には一部の労働者は失業することになり、産業予備軍にたいして排出されるわけである。ただ、このような蓄積が一部の資本について行なわれていても、社会全体の資本について一斉に起きていることでなければ、他の資本における雇用労働数を増大させるような蓄積によって相殺されて、産業予備軍の増大にはならないこともありうる。

しかしいずれにせよ、有機的構成の高度化によって可変資本が相対的に減少するということは、それだけ資本蓄積にとっての労働人口の自然的制限が緩和されているということである。第一の類型の蓄積の場合には、社会的総生産(物)の拡大にはきわめて狭い自然的限界があり、したがってまた資本蓄積ないし資本の価値増殖にも狭い限界があるわけである。これにたいして、第二の類型の蓄積が行なわれることになると、資本蓄積ないし資本の価値増殖は、短期的にはともかく、長期的には労働人口の制限を解除ないし緩和され、社会的生産(物)の拡大も労働人口の制限から多少とも自由に進行しうることになるのである。

相対的過剰人口と産業予備軍　相対的過剰人口という概念は一般には産業予備軍と必ずしも明確に区別されないで、同じ現実の失業者群にたいする意味づけが相違するだけのものとして区別して使用されているように思われるが、本書では、資本の有機的構成の高度化によって可変資本の比率が相対的に減少し、そのことによって相対的に形成される過剰人口という意味にこの概念を理解することにする。いいかえれば、技術的改善によって生産力が上昇すれば単位資本量当たりの雇用労働者数の減少がみられるわけであるが、この減少分を単位資本量について創出された相対的過剰人口と呼ぶわけである。したがって、この相対的過剰人口が現実に失業者として現われるかどうかは別のことであり、またここの労働人口制限の解除機構の解明という主題にとってはどうでもよいことであるといってもよい。

現実に失業者はどのようにして形成されるのかというと、資本蓄積の現実的過程においては、第三篇第三章で考察するように、恐慌によって周期的に失業者が排出されて産業予備軍が膨脹し、それが不況から好況への資本蓄積の進展とともに、部分的、一時的には排出をともないながら、次第に吸収されてゆき、やがて産業予備軍が涸渇するが、個別資本の蓄積は停止しないため、賃銀上昇、剰余価値の減少が生じて再び恐慌が発生し、再び失業者が排出されるという循環的な形成が行なわれるのである。しかし、この過程の理論的展開は諸資本の競争とその信用機構という契機を不可欠とするので、生産論の理論的与件だけではそれをここで想定するわけにはゆかないといわなければならない。

これまでの展開だけから現実の失業者の排出が説きうるのは、固定資本の改善更新の場合のうち資本量の増加が可変資本の相対的減少を相殺しない場合である。このような更新をともなう蓄積が大部分の産業資本に集中的に行なわれることが想定できれば、相対的過剰人口の形成と産業予備軍の膨脹は一致する。しかし、ここで全面的な恐慌を想定するわけにいかないとすると、集中的な改善更新を想定するわけにもいかないのであり、改善更新は個々の資本によってバラバラに行なわれるものと想定されるほかない。そうすると個別資本的には失業者を排出するような蓄積が行なわれるとしても、先にも述べたように、他所でそれを相殺するような蓄積が行なわれていることを排除できなければ、失業者の社会的な増大を説明することはできないことにもなる。しかもこのような改善更新それ自体がそんなに容易にしばしば行なえるものではないのである。

固定資本は比較的長いその回転期間の間にその価値を部分的に生産物に移転し、部分的に回収されるものであるから、減価償却の完了以前に廃棄して新技術の固定資本を導入するということは、残存価値を捨て去ることを意味することになって、そんなに簡単にはできない。つまり、固定資本は一度投下されるとそのあとかなりの期間は廃棄・更新されないのであり、したがってその間の蓄積は、既設固定資本を前提にしてそれに追加投資をするものとして多かれ少なかれ労働者を吸収する蓄積にならざるをえない。もちろん個別資本にとっては、固定資本の制約があって不断に改善更新を行なうわけにはいかないとしても、社会的生産を構成する全資本が互い違いに行なえば全体としては不断に行なっているといえなくもないが、それにしても制約があって、その失業者の創出効果は微小なものであるし、実際に創出するかどうかも不確定なのである。

こうして、生産論では、二つの類型の資本蓄積は、その比率は様々でありうるとしても、並存して進行すると想定されるのであって、個別的にはともかく、社会的には資本蓄積とともに雇用労働者数は増大し、失業者は吸収されて減少する傾向を示すといってよい。しかしこのことは、資本蓄積は労働人口の自然的な絶対的制限を解除できないということを意味するものではない。資本蓄積はその過程で必ず労働者を排出するわけではないし、むしろ一般的傾向としては労働者を吸収するのであり、したがって、産業予備軍のプールを涸渇させることも大いにありうるのであるが、しかしだからといってそれ以上の蓄積が不可能となるわけではない。その過程は具体的には様々の形態、経路をとるのであるが、それは第三篇の問題である。ともかく結果として資本蓄積は労働人口の制限からある程度自由に進行して、社会的生産の拡大を継続しえているのであり、その根拠は有機的構成を高度化し、可変資本量を相対的に減少させるような資本の蓄積の仕方が可能である点にある。この点で資本主義的生産は、労働人口の制限の解除機能を内的に保有しているといってよいのである。本書では、相対的過剰人口という概念は、周期的に、あるいは経過的に形成されては消滅する失業者を概念化したものではなくて、このような資本主義的生産に一般的な内的な機構の意味を明らかにするための概念装置であると捉えておくことにする。

純粋資本主義と失業者　資本蓄積がその過程で現実に失業者を排出するかどうかは不確定的であり、むしろ全体としては資本蓄積が進行すると、多かれ少なかれ労働者の雇用が増大するのが一般的傾向であるということであると、資本蓄積が多少とも持続的に進行するためには、多かれ少なかれそれと並行して失業者が存在していなければならないということになる。資本蓄積の原理的な展開には、純粋資本主義社会の内部に失業者が存在していることが想定されなければならないわけである。その場合、これらの失業者はこの社会でどのようにして生活の糧を得ているのかという問題があるが、これは家族によって扶養されると考えておいてよいであろう。現実の資本主義社会には資本主義的生産の外囲として非資本主義的小生産が存在しているので、労働者は資本から排出されてもその外囲で労働したり、そこに寄食したりすることができる。これにたいして純粋資本主義というのは、資本が生産を全面的に担当していると想定している社会であるから、そのような小生産は存在しない。しかし、純粋資本主義というのは生産の態様についての規定であって、人間生活全般についての規定ではないのであるから、純粋資本主義社会にも家族は存在する。しかもそれは生産から分離された、あるいは資本の生産過程化しうるものはすべてそこから離脱してしまった純粋な消費生活共同体としての家族であるから、資本といえどもそれを解体しても余り意味はない。資本の侵入がないとすれば、効率性原則が支配する純粋資本主義的家族などというものは理論的に想定しえないのであるから、失業者がその家族の労働者に扶養して貰うと考えても純粋資本主義の想定には反しないのである。

さて、それでは家族に失業者がいる場合の労働者の賃銀ないし生活水準はどのように考えられるであろうか。扶養行動の動機としてはいろいろなことが考えられるが、経済人的行動ではない以上、それを原理的に考えるわけにはいかないので、ここではとりあえず、人間にとって家族の生活が安定しているということは自分の衣食住が安定しているということと同じくらい重要な消費生活の内容をなすという仮定をおくことにする。この場合には、家族の一員が失業して路頭に迷うことになると、その失業者にたいする扶養欲求が生じ、扶養によって家族の生活水準が低下することになると、就業している方の労働者の良質な労働力(労働意欲も含む)の再形成に支障が生じることになるので、一人当たりの賃銀(実質)は一般的な家族内の失業者数の変動に応じて変動せざるをえないことになる。もちろん家族全体の生活水準が常に一定になるように変動すると考える必要はない。前にも述べたように、一般的な景気の状況によって、良質な労働力を再形成するのに必要な生活水準は変動しうると考えてよいのである。しかし、失業者が増大している場合には、就業労働者一人当たりの賃銀はその圧力で低下する傾向が生じる半面、むしろかえって上昇せざるをえない要因も存在するということには留意しておく必要があろう。

方法上の注意　本節は、有機的構成の高度化による生産力の増進の問題を扱っている点で、前章の相対的剰余価値の生産のところで述べたのと同じ性質の方法上の問題をもっている。すなわち、生産論は、ごく概括的ないい方をすれば、結果としての社会的生産の均衡編成の構造、本質、条件などを考察する場であり、そこで個別資本を問題にする場合にも、一般的には相互に均質な、いわば代表単数としての個別資本をとりあげるという方法によるべきであると考えられる。しかし、有機的構成の高度化ないし生産力の増進は、個別資本が個別的な様々な動機によっていわば抜け駆け的にやることから出発し、様々な経路を辿って進行するものであって、決して一社会全体で一斉に行なうことではない。したがって、この過程をとりあげると、どうしても生産論の一般的な性格ないし方法と齟齬するような面がでてこざるをえない。仮に、代表単数的方法に徹するということであれば、部分的にはさまざまな異質な関係を含みながら、結果として総資本について達成された有機的構成の高度化を、いわゆる平均構成ないし中位的構成の高度化の問題として代表単数について論じるということになるのであろう。そして、蓄積過程の様々な態様、様々な類型の混在といった問題はすべて第三篇にゆだねられることになるのであろう。しかし、過程とそこにおける個別の役割をまったく抜きにして全体としての結果を考察することは、結果と過程を同一視したり、社会的結果によって個別的動機を推論したりする誤謬に陥ることにもなりかねない。そこで、個別的不均質性の存在に部分的に言及しながら、しかし過程そのものはここではなお不確定なものとして、その社会的結果の意味についてだけ考察するという方法をとったわけである。このような中途半端な展開にならざるをえないのは、生産論という場の制約によるものであって、原理論の展開がこのような生産論にとどまりえない理由もそこにある。

第三篇　競争論

第一篇「流通論」では、社会的生産に無関心な個別的な流通主体の行動様式と彼らの行動が形成する流通諸関係の形態を考察した。第二篇「生産論」では、諸個別産業資本の利潤率増進行動とそれを補足する諸市場機構がそれらの意図せざる結果として編成する社会的生産の均衡編成をいわば先取り的に考察した。現実的な編成過程をとりあえず考察対象から除外したわけであり、そのために流通論で明らかにされたような個別流通諸主体の社会的生産にたいする無関心や外面性やその行動の無政府性は消極化され、社会的生産と接合しそれに規制されている側面が積極的に取り出された。しかし、結果としての均衡編成といっても、それは決してそこに収束する到達点という意味ではない。そこでの均衡編成とは、不断に変動する資本主義的な社会的生産の重心を抽出して措定したものでしかないのであって、したがって、個別流通諸主体の行動の無政府性が現実に消極化する局面があるというようなことではないのである。

そこで第三篇では、改めて第一篇で明らかにした個別流通諸主体の行動様式論に依拠しながら、資本主義的な社会的生産の現実的な編成過程を考察するわけであるが、この過程は産業資本がその利潤率増進活動を効率化するために利用する種々の市場機構に補足されて展開されるものであり、しかもそれは一様な過程としてではなく、いわゆる景気が変動し、循環する過程として展開されるのである。本篇はこの過程をまず第一章では個別産業諸資本だけで、つまり他の諸資本が組織する補足的市場機構を利用することなしに編成しているものとして考察し、第二章で補足的市場機構としての商業機構と金融機構を展開する。この第一、二章は、諸産業資本の競争的利潤率増進活動一般とそれを補足する市場機構の一般的役割の考察であって、景気循環の諸局面におけるこれらの特殊な様相と特殊な役割の問題は度外視されているのであるが、第三章ではこの景気循環の諸局面を考察する。すなわち、産業資本が商業機構と金融機構に補足されてその蓄積を極限まで強行することになると、それは遂に恐慌の激発によって急停止させられることになり、不況期の整理過程を経て、好況期の新たな蓄積過程が進行するうちにやがてまた過剰蓄積が再現するという、いわゆる景気の循環を展開するわけである。

本篇ではこのように資本主義的な社会的生産を個別資本の動機と行動にそくしながら理論的に再構成していくのであるが、その際に、第二篇で明らかにした社会的生産の均衡編成が理論的展開のいわば基準の役割を与えられる。編成の非意図的な個別諸主体は社会的生産に無関心で、その行動は無政府的なのであるから、その結果としての社会的生産は現実には不断に不均衡化せざるをえない。したがって、分析者の関心如何によっては、均衡編成の失敗に焦点を合わせて、種々の不均衡にとっての個別諸主体の行動と諸市場機構の役割の方を中心に叙述するという展開の仕方もありうるかもしれない。しかし本書では、第二篇で考察したような変動の重心としての基準編成を措定するものとして、また同時にその基準編成から規制されるものとして、社会的生産の現実的過程を展開するのである。これは効率性原則の貫徹としての均衡編成の措定がどのような現実的過程を通して行なわれるかという点に分析者の関心があることによるものである。商品経済的な効率性原則の徹底化は同時に剰余労働を実現させ、資本は価値増殖の実体的根拠を獲得するのであるから、社会的生産の均衡編成の措定は同時に、社会的生産の階級的編成の措定である。この点に分析者の視座が定められ、現実的過程のこのような意味づけが明らかになるように理論的展開がいわば誘導されるのである。具体的には、第三篇では、均衡編成の過程は一般的利潤率という個々の資本の利潤率の変動の重心の形成とそれによる個別資本の行動の規制の過程として現われることになるのであり、この問題を基準の一つとして第三篇の展開が進められていくわけである。

したがって、第三篇には大別して二つの内容があるといってよいであろう。一つは個別的諸主体の利潤率増進動機と個別的な諸行動様式を基軸にした内容であり、他の一つは社会的生産の変動の重心としての均衡編成の形成とそれによる個別的諸主体の行動の規制の側面を基軸にした内容である。第一、二章では、この二つを分離して考察するが、量的には個別の具体的行動様式の考察が大半を占め、社会の部分では主として個別の意図せざる結果の意味が考察される。第三章では、この二分法的アプローチが統合されることによって景気循環の具体的な諸局面の考察が行なわれる。第一、二章は諸資本の行動と市場機構による補足、およびそれらの社会的意味を景気循環の諸局面にかかわりなく一般的に考察するのにたいして、第三章では、社会的生産の編成過程が特殊的な諸要因によって特殊的な様相を呈し、諸個別資本はそれに応じて特殊な行動を行ない、諸市場機構もそれに応じた特殊な役割を果たし、その過程で特殊的な諸要因が変化して局面が転換するという諸問題を考察するわけである。ここでは、個別と社会がいわば相互反応し、それによってそれぞれが変化していく総過程が考察されるのである。

第一章　諸資本の競争

産業資本の利潤率増進活動は、現実には産業資本の外部で産業資本と競争しながら産業資本の活動をより効率化する商業機構や金融機構を利用して行なわれるのであるが、本章では、まずこれらの補足的諸市場機構は存在しないものとし、産業資本だけで行なう利潤率増進行動とその社会的諸結果を考察する。こうして、産業資本はこれらの補足的諸機構がなくても社会的生産を編成することができる関係体であることを示すと同時に、そのことによって諸市場機構の産業資本にとっての位置づけを立体的に示すことが可能になる。

すなわち、このように補足的諸機構が存在しない場合の個別産業資本の一般的な行動様式をあらかじめ確定しておくことによって、それはどのような点で補足なり効率化なりの要請をもつものであるかが明らかになり、諸機構は個別産業資本の動機と行動のどの点をどのように補足し、どの点は補足しえていないかが明らかになるであろう。また、本章はその後半部分で、個別産業資本の利潤率増進行動の意図せざる結果として実現される社会的な資本配分の過不足の調整の一般的な機構を考察するのであるが、この点を確定しておくことは第二章で考察する諸市場機構が産業資本による社会的生産編成にとって果たす社会的な役割をいわば立体的に位置づけることを可能にするであろう。

こうして本章は、第二章の展開にたいしていわば基準理論を提供するという意味をもつものであるといってよいが、それだけではない。本章の考察は景気循環の特殊な諸局面の特殊な諸要因を度外視しているのであり、その点でも個別産業資本の行動様式一般、資本配分の社会的な調整機構一般の考察である。景気循環の特殊な諸局面とは、産業資本の個別的行動様式なり資本配分の社会的調整機構なりが特殊的要因の作用によって特殊的に変容し、社会的生産の諸関係が特殊な様相をおびることになったものであるということができるとすれば、景気循環の諸局面のそれぞれはどの点が特殊で、それはどのような要因によるものかを明らかにする際に、本章は第三章の展開にたいしてもいわば基準理論を提供するものとなるのである。

なお、本章は最後のところで超過利潤の地代への転化の問題を扱う。土地に代表される制限された自然力は、資本主義的生産にとって重要な生産手段をなし、しかもそれにたいする私的所有の確立は資本のもとで労働する労働者の存在、つまり労働力の商品化の歴史的前提条件をなす。いわゆる地代論は、この前提条件が資本の原理と整合的なものであるかどうかを検証し、産業資本の競争そのものがこの前提条件を再生産していることを明らかにするものである。その意味でこれは補足的市場機構論とは異質のものであり、資本による社会的生産といわば表裏一体をなしているものとして、第一章に位置するのである。

第一節　産業資本の利潤率増進活動

競争論は個別産業資本の行動様式の一般的考察から出発する。すでに第一篇の第三章で、資本は流通形態でありながら生産をも価値増殖の手段とするものであることを明らかにし、この商品生産資本の行動様式を考察した。産業資本はこの商品生産資本の一種であり、その限りで第一篇の考察は本節の前提をなすが、両者はもちろん同じものではない。産業資本は特殊歴史的な範疇であり、資本主義的な社会的生産の一環を担うものとして、そこで形成されている社会的諸条件——たとえば、賃銀労働者が社会的大量的に存在しているとか、技術ないし生産力が社会的に機械制大工業の水準に達しているといった諸条件——を利用しうるものとしてあるのである。

ここではこのような産業資本の利潤率増進活動を考察するが、これは次の二つの活動に大別できる。一つは特定の産業部門を選択して、そこにすでに投下されている資本について行なわれる活動であり、他の一つは当該既投下部門の利潤率が他の部門に比べて相対的に低位になったため、他の有利な部門に投下資本を移動させることによって利潤率の増進を図る活動である。本節でまず前者をいくつかの内容に分けて考察し、後者については次節で考察する。

購買過程における活動　これは資本の価値増殖に必要な諸要素をできるだけ安く購入し、そのことによって資本と費用を節減して利潤率を増進しようとする活動である。この諸要素のうちの労働力と物的な諸資材とでは活動内容がやや異なる。

労働力の購入の場合は、買手は産業資本で売手は賃銀労働者であるから、この市場は比較的単純な構造のものであるといってよい。もちろん、この買手の間にも売手の間にも質的な様々な差異は存在するが、第二篇で考察したような機械制大工業という物的装置と労働市場の買手市場化によって、差異の意味は消極化している。それに、その実現には労働者の主体性の媒介が必要であり、かつ備蓄ができないという使用価値の特殊性からいって、この商品は安ければ安いほどよいというわけのものでもないので、一般的な商品市場に比べて、労働市場における資本家の購入活動が利潤率を増進する余地は余り大きくない。もっとも、この使用価値の特殊性から賃銀の支払いは後払いで行なわれ、しかも単位労働時間あたりの賃銀を定めて、実労働時間に応じて賃銀を支払ういわゆる時間賃銀方式とか、単位生産量あたりの賃銀を定めて、出来高に応じて賃銀を支払ういわゆる出来高賃銀方式などが工夫されている点では、市場での購入活動に利潤率を増進する側面があるといっていえなくはないかもしれない。しかし、これはむしろ次の生産過程での消費の効率化に関連する問題である。

物的要素の場合は、できるだけ安く購入するための資本家的活動の有効性は大きいといってよいが、しかしその活動の効果には必ずしも確定性があるわけではない点に問題が残る。できるだけ安く購入するということは、できるだけ安い時機を選択して購入するということを含む。したがって、購入する資本としては、空間的に分散し、かつそれぞれの事情が不均質であると考えられる様々の供給側の資本について必要な商品の品質と価格の情報を収集すると同時に、将来の価格の動向を予測するための情報を収集することも必要となり、そのためには費用の支出が必要である。また、必ずしも直ちに必要ではないものを、価格の安い時機を選んで購入した場合には、追加的な保管費用も必要となる。これらの費用は一方では利潤率増進要因であるが、他方で費用支出それ自体は利潤率低下要因をなすわけであるから、できるだけ節約されなければならない。しかし、この種の費用支出とその効果との間には必ずしも技術的な確定的な関係はないので、節約にも基準がなく、どの程度の費用を支出するかの判断は個別的に相違することになり、また支出しても予期した成果をあげえない場合も大いにありうることになるわけである。次章で考察する流通過程の委譲要請はこの点と関連する。

生産過程における活動　これは生産要素をできるだけ効率的に消費することによって利潤率を増進しようとする活動である。このうちの労働力の消費の効率化というのは、契約時間中の実際の労働時間をできるだけ長くすることと強度（密度・精度）をできるだけ大きくすることであり、そのことによって同じ生産物の生産に要する資本と費用を節約できる。あるいは同じ資本量によって生産される生産物量が増大することになる。労働力の消費は単なる物の消費と異なり、労働者の主体性を媒介にするものであるから、一面ではこういう弾力的消費も可能なのであるが、他面では資本家と労働者の間に様々なトラブルが発生し、生産過程が停滞ないし中断して効率性が著しく損われるという事態も生じうるわけである。そこで個別的には、それを予防するためのいわゆる労務管理上の費用が支出されることにもなる。前述の時間賃銀とか出来高賃銀といった賃銀支払方式は、労働時間の延長なり労働の強化なりを労働者の自発によって確保しようとするもので、労働力の消費の効率化と同時に、労務管理費を節減するものといってよい。また社会的には、第二篇で述べたように、資本主義的生産は機械体系という物的装置と買手市場化している労働市場という労働者の主体性のいわば処理機構をもっており、これが個別生産過程における労働者の行動をかなり強力に制約している。短期的にはさまざまな問題が発生することは避けられないが、期間をやや長くとってみるならば、産業資本は個別的にも労働力の安定的な効率的消費の体制を確保しえているといってよいであろう。

生産手段の効率的な消費も、同じ生産物量を生産する資本と費用を節減する、あるいは同じ資本量による生産物を増大させることによって利潤率を増進させる。このためには資本家が技術的に効率性の高い生産条件ないし生産方法を採用し、かつその改良につとめることが必要であるが、同時にこの過程も労働者の主体性を媒介することによってはじめて可能になるものである。一定の技術水準のもとでは、ある生産物を生産するのに必要な生産手段の最大限の節約（最大限の利用を含む）には技術的に確定的な基準があるといってよいが、しかし、この節約は自動的に行なわれるものではなく、労働者によって労働者一人当たり、あるいは単位労働時間当たりの生産手段の消費量の節減として行なわれるものだからである。したがって、労働力の消費に多少とも不確定な問題が残っている限りでは、生産手段の効率的消費にも問題が残っているわけであり、資本がその効率性原則を労働者に強制しえている限りで、生産手段の効率的消費も実現可能となる。産業資本による労働者の主体性の処理は短期的にはさまざまな困難を生ぜしめ、そのための費用支出も必要となるであろうが、すでに述べたように、産業資本は一応労働力の安定的な消費を確保する様々な仕組みを持っているといってよいから、そのことを前提できる限りでは、個々の産業資本はいずれも一様に、技術的に必要な最小限の生産手段の消費を実現しえていると想定できるのであり、生産過程における資本家的活動は個別資本によって差異をもたらすようなものとはならない。個々の産業資本の生産過程は、資本家の個別的な利潤率増進活動を通して効率性原則によって締めあげられることによって、一様に、客観的な均質の効率的生産体系を実現することになるわけである。

販売過程における活動　これには大別して二つの活動がある。一つは資本の生産物をできるだけ高く販売し、売上高を大きくすることによって利潤率を増進しようとする活動である。できるだけ高い地方を選んで販売するだけでなく、できるだけ高い時機を選んで販売する活動もこれに含めるとして、いずれもその選択、判断、予測のために市場についての情報を収集する必要があり、そのための費用支出が必要となる。また、高い時機を選んで売り控えるためには保管費用の追加も必要となるのであり、当然このような生産物を高く販売する活動が行なわれるためには、これらの費用を超える利点があるのでなければならない。他の一つは資本の生産物をできるだけ早く販売することによって、利潤率を増進しようとする活動である。このためには市場についての情報収集活動と同時に、宣伝・広告などの情報伝達活動が必要となり、そのために費用が支出される。

第二の活動によるいわゆる資本の回転の促進は次のような点で利潤率増進効果をもつものである。産業資本の生産物が販売過程にある間は、資本のその部分は商品資本の姿態で流通過程にいわば滞留している。それは販売されて貨幣資本姿態に転化してはじめて生産要素を補塡しうるものとなる。しかし、産業資本としては、商品資本が貨幣資本に転化するまで生産要素を補塡しないで生産過程を中断したままにしておくわけにはいかない。産業資本はその生産過程に多かれ少なかれ固定資本をもっているが、生産過程が中断するということはこの固定資本を遊休させることである。それは投下資本の一部として利潤率の分母の一構成要因をなしているにもかかわらず稼動しないということであり、投下資本は全体としてその間生産物を生産しないのであるから、この遊休は、その期間が長ければ長いほどそれだけ利潤率を低下させるわけであるが、それだけではない。その間の固定資本の使用価値の保全のために費用支出が必要となる点でも、それは利潤率の低下要因をなす。そこで産業資本としては一般的には生産過程を継続して固定資本の遊休を回避しようとするといってよいが、そのためには貨幣資本を追加して生産要素を補填し、その分だけ投下資本量を増大させるか、あるいは自由にしうる資本量に一定の限度がある場合には、生産規模を縮小するかしなければならない。そして、後者の場合には縮小した分だけはやはり固定資本の遊休が発生することにもなるわけである。このことはいいかえれば、販売期間を短縮し、回転を促進するならば、生産継続のための追加資本量が少なくてすむか、あるいは生産規模の縮小の程度が小さくてすむのであり、こうして一定の資本量にたいする期間販売高の比率が増大することになって、利潤率が増進するわけである。

なお、購買過程における活動の場合と同様、ここでも資本家的活動のための費用支出とその効果との間には必ずしも技術的に確定的な関係がないという問題がある。そのため、たとえば同一の商品種類を生産する同量の産業資本でも、売買過程での資本家的活動のための費用支出は個々の資本によって相違し、また仮に同量の費用支出を行なってもその結果は様々に相違することになるのであり、このような流通過程の不確定性が、次章で考察する流通過程の委譲要請の一因をなすことになるわけである。

変動にたいする準備活動　流通過程の不確定性というのは、商品の売買価格と流通期間の変動の不確定性、すなわち、購買価格ないし購買期間と販売価格ないし販売期間の変動の不確定性のことである。これらの変動は諸個別主体の無政府的な行動によって引き起こされるものである。彼らの行動はその情報を完全に収集し、正確に予想できる性質のものではないので、個々の当事者としては取引相手について不確実な予想のもとに行動を選択・決定することになり、それらの集合としての個々の産業資本の流通過程の変動は、結局それ自身として重心をもちえないのである。そのことを流通過程の不確定性ということにする。

不確定的な変動をする流通過程は流通形態としての資本にとっては本来的な価値増殖の場であるが、生産過程をその運動の内部に包摂している産業資本の場合には、この変動はその利潤率増進活動にとって特殊な制約要因となる一面を有している。先にも述べたように、固定資本の遊休は利潤率の低下要因なので、その生産過程に固定資本をかかえている産業資本としては、固定資本の遊休を回避するためにできるだけ生産規模を一定に維持しようとする。ところが、いま仮に自由に利用しうる貨幣資本の余裕がないとすると、たとえば原料価格が予想外に上昇した場合には、原料の購入量を減少させなければならないことになり、生産規模の縮小、固定資本の遊休が生じることになる。生産物の販売価格が予想外に低下した場合、あるいは販売に予想外に時間がかかった場合にも、同様の事態が発生する。

そこで、このように流通過程が不確定的に変動するにもかかわらず、生産規模を一定に維持し、固定資本の遊休を回避しようとすると、不確定的な変動に応じて出動できる貨幣資本の準備が必要となる。これも投下資本の一部をなすわけであるから、利潤率のためにはこれ自体はできるだけ最小限に節約されなければならないが、不確定なものにたいする準備の効率化は難しい。最悪の変動にたいして準備してある場合には、準備貨幣資本は必ずしもつねに全部が出動しなくてすむのであるから、その一部は過剰準備として遊休することになる。しかし、これを節約しようとすると、最悪の場合には準備が不足することになって、固定資本の遊休化が生じることになる。そこで産業資本の利潤率の増進にとっては、準備貨幣資本の遊休と固定資本の遊休の得失を秤量しながら不確定的な変動にたいする準備活動を行なうことが必要になるわけである。しかし、この活動には客観的な基準はないのであるから、準備は個々の資本によって一様でない仕方で行なわれ、個々の資本の利潤率に相違をもたらすと同時に、個々の資本に予想外の不確

〔販売期間が1週間の場合〕

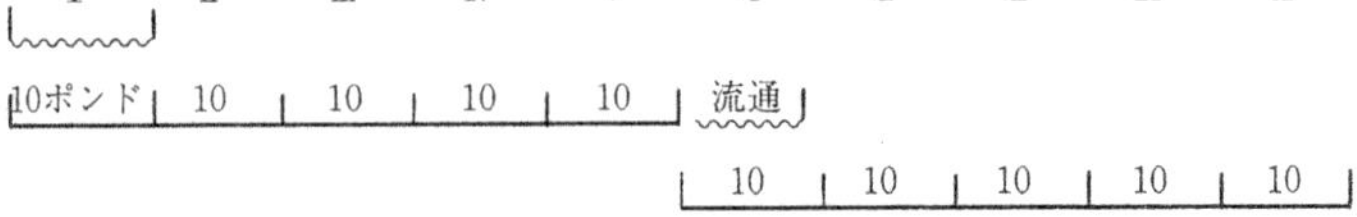

	Ⅰ	Ⅱ	Ⅲ	Ⅳ	Ⅴ	Ⅵ	Ⅶ	Ⅷ	Ⅸ	Ⅹ
生産資本	10ポンド	20	30	40	50	10	20	30	40	50
商品資本	50				〔50〕	50				〔50〕
貨幣資本	〔50〕	40	30	20	10	〔50〕	40	30	20	10

〔販売期間が3週間の場合〕

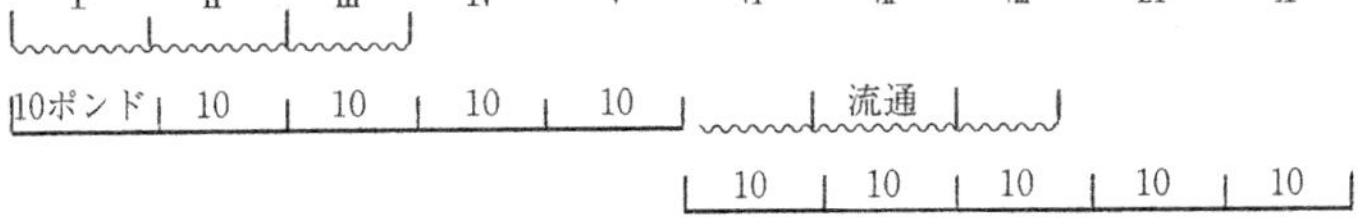

	Ⅰ	Ⅱ	Ⅲ	Ⅳ	Ⅴ	Ⅵ	Ⅶ	Ⅷ	Ⅸ	Ⅹ
生産資本	10ポンド	20	30	40	50	10	20	30	40	50
商品資本	50	50	50		〔50〕	50	50	50		
貨幣資本	20	10	〔50〕	40	30	20	10	〔50〕	40	30

図　**III-1-1**

定的な損失を発生させる原因にもなるのであって、この点は次章で考察する流通過程の委譲要請の一因をなすと同時に、不足準備貨幣の調達機構、過剰準備貨幣の運用機構としての金融機構にたいする要請の一因をなすことになる。

変動準備の簡単な例解　流通過程の不確定的な変動にたいする準備の問題をごく簡単な例解によってみよう。いま固定資本と純粋な流通費用と利潤は度外視することにする。生産期間を五週間、生産過程への資本投下は毎週一〇ポンドずつ、五〇ポンドの最終生産物は一定の期間のあと一挙に販売されるとし、販売期間が変動する場合だけをとりあげることにしよう。販売期間が一週間の場合と三週間の場合をとると、それぞれについて生産過程を同一規模で継続するために必要な最低限の貨幣資本の準備の仕方は図Ⅲ-1-1のようになる。販売期間が一週間の場合には六〇ポンドの資本が、販売期間が三週間の場合には八〇ポンドの資本が、週によって生産資本、商品資本、貨幣資本の構成比率を変えながら運動する過程で、貨幣資本は部分的に遊休化しながら、それぞれの場合については最も節約された準備貨幣資本として機能している。しかしいま仮に販売期間が三週間の場合のような準備の仕方をしているときに、販売期間が一週間になったとするると、第七週には二〇ポンドの過剰準備が発生する。だからといって販売期間が一週間の場合のような準備しかしていないと、販売期間が三週間かかるようなことになったときには第七週の投資が不可能になり、何らかの方法で二〇ポンドが追加されるか、生産を中断するかしなければならないことになるわけである。

その他の遊休貨幣資本と内部融通　このように流通過程の不確定的変動に対処するために必要となる準備貨幣資本は、不確定な必要に応じて実際に出動するまでの不確定的な期間いわば遊休化することになるわけであるが、この他にも、産業資本の運動の過程には貨幣資本の準備が必要であるいくつかの場合があり、必要に応じて実際に出動するまでの間それらは遊休することになる。その間それらは準備として機能しているのであるから、文字通りの遊休ではないが、次章で問題にするようにこれらは実際に出動するまでの間は他に転用しうるものとしてあるという意味を含めて、これらを遊休貨幣資本と呼ぶことにする。その形成要因は準備資本を必要とする要因と同じことになる。その主要なものとして次の四つがある。

(1)　流動資本の補填の準備。先の変動準備も流動資本の補填準備の一種であるが、ここでとりあげるのはそれとは別のもので、生産過程ないし生産期間の技術的な構造に規定された投資の仕方に応じて必要となる準備の問題である。生産過程への資本投下は貨幣の還流の仕方とは独立に様々の分割投下なり一括投下なりが必要となるため、生産物の販売によって回収した貨幣で補填しようとすると必然的に貨幣資本の遊休が発生せざるをえない（先の簡単な例解は一挙に還流する貨幣を分割投下する場合のものである）。これは定期的に必要となる補填のための準備であるから、生産過程の組合わせを工夫することによって節約することができるし、遊休期間は自由に他に転用しうる。ただ定期的な補塡も生産要素の購入価格や製品の販売価格、販売期間が変動すれば、量的にはこれらの不確定的な変動の影響を免れることはできないので、この準備も実際には変動準備と一体化して投じられることになる。

(2)　固定資本の更新の準備。固定資本は、物理的磨損によるにせよ、いわゆる道徳的磨損（新技術の生産手段の出現による陳腐化）によるにせよ、いずれ更新しなければならないときがくる。したがって、生産を一定の規模で継続的に維持しようとすると、更新のための準備をしなければならない。物理的磨損による更新は一般的にはいわゆる償却資金の積立によって行なう。この償却資金は固定資本の更新時まで漸増しながら遊休する。物理的寿命は固定資本の種類によって長短様々であるが、ともかくそれは技術的に確定的なものなので、物理的磨損による更新は定期的なものであり、そのかぎりではこのための貨幣資本の準備ないし遊休には確定性があるといってよい。ただ、これにも新規購入時の価格変動の問題があり、またより具体的には、更新時に新技術の導入が行なわれる場合が多く、したがって更新は蓄積（追加投資）と合体して行なわれる場合が多いと考えてよいであろう。

道徳的寿命は不確定的なので、道徳的磨損にたいする準備活動には確定的基準はないが、この場合は、物理的磨損の場合と違って、更新しなくても必ずしも直ちには生産過程の中断は生じない。ただ、新技術を導入した競争相手よりも商品一単位当たりの費用が大きくなるために、利潤率が相対的に低下するとか、あるいは必要な償却が継続できなくなるという事態が生じることになって、生産過程の継続は早晩経済的に困難になるであろう。道徳的磨損による更新は、実際上は次に述べる蓄積のための準備貨幣と償却資金とを合体して行なわれることになろう。

定期的な更新のための準備としての償却は、一面では確定的な基準をもっているが、しかしだからといって償却の仕方は資本家によって必ずしも一様になるとは限らない。償却分は販売価格の構成要因の一つをなすのであるから、償却の仕方の多様さには他の資本との価格競争上一定の限度はあるが、将来の価格動向の予想に応じて償却の期間配分の仕方も多様でありうるわけである。

(3)　蓄積の準備。資本は無限の価値増殖を追求する運動体であるから、利潤のうちからできるだけ大きい部分を追加投資にまわして増殖母体の拡大を追求することは、資本の利潤率増進活動の必然的な一環をなす。蓄積の仕方としては、必ずしも固定資本と流動資本の最適な組合わせによって投資が行なわれるとは限らない。個別資本の事情や市況、あるいはそれらについての予想、判断、戦略によっては、少なくとも一時的に流動資本だけを追加して生産を拡張するという蓄積が行なわれる場合もあるが、一定の固定資本に追加しうる原料や労働者数にはかなり狭い限界がある。交代制にして稼動時間を延長するとしても、一日二四時間が限度である。固定資本を追加投資する場合でも、きわめて部分的な小規模な場合もありうるが、多少とも大規模な固定資本を増設しようとすると、それに必要な額に達するまでの一定期間、利潤から貨幣資本の形態で積立てて蓄積の準備をしなければならない。この準備貨幣資本は蓄積資金と呼ばれるが、これも現実資本として出動していくまでの間は遊休化するわけである。

(4)　売買活動の準備。以上では生産諸要素の補塡ないし蓄積のための準備の問題を考察したが、これらの他に純粋な流通費用として支出される資材・労力の補塡ないし追加のための貨幣資本の準備も必要である。これらにも流動、固定の区別があるが、以上の考察にほぼ準じて考えればよい。ただ、この場合は、生産要素の場合よりも、さらに不確定性は大きくなる。

ところで、こうして形成される準備貨幣資本ないし遊休貨幣資本は、多かれ少なかれ流通過程の不確定性なり予測の不確実性なりによって、いずれも不足したり過剰化したりせざるをえないわけであるが、同時にその過不足の間で一時的に相互に流用し合うということも可能になるのであり、このようないわば内部融通によって準備資本ないし追加資本が節約されれば、利潤率は増進することになる。たとえば、固定資本の償却資金や蓄積資金は比較的長期にわたって準備ないし遊休の状態にあることを必要とするものなので、流動資本のツナギ的な短期の準備や変動準備に一時的に流用、融通することは可能であろう。更新準備と蓄積の間でも、たとえば償却資金を一時的に流動資本的拡張に流用するとか、蓄積資金を更新の不足分に流用するといったこともありえよう。しかし、その場合でも過不足はもちろん残らざるをえないのであって、過剰にたいする節約、節約しすぎて不足した場合の追加をどうするかが利潤率増進活動の内容の一つをなすことになるのであり、この問題も次章で考察する商業機構、金融機構にたいする要請の一要因をなす。

第二節　一般的利潤率の形成

個々の産業資本は、特定の産業部門を選んですでに投下されている資本の利潤率を最大限に増進するために、前節で考察したような様々の活動を行なうわけであるが、資本主義的な社会的生産が無政府的に編成されているものである以上、その個別的活動自体には必ずしも過誤がなくても、その投下部門が他の産業部門に比べて相対的に不利になるということは不断に生じうる。すでに投下部門の利潤率が相対的に低水準になってしまっている場合にはもちろん、当面は高水準であってもすでに停滞ないし低下傾向が生じており、それが継続的に進行してやがてその部門は低水準部門になるであろうことが予想されるような場合には、その部門の産業資本としては、前節で考察したような活動の他に、資本の投下部門を変更し、高利潤率部門ないし高利潤率が予想される部門に移動することによって利潤率の増進を図ろうとする活動を行なうことになる。

部門移動の仕方　産業資本は、しかし、その既投下部門に比べて他の部門の方が有利になったからといって、ただちには投下資本を移動するわけにはいかない。産業資本の固定資本がそれを制約するのである。産業資本の生産過程は特殊な使用価値の生産過程であり、その固定資本は一般的には特殊な使用価値の生産にだけ有用で、他の使用価値の生産には役立たないので、固定資本を現物のままで他部門に移動するわけにはいかない。したがって、産業資本が投下部門を変更しようとする場合には、固定資本は棄却されなければならないことになる。しかし、これは固定資本の価値の未償却分を捨て去ることを意味するので、この点が移動の制約になるわけである。しかしもちろん、このことは資本移動が不可能であるということではない。すなわち、(i)まず蓄積のための準備貨幣資本であるいわゆる蓄積資金部分については移動はまったく自由である。既投下部門で蓄積する場合よりも、投下資本の最低必要量はかなり大きいであろうし、移動を考えなければならないような状況のもとでは、たとえば固定資本の償却を多少とも促進するための流動資本的拡張に流用されている場合もあるであろうから、移動の時機の判断はさまざまであろうが、ともかくこの部分は移動に制約がない。(ii)固定資本の更新のための準備貨幣資本であるいわゆる償却資金も移動可能である。あえて不利な部門で固定資本を更新して生産を継続することが考えられない以上、償却がごく一部しか終っていない場合であろうが、大部分が終っている場合であろうが、関係ない。貨幣形態をとっており、しかも生産要素を補塡しないのであるから、処分は自由なのである。固定資本の更新期がくれば、この部門での生産はもちろん縮小ないし停止することになる。(iii)この点は流動資本についても同様に考えることができる。流動資本の貨幣形態で還流してきた部分は、原料や労働力の補塡を繰り返すかぎりで再生産過程に緊縛されていて自由に処分しえないものであるが、従来の生産過程の維持に必要な補塡を縮小することになれば、縮小部分は自由に移動できることになる。もっとも、流動資本部分は、利潤率の動向が悪化しはじめたからといって、ただちに縮小されることにはならない。先にも述べたように、償却を加速するために、むしろある期間は蓄積資金や償却資金を動員して流動資本の追加投資が行なわれる局面もあるであろう。

こうして利潤率の不利な部門では蓄積が抑制され、固定資本の更新の準備が放棄され、さらには生産規模の縮小が企図されるのであり、その過程でこの部門での資本の運動から自由になった貨幣資本は、利潤率の有利な部門に投下されて利潤率の増進を追求することが可能になるわけである。

部門選択の基準　それでは個々の産業資本は自分の資本が投下されている部門と他の部門との有利・不利、あるいは他の諸部門の間の有利・不利をどのように比較・判断すると考えればよいであろうか。もちろん利潤率が比較・判断の基準になるといってよいのであるが、この利潤率がなかなか簡単ではないのである。それは次のような理由による。

産業資本は種々の構成要素より成るが、これまで繰り返し述べてきているように、産業資本の場合でも、それを構成する諸要素資本には、投下資本量とそれが産出する効果量との間に必ずしも技術的な確定的関係がないものが多い。したがって、同一部門で同一の使用価値量を生産し、販売するために投じられる産業資本量は、個々の資本家の判断、予想、戦略などによって個別的に様々に相違することになるのである。このことはこれまでに述べてきたことからすでに明らかであろうが、念のためにここでいくつか例をあげておこう。

(1)　たとえば、純粋な流通費用としての情報収集・伝達費用についてみるならば、それをどのくらい支出すれば商品をどのくらい安く買うことができ、どのくらい高く売ることができ、またどのくらい流通期間を短縮できるのか、といった点は不確定であるといってよい。したがって、同じ資本家が同一額の費用支出を行なったとしても、場所や時機が異なればその結果は異なる。まして異なる資本家の間ではそうである。そもそも仮に同じ費用支出によって同じ情報を入手したとしても、資本家によってその分析が異なり、投資行動が異なるので、諸構成要素にたいする投資の比率も異なることになる。

(2)　流通資本にも類似の問題がある。まず貨幣資本についてみよう。産業資本は、商品資本の変態部分としてのこの貨幣資本部分を、つねに商品資本、生産資本、および売買活動資本と並存させて運動するのであるが、再生産の観点からすると、貨幣資本は生産ないし流通を準備する資本であると捉えることができる。ところが、この準備貨幣資本の必要量は、すでに前節でみたように、何にたいする準備にせよ多かれ少なかれ不確定性を免れえないのであり、したがって同一部門の産業資本の間でもその投下の仕方は多様に相違することになるのである。

(3)　商品資本部分は産業資本の生産過程で消費された生産諸要素の変態部分であるが、この商品資本姿態で存在する資本量は、販売期間の長短に応じて増減する。ところが、この販売期間は同じ部門の産業資本の間でも様々でありうる。たとえば個々の資本家によって価格動向についての予想が異なれば、上昇を予想する資本家は売り控え、下落を予想する資本家は売り急ぐことになって、販売期間に相違が生じる。また、仮に同じように売り急ぐとしても、個々の資本が同じ期間内に販売できるとは限らない。同じように販売促進のための費用を投じるとしても、それと販売期間の短縮との間の関係も不確定なのである。

こうして同一部門に投下されている産業資本の間でも、同一量の資本を諸構成要素に分割して投下する仕方は多様であるということになり、それによる生産規模ないし商品の生産量も相違することになるわけであるから、それぞれの利潤率も様々であるということになる。このように同一部門で同一の商品種類を生産している産業資本の利潤率が一様でないということになると、これまでの展開で一般的に想定されていたような流通上の諸資本を含めた投下総資本について計上される、いわば通常の利潤率概念は部門相互の有利・不利の比較・判断の基準にはなりえないということになるわけである。

基準利潤率　そこで問題は、個々の資本家としてはこの比較・判断を何を基準にして行なえばよいかであるが、流通上の諸資本を除外した生産諸要素に投下されるいわゆる生産資本については、このような不確定性の問題は存在しないであろう。もちろん、同一部門の資本の間でも諸資本部分の構成比率が異なるのであるから、資本によって生産資本の占める割合は多様であるといってよい。しかし、それぞれの生産資本の内部での一定の投入生産要素の量とそれによる産出生産物量の間には技術的に確定的な関係があるのである。生産論で述べたように、これにも全くバラツキがないというわけではない。しかし、それは確率論的に確定化できるいわば物理的バラツキであって、流通過程の不確定性とは異質のものといってよい。また、同一部門内の産業資本の間にも生産条件の差（資本量の差によるスケール・メリットの差も含める）はありうるのであるが、これは次節で改めて問題にすることにして、本節ではこの差はないものとする。この場合には、流通上の諸資本を除外して、生産過程上の要因だけについての利潤率を計算すると、この特殊に規定された利潤率は一つの部門に一つということになる。具体的にはこれは次のように計算される。すなわち、一定の最適な組合わせによる生産諸要素の単位量にその時点でのそれぞれの価格水準（あるいは将来の予想価格水準）を乗じて単位生産資本量を計算し、それによって生産される期間生産物量にその時点でのその商品の価格水準（あるいは予想価格水準）を乗じて、単位生産資本によって生産される期間商品資本量を計算し、それとそれを生産するのに要した流動的生産費用の差額と生産資本との比率を計算するわけである。これを基準利潤率（あるいは予想基準利潤率）と呼ぶことにするが、この利潤率によれば部門相互の有利・不利を比較することができることになる。この基準利潤率ないし予想基準利潤率も、それを規定する諸商品の価格水準が不確定的な変動をするものであり、予想も不確実性を免れない限りでは、必ずしも完全に客観的な基準であるとはいいえないという問題をもってはいるが、不確定性の問題はこの点だけにしぼられているのであり、これ以外には部門間の比較の仕様はないであろう。

利潤率の変動とその重心　以下では基準利潤率が相対的低位にある部門、あるいは近い将来そうなるであろうと一般に予想されている部門のことを簡略化して低利潤率部門と呼び、高利潤率部門というのも同様の簡略形として用いることにする。さて、低利潤率部門の資本はこうして、利潤率増進のためにその部門での蓄積を抑制し、さらには生産過程の規模を縮小して、高利潤率部門へ徐々に資本を移動させることになる。他方、高利潤率部門の資本は当然その部門で蓄積を継続する。高利潤率部門では社会的な投下資本量が加速度的に増加してゆくことになるが、低利潤率部門では社会的な投下資本量は全体として増加することを止め、やがて減少することになるのであり、資本の社会的配分が変化することになる。高利潤率部門ではその部門の生産のための生産手段にたいする需要とその部門の生産物の供給が増大するので、生産手段の価格は従来の価格より上昇する傾向を示し、生産物の価格は従来の価格より低下する傾向を示すことになり、その結果として基準利潤率は、分母が増大し、分子は縮小して、低下傾向を示すことになる。低利潤率部門では逆に、生産手段にたいする需要と生産物の供給が減少するので、生産手段の価格は従来よりも低下する傾向を示し、生産物の価格は従来よりも上昇する傾向を示すことになり、基準利潤率は、分母が縮小し、分子が増大して、上昇に転ずることになる。生産費用のうちの賃銀は労働力の社会的需給関係で決定されるので、部門間では均一であり、資本配分のヨコの変更によっては変動しないが、労働力の社会的需給の変化によって賃銀水準が変動すると、資本の有機的構成の相違に応じて各部門の基準利潤率は異なる影響を受けることになる。

この部門選択活動は基準利潤率に部門間較差がある場合の利潤率増進活動として行なわれているわけであるから、各部門の基準利潤率に変動が生じても、高利潤率部門が高利潤率部門であり、低利潤率部門が低利潤率部門である間はこの過程は進行し続けるであろう。したがって、高い基準利潤率は低下を続け、低い基準利潤率は上昇を続けて、やがて互いに均等な基準利潤率に到達するであろう。しかし、それでは基準利潤率の較差がなくなったところで利潤率の上昇、下降は直ちに停止するかというと、そうはいかない。個々の産業資本は、それぞれが固定的な資本投下を行ないつつ蓄積なり資本移動なりを行なっているのであり、しかもそれぞれが多かれ少なかれ不確定、不確実な要因についての主観的な判断と予想によって無政府的に行動しているのであるから、個々の産業資本の蓄積ないし資本移動はたえず行きすぎることになる。こうして高利潤率部門は低利潤率部門に転じ、低利潤率部門は高利潤率部門に転じ、ある程度行きすぎが進行したところで、個々の資本の基準利潤率の計算と個別的、主観的な予想、判断の訂正によってようやく行動様式の変更、反転が、バラツキをともないつつ生じることになろう。

したがって、個々の産業資本の利潤率増進活動の結果として形成される均等な基準利潤率は、一種の均衡利潤率であるということができるとしても、そこで運動が停止するような均衡点を意味するものではない。これは種々の産業部門の基準利潤率の変動が、それより上がりすぎれば引下げられ、それより下がりすぎれば引上げられる重心としての利潤率なのである。これを一般的利潤率と呼ぶことにする。いま、単に価値の貨幣形態というような一般的な意味での価格ではなく、需要と供給の関係で決定され、需要と供給の関係で不断に変動するという限定された意味での価格のことを市場価格と呼ぶとすれば、各部門の基準利潤率の変動は、各部門の産業資本の生産要素の市場価格と生産物の市場価格の変動によって生じているといいかえることができる。したがって、各部門の基準利潤率の変動に重心があるということは、それぞれの市場価格の変動に重心があるということであるといいかえることができる。この市場価格の変動を規制する重心としての価格のことを生産価格と呼び、これを、生産価格＝費用価格＋平均利潤分、という式で表示することにする。ここで平均利潤分というのは、ある期間の総生産資本に一般的利潤率を乗じて計算されるある期間のいわゆる平均利潤の総量を、この期間に販売される商品一単位あたりに計算したもののことである。

産業資本にとっての費用というのは、ある商品の生産と販売のために機能した資本のうちの、期間販売高から回収されなければならない部分のことであり、したがって、固定資本部分については減価償却分だけが費用に入る。これらの費用の合計をこの期間に販売される商品の一単位あたりに計算したもの、つまり商品一単位あたりの費用を費用価格と呼ぶ。したがって、この期間の利潤総量を商品一単位あたりに計算したものとこの費用価格の合計が、この商品の市場価格であり、生産価格の式で構成要素の一つをなしている費用価格というのは、不断に変動する市場価格の構成要素としての費用価格のうちの、生産諸要素の市場価格の変動の重心としての費用価格、すなわち商品一単位あたりの賃銀と一単位あたりの必要最低限に節約されている生産手段の生産価格とを合計したものについての簡略化したいい方であることに注意されたい。

資本配分の調整と需給の調整　諸産業部門間に基準利潤率の相違があると、個別産業資本の利潤率増進活動の意図せざる結果として、資本の社会的配分が変化し、種々の生産物をめぐる需要・供給の対応関係が変化し、種々の商品の市場価格が変化し、各部門の基準利潤率が変化するのであった。そして、基準利潤率の均等な水準が各部門の基準利潤率の変動を事実上調整する重心としての意味をもつものであることが明らかになったのであった。このように基準利潤率にその変動を調整する重心があるとすれば、それを媒介する市場価格の変動にも重心があるといってよいことになるので、生産価格という概念が提起されたのであったが、同様に考えれば、資本の社会的配分の変動についても、諸商品の需要・供給関係の変動についても、それらに対応した重心のような関係があると考えてもよいことになると考えられるかもしれない。そして、均等な基準利潤率の水準としての一般的利潤率を一種の均衡利潤率と考え、これに規定される生産価格を一種の均衡価格と考えるとすると、資本の社会的配分にも均衡配分というものがあり、諸商品の需要・供給関係にも均衡的需給関係というものがあるかのように考えられるかもしれない。しかし、変動の重心としての資本の配分関係ないし均衡配分とか、変動の重心としての商品の需給関係ないし需給の均衡関係というのは、実はそれ自体としては意味のない関係概念であるということに注意しておく必要があろう。すなわち、これらは基準利潤率を均等にするような資本配分関係、あるいは基準利潤率を均等にするような商品の需給関係ということであって、利潤率を基準にしてはじめて意味をもつ関係なのである。この基準から独立に、それ自体として資本配分が過大であるとか過小であるというういい方や、需要と供給が不均衡であるといういい方は成立しないのである。

要するに、資本の社会的配分や商品の需要・供給関係にも一応は変動の重心としての関係はあるといってよいが、それはそれ自体に調整原理があるということではない。基準利潤率の変動の重心がそれを規定しているのであり、これには個別資本の利潤率増進行動の意図せざる結果としての調整原理があるのである。個別資本の利潤率増進行動によって、資本の社会的配分も、種々の商品をめぐる需要と供給の関係も、基準利潤率を均等にするような方向に変動し、それから不断に行きすぎては不断にそこに引き戻されるように調整されるのである。こうして、個別産業資本の利潤率増進行動はその意図せざる結果として、あらゆる社会的生産に共通に必要な各種生産物の生産への労働配分と各種生産物についての過不足のない需要と供給の対応を、社会的生産を担当する産業資本の基準利潤率が均等になるような労働配分と、需給関係という資本主義に独自な関係として編成するという社会的役割を果たすことになっているわけである。

第三節　標準条件の確定機構

前節では、同一産業部門内の個々の産業資本は同一の生産条件で生産を行なっているという想定のもとで、部門間に基準利潤率の相違がある場合に生じる問題を考察した。しかし、同一部門内においても個々の産業資本は決して均質な生産条件によって生産を行なっているわけではない。本節は、同一部門内部に生産性を異にする複数の生産条件が存在している場合には、個別産業資本の部門選択はどのように行なわれ、その結果として基準利潤率の変動と市場価格の変動はどのように規制され、そこにどのような問題が発生することになるかを考察する。部門内の生産条件の差違はもちろん決して固定的なものではなく、個別産業資本の利潤率増進動機にもとづく種々の改善努力によって縮小したり、新たに発生したりすることを繰り返すものであるが、ここでは差違が存在する限りで作動する一般的原理を考察し、差違そのものが変化してゆく過程は扱わない。

1　同一部門内の生産条件の優劣

生産条件の相違がもたらす問題　同一部門内に上位、中位、下位の三つの生産条件が並存しているとしよう。同一部門内で生産条件に優劣があるということは、同量の資本をとってみると同じ生産物の生産量に相違があるということであり、商品一個あたりについていえば、資本の生産条件の優劣によってそれが生産する商品の費用価格に相違があるということである。ここでの費用価格は、生産費用を商品一個あたりについて計算したものに限定し、資本も生産要素に投下されて循環するものだけに限定する。同一部門内で資本の生産条件の相違によって相違する費用価格のことを個別的費用価格という。費用価格が相違しても、同一の使用価値であれば、多少のバラツキは避けられないにしても、市場ではほぼ同一の市場価格水準で売買されると考えてよい。そこで、上、中、下の三条件の相違に応じて、市場価格と個別的費用価格の差としての商品一個当たりの利潤が相違し、同一資本量の利潤総量が相違し、こうして同一部門内に三種類の基準利潤率が存在することになる。一般的利潤率によって計算したいわゆる平均利潤を商品一個当たりについて計算したものを個別的費用価格に加えたものを個別的生産価格と名づけるとすると、これも同一部

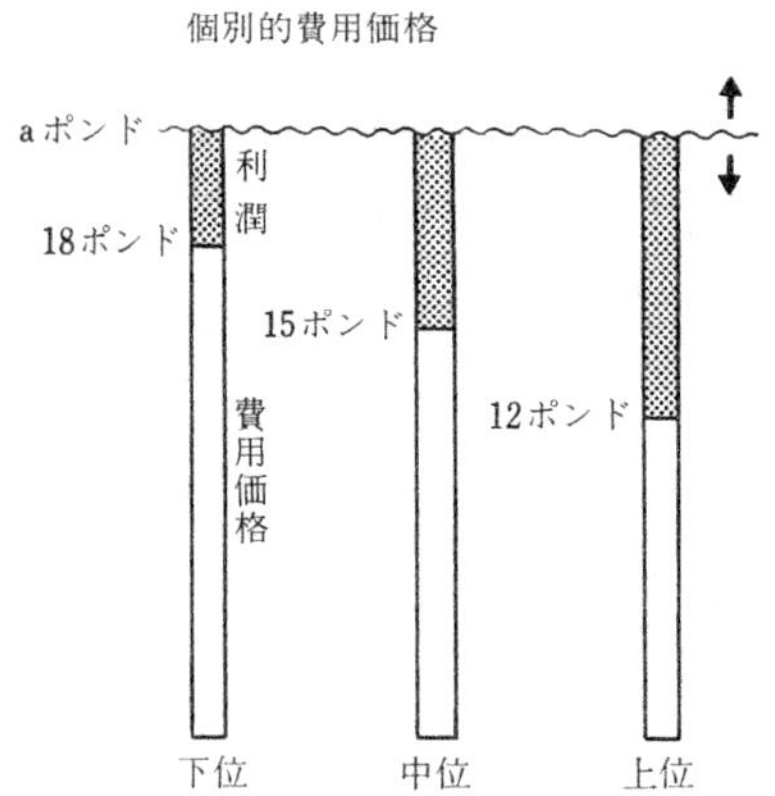

図　III-1-3

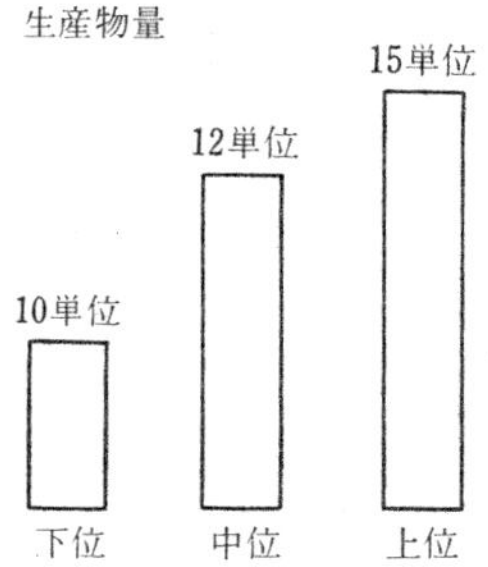

図　III-1-2

門内で同一商品種類について三種類存在することになるわけである。

以上を簡単に例解しよう。いま三種類の生産条件が並存しているある産業部門で一八〇ポンドの資本（固定資本は捨象）を投じて商品を生産すると、それぞれの生産力の差に応じて下位の生産条件の資本は一〇単位の生産物を、中位の生産条件の資本は一二単位の生産物を、上位の生産条件の資本は一五単位の生産物をそれぞれ生産するとする。その場合にはその商品の費用価格はそれぞれ一八ポンド、一五ポンド、一二ポンドと資本によって相違することになる。一物一価の市場価格水準がaポンドであるとすると、一単位当たりの利潤はそれぞれ、a−18, a−15, a−12となり、利潤総量はそれぞれ10a−180, 12a−180, 15a−180となって、一八〇ポンドの資本にたいする利潤率も同じ部門内で三つあることになる。いま仮に、一般的利潤率が三三・三%であるとすると、平均利潤は六〇ポンドであるから、平均利潤を取得しうるような売上総額は二四〇ポンド（=180+60）であり、それを実現しうるような一単位の価格、すなわち、いわゆる個別的生産価格（=個別的費用価格+1単位当たりの平均利潤）はそれぞれ二四ポンド（=18+6）、二〇ポンド（=15+5）、一六ポンド（=12+4）となる。

そこで次のような問題が発生することになる。同一産業部門にこのように三種類の利潤率が存在する場合には、個別産業資本が部門選択の基準とするこの部門の基準利潤率はこの三つのうちのどの条件の資本の基準利潤率なのか。あるいは前節では市場価格の変動の重心を規制するのは生産価格であるとしたが、このように生産価格が複数ある場合にはそのうちのどれが重心を規制するのか。

標準条件と超過利潤　商品の市場価格の変動が重心をもっているということは、その商品にたいする社会的需要の増加にたいして一定の生産条件による供給の増加が多少とも継続的に行なわれうるという社会的条件が存在するということである。多少とも継続的な供給増加がなければ、需要が増大すると市場価格は一方的に上昇してゆくだけで、それをある水準に引下げる力が働かない。このことは同一部門内に生産条件が複数存在する場合にも同じで、ある時点での追加供給を多少とも弾力的に行なうことができる生産条件がその時点での重心を規定する条件であるといってよい。そのような条件が複数あれば、この部門で生産を拡張する資本なり他の部門から移動してくる資本なりが一般的に容易に採用しうる生産条件のうちの最も優等なものということになる。個々の産業資本はこのような生産条件に よる資本の基準利潤率を部門選択の基準にして行動するのであり、その結果としてこのような生産条件の資本の基準利潤率が変動の重心としての均等な一般的利潤率を形成することになるわけである。ある時点での需要の増大に支配的に対応することができるこの生産条件を、その時点でのその部門の生産条件を代表する標準的な生産条件であるという意味で、標準条件と呼ぶことにすると、この標準条件に規定される費用価格に一単位当たりの平均利潤を加えた個別的生産価格が、この部門の商品の市場価格の変動を調整する重心としての標準的な生産価格をなすことになる。このような個別的生産価格を市場生産価格と呼ぶ。これは一般には市場価値とも呼ばれている。

この標準条件以外の生産条件の諸資本は、こうして特別の利潤ないし特別の損失を受けることになる。たとえばあ

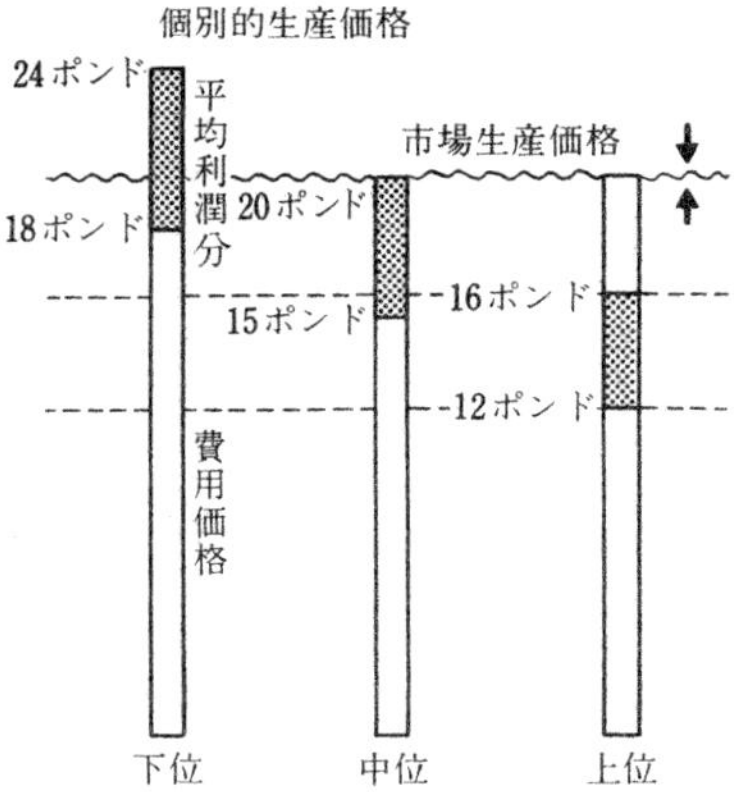

図　III-1-4

る時点での需要の増加にたいして、上位の条件を増設して追加供給を行なうことには何らかの制約があるが、下位条件と中位条件であれば諸資本は比較的容易に採用して、それによって多少とも継続的な追加供給ができるということであれば、この時点での供給の増加は中位の条件の資本によって支配的に行なわれることになる。需要の増大によって市場価格が上昇しても、この中位条件の資本の追加供給によって、市場価格はこの資本の個別的生産価格まで押し下げられ、市場価格がさらに低下することになれば、この条件の資本の生産の縮小が始まって市場価格は押し上げられるのであり、この条件の個別的生産価格が市場生産価格として市場価格変動の重心を規定することになるわけである。こうして上位の条件の資本は自分の個別的生産価格よりも高い市場生産価格が規定する市場価格で販売できることになって、平均利潤以上の超過利潤を取得しうることになり、下位条件の資本は自分の個別的生産価格よりも低い市場生産価格が規定する市場価格でしか販売できないため、平均利潤以下の利潤しか得られないか、あるいは費用の回収さえできないことになる。先の設例によって説明するならば、中位条件の二〇ポンドが市場生産価格となり、個別的生産価格が一六ポンドの上位条件の資本は、商品一単位当たり四ポンド、全体として六〇ポンドの超過利潤を取得する。個別的生産価格が二四ポンドの下位条件の資本は一単位当たり二ポンドの利潤しか得られない。上位条件の資本は標準条件にたいしていわば例外的に優等な条件の資本としてボーナスを受けとり、下位条件の資本は標準条件の採用を怠っている資本としていわばペナルティを与えられるわけである。

同様にして、たとえば供給増加を上位の条件の資本が中心的に行ないうる場合には、上位の条件がこの部門の標準条件であり、中位、下位はともに平均利潤を実現しえない。先の例でいえば、市場生産価格は上位条件が規定する一六ポンドであるため、中位条件の資本は商品一単位当たり一ポンドの利潤しか得られないし、下位の条件の資本にいたっては商品一単位当たりに要する一八ポンドの費用のうちの一六ポンドしか回収できないで、利潤どころか二ポンドの損失が生じるわけである。また、逆に上位、中位の条件の資本による追加供給に何らかの制約があり、下位の条件の資本による供給が需要増加に支配的に対応する場合には、たとえそれが全供給量の中で小さな比重しか占めていなくても、下位の条件がこの部門の標準条件であり、これが市場価格の変動の重心を規定することになって、上位、中位はともに超過利潤を得ることになる。先の例でいえば、二四ポンドが市場生産価格であり、上位条件の資本は商品一単位当たり八ポンド、全体で一二〇ポンドの超過利潤を取得し、中位の条件の資本も商品一単位当たり四ポンド、全体で四八ポンドの超過利潤を取得するわけである。

このような標準条件以外の、例外的に優等な生産条件なり例外的に劣等な生産条件なりは、個別産業資本の利潤率増進活動の過程でその個別的負担ないし責任において採用されたものであるから、その例外性にもとづく特別の利潤ないし特別の損失は個別的に取得されたり負担されたりすることになるといってよいであろう。そして、例外的に優等な条件の資本はますますその超過利潤の取得をめざして優等な条件の追加につとめることになり、他方、例外的に劣等な条件の資本は優等な条件への切り替えにつとめたり、他部門へ移動しようとしたり、場合によっては倒産したりすることになって、この部門における例外的な優等条件が次第に普及してゆくことになると、例外性が消滅して標準条件が交代することにもなる。しかし、優等条件によってはその制約性が、たとえば自然的に制限された条件の場合のように、絶対的な場合がある。次にその場合の問題を考察しよう。

2　競争による超過利潤の地代への転化

制限された自然力の利用　人間は自然との物質代謝の過程において、自然を労働対象とするだけでなく、人間の労働能力を増幅させる労働手段としても利用する。それは太陽の光や熱、地球の引力、水の浮力、流力、蒸発力、冷却力、空気の燃焼力……と枚挙にいとまがないくらいであるが、資本主義的生産も生産であり、人間と自然の物質代謝をその運動の内部に独自的にとり込んだものでしかないのであるから、これらの自然力を当然利用する。

これらの自然力は無制限な、自由に利用しうる自然力と、制限された、独占されうる自然力とに分けることができる。後者の代表は土地である。資本主義的な社会的生産はこの土地から直接的生産者を分離するところから出発した。土地は私的所有によって独占され、労働者はもちろん資本家も、私的所有者以外はすべてその自由な利用から排除された。資本家がそれを利用しようとする場合には、土地所有者にたいして使用料を支払わなければならないのである。一定期間の土地の使用料を地代というが、それではこの地代の大きさは土地所有者のいわば恣意によって決められるものであって、資本の側には何ら決定原理がないのかというと、そうではない。個別産業資本の利潤率増進活動とその意図せざる結果としての部門内標準条件の確定機構の作動の中に、資本主義的な地代決定の原理が内蔵されているのである。以下では資本が制限された自然力を利用する際の独自の問題を、土地の利用の問題に代表させ、地代形態の展開という観点から考察する。この考察は同時に、地代取得者としての土地所有者の資本主義的な正当性を明らかにするものでもある。

以下では地代を三つの形態に分けて考察するが、そこで共通に利用する土地の生産性の構造についての想定をここであらかじめ説明しておくことにしよう。この社会の小麦生産資本が利用しうる土地には三つの種類があるとする。

表 III-1-1　土地の構造

土地の等級	面積（エーカー）	資本（シリング）	小麦（クォーター）
I	1	50 ①	4
		50 ②	2
II	1	50	3
III	1	50	1.5

この土地の種類（等級ともいう）を規定する要因は大きく二つに分けることができる。一つは豊度であり、肥沃度の他に地形、水利条件、日照条件などもこれに含めて考えてよい。他の一つは位置である。これは市場への運輸の難易のことと考えておいてよい。ここでの土地の優劣は次のような構造になっているとする。すなわち、単位面積一エーカー当たりに一投資単位五〇シリングを投下した場合、小麦の生産高は最優等地の第I級地では四クォーター、第II級地では三クォーター、第I級地で五〇シリングの第二次投資が行なわれると二クォーター、第III級地では一・五クォーターであるとする。ここでの投下資本は生産要素にたいする部分だけに限定し、かつ固定資本は捨象する。なお、第III級地は存在が示されているだけで、以下の例解ではまったく耕作されない。

差額地代第一形態　当面の小麦にたいする社会的需要は、第I級地における第一次投資と第II級地における投資によってみたされているとする。第II級地が耕作されているということは、その面積が自然的に制限されている第I級地だけでは小麦にたいする社会的需要がみたされないので、その完全耕作のあと第II級地が耕作圏に入ってきて、当面の需要の増減には第II級地が対応しているということを意味するといってよい。この第II級地にももちろん自然的制限はあるが、ここではいまのところ第II級地にはなお未耕作部分があるとする。この場合には、小麦の市場価格の変動は第II級地の小麦の個別的生産価格によって調整されると考えることができる。第II級地による供給は第II級地の資本が少なくとも平均的な利潤を得られるような市場価格が成立しなければ開始され、維持されることができない。市場価格がその水準より低下すれば、第II級地の資本は移動のための引上げを開始し、供給は減少し、市場価格は上昇することになる。市場価格が第II級地の資本が平均利潤を得

表 III-1-2　地代に転化する超過利潤(1)

土地の等級	資本(シリング)	生産物(クォーター)	平均利潤(シリング)	個別的生産価格(シリング)	市場生産価格(シリング)	販売総額(シリング)	超過利潤(シリング)
I	50	4	10	15		80	20
II	50	3	10	20 ＝	20	60	0

られるような価格水準、つまり第II級地の個別的生産価格をこえて上昇すると、第II級地の耕作が拡大して追加供給が行なわれ、市場価格は押し下げられることになる。つまり、当面の状況においては第II級地が小麦の社会的生産における標準条件なのである。こうして第II級地の個別的生産価格が市場生産価格となることによって、優等条件である第I級地の資本には超過利潤が生じることになる。土地の生産性の構造が先に示したようであるとし、いま仮に一般的利潤率が二〇％であるとすると、小麦の市場価格の変動は第II級地の資本が一〇シリングの平均利潤を実現しうる価格、つまり第II級地の個別的生産価格二〇シリングによって調整されるということになる。第I級地の資本は五〇シリングを投じて四クォーターの小麦を生産し、それを二〇シリングを重心とする市場価格で販売するのであるから、八〇シリングの販売総額を実現し、一〇シリングの平均利潤の他に二〇シリングの超過利潤を実現することになるわけである。

この超過利潤の発生は第I級地が資本主義的な意味での標準条件よりも優等条件であることによるもので、このかぎりでは前節で考察した超過利潤の発生と同じく生産条件の例外的優等性によるわけである。しかし、この場合の優等性は制限された自然力の優等性であって、それを利用する資本が自らの負担で作り出したものではない。個々の産業資本にとってはそれはいわば平等に外的なものであり、個々の資本のどれかに独占的に利用されなければならないような性質のものではない。そこで資本としてはこの有利な生産条件を利用するためには、この条件の所有者にたいして借地料としての地代を支払わなければならないことになり、しかも諸産

表 III-1-3　地代に転化する超過利潤(2)

土地の等級	資本(シリング)	生産物(クォーター)	平均利潤(シリング)	個別的生産価格(シリング)	市場生産価格(シリング)	販売総額(シリング)	超過利潤(シリング)
I(1)	50	4	10	15		120	60
I(2)	50	2	10	30	＝　30	60	0
II	50	3	10	20		90	30

業資本はこの有利な条件の借入競争を地代の引上げ競争として展開することになるのであって、地代は結局一エーカー当たり二〇シリングの超過利潤を全額支払うところまで無限に押し上げられることになる。制限された自然力による超過利潤は、こうして諸産業資本の競争の結果として資本自らの手で資本の外に押し出されるのであり、このような超過利潤が地代に転化したものを差額地代第一形態という。

差額地代第二形態　差額地代第一形態は種々の土地の間のいわば横の差違にもとづく超過利潤の地代化であり、社会的需要の増大にたいする供給の対応がより劣等な土地種類への横への拡大によって行なわれている場合に展開される地代形態であるといってよいが、供給の増大はこのような仕方によらないで、既耕地への追加投資を行なうことによっても可能である。この追加投資の生産性は第I級地における第一次投資と第II級地における投資の生産性に比べて当然低いと考えてよいであろう。そうでなければ既に投資が行なわれているはずだからである。

既耕地には自然的制限があるので、既耕地へのそれまでの投資によってそれが完全に耕作されてしまっているときに小麦にたいする社会的需要が増大すると、小麦の市場価格は既耕地が規定していた市場生産価格の水準をこえて上昇することになり、追加投資が少なくとも平均利潤を取得しうるような価格水準に達すると、既耕地において追加投資による耕作が可能になる。追加投資の生産条件が新しい標準条件となり、その個別的生産価格が市場生産価格となって、ここに制限された自然力のいわば縦の差違にもとづく超過利潤が発生することになる。

設例を使って説明すれば次のようなことである。第Ⅰ級地の全部と第Ⅱ級地の一部が耕作されているときに需要が増大し、やがて第Ⅱ級地が全部耕作されることになったとする。ここでさらに需要が増大しつづけて、市場価格が一クォーター二〇シリング以上に上昇することになった場合、一エーカー当たり五〇シリングの資本投下によって一・五クォーター生産する第Ⅲ級地は、その個別的生産価格が四〇シリングであるが、第Ⅰ級地の第二次投資によれば五〇シリングの資本投下によって二クォーター生産できるのであるから、小麦の市場価格が三〇シリングまで上昇すれば、この投資が可能になり、当面はこの投資によって生産される小麦の個別的生産価格三〇シリングが市場価格の変動を調整する市場生産価格となる。こうして第Ⅰ級地の第一次投資は六〇シリングの超過利潤をあげ、また劣等地である第Ⅱ級地の資本も三〇シリングの超過利潤をあげることになるわけである。

これらの超過利潤も制限された自然力によるものなので、資本の外部に押し出されて地代化することになる。第一形態の場合と同様に、土地所有者は地代をいわば収奪するのではなく、諸産業資本が押し出したものを受けとるのであり、これも諸資本の競争の結果として形成された資本主義的な合理性をもった地代であるといってよい。これは優等地における追加投資が最劣等投資であることによって形成されるものである点で、第一形態と区別して差額地代第二形態と呼ばれる。

3　土地所有による投資の制限

絶対地代　差額地代第一形態の場合は、最劣等地における投資が最劣等投資なので、優等地には地代が形成されるが、最劣等地には形成されなかった。これにたいして、第二形態の場合は最劣等地に地代が生じている。こうし

表 III-1-4　絶対地代

土地の等級	資本 (シリング)	生産物 (クォーター)	平均利潤 (シリング)	個別的生産価格 (シリング)	クォーター当り絶対地代 (シリング)	市場生産価格 (シリング)	販売総額 (シリング)	超過利潤→差額地代 (シリング)	絶対地代 (シリング)
I	50	4	10	15			100	40	—
II	50	3	10	20	5	25	75	0	15

て、この二つの差額地代によってすべての耕作地に地代が形成されることが説明されているようにみえるかもしれないが、そういうわけではない。最劣等地の差額地代は最劣等地における投資が最劣等投資である場合には生じないのであり、社会的な需要構造、投資構造によってはそういう場合ももちろんありうるのである。しかし、そういう場合には土地所有者は無償で土地の耕作を許さざるをえないというわけではない。土地が資本にとって平等に外的な存在であり、資本の外部で私的所有の対象となりうるものである以上、どのような土地であろうと資本はそれを無償で利用することはできないのである。土地所有者は土地のいわば自発的失業を選択して耕作を拒否することができるのであり、この土地所有の力によって土地の利用にたいして地代を要求しうるわけである。

そこで、いま仮に先の差額地代第一形態の例解の場合のような社会的需要と耕作の状況のところで、第II級地の土地所有者がエーカー当たり一五シリングの地代を要求したとして、どのようなことが生じるかを調べてみよう。第II級地のエーカー当たりの小麦生産量は三クォーターであるから、地代はクォーター当たりでは五シリング要求されているわけである。第II級地を耕作しようとしている資本としては、第II級地の個別的生産価格である二〇シリングがその変動の重心を規定しているような市場価格水準の場合には、地代として一クォーター当たり五シリング控除されたのでは、販売総額の残額は四五シリングとなって投下資本の回収すらできないことになるから、この第II級地に投資することはできない。つまり、第II級地の土地所有者が一般的にこのような地代を要求しているとすると、小麦の市場価格水準が二〇シリングである場合には第Ⅱ級地による小麦の追加供給は不可能ということである。その場合に、小麦にたいする社会的需要が第Ⅱ級地の耕作を要求するような需要であれば、小麦価格は二〇シリングをこえて上昇することになろう。これが小麦価格を二五シリング以上に上昇させるような需要であれば、第Ⅱ級地の耕作は地代を支払っても平均利潤以上を取得しうることになり、第Ⅱ級地への投資は可能となる。

このように土地所有者は、その耕作拒否をすることができる力によって、事実上小麦の供給を制限し、小麦の市場価格を騰貴させて、地代の源泉を作り出すことができるのである。産業資本が第Ⅱ級地に投資をする（すなわち最劣等地に最劣等投資をする）にあたって土地所有者から要求される地代を資本にとっての一種の費用と考えるとすると、第Ⅱ級地の個別的生産価格二〇シリングにクォーター当たりのこの追加的費用五シリングを加えたものが市場価格変動の重心を規定しているわけであるから、これも一種の市場生産価格であると考えることができるが、これは土地所有の力によってその水準を引上げられた市場生産価格である。こうして市場価格水準をつり上げることによって形成される第Ⅱ級地の地代は、土地所有そのものの力が作り出した地代であるから、資本が押し出す地代である差額地代と区別して絶対地代と呼ぶ。この第Ⅱ級地における土地所有の力の影響で、第Ⅰ級地では四〇シリングの地代が形成されることになっているが、この地代は最劣等地である第Ⅱ級地が市場生産価格を規定していることによって形成されている優等地の超過利潤の地代化したものであるという意味で差額地代である。

絶対地代の上限　このように土地所有は産業資本に外的に対立した一つの経済的な力として投資制限をし、地代を作り出し、市場生産価格水準を変化させるわけであるが、それでは土地所有はこのような力を産業資本にたいして無限にふるうことができるのか、この絶対地代は土地所有者が恣意的に決定できるものであり、資本主義的な合理性をまったくもたない単なる収奪部分なのかというと、決してそうではない。この問題を考察するために絶対地代の上

表 III-1-5　絶対地代の上限

土地の等級	資本(シリング)	生産物(クォーター)	平均利潤(シリング)	個別的生産価格(シリング)	クォーター当り絶対地代(シリング)	市場生産価格(シリング)	販売総額(シリング)	超過利潤→差額地代(シリング)	絶対地代(シリング)
Ⅰ(1)	50	4	10	15			120	60	－
Ⅰ(2)	50	2	10	30		〔30〕	60	0	－
Ⅱ	50	3	10	20	10	30	90	〔30〕	30

限を調べてみよう。

いま仮に、第Ⅱ級地の土地所有者がエーカー当たり三〇シリングの絶対地代を要求したとしよう。これはクォーター当たりでは一〇シリングであるから、市場価格がこの分だけ上昇して、クォーター当たり三〇シリング以上にならなければ第Ⅱ級地での投資は不可能である。しかし、土地所有の耕作拒否による供給制限によって市場価格が三〇シリングまで上昇したとすると、第Ⅰ級地の第二次投資による供給が可能になるので、小麦の市場価格はそれ以上は上昇することができない。すなわち、第Ⅱ級地の土地所有はその力によってエーカー当り三〇シリングまでは絶対地代を作り出せるが、それ以上の力はないということである。このように、土地所有は一定の範囲内では外的制限として産業資本に対立するが、それは土地所有の力が及ばない既耕地の追加投資によって限界を画されている外的制限なのである。しかも第Ⅰ級地で第二次投資が行なわれることになると、最劣等地としての第Ⅱ級地の三〇シリングという地代は、優等地の追加投資が最劣等投資であるために、それが市場生産価格を規定することになって、最劣等地に形成された差額地代という規定性、つまり資本の側から押し出した地代という規定性を受けとり、絶対地代は差額地代化することにもなるのである。以上のような絶対地代の上限の考察によって、産業資本に絶対的に対立しているかにみえる土地所有も資本主義的な合理性の範囲内の存在でしかなく、むしろ産業資本によってその正当性が根拠づけられているものであることが明らかになったといってよい。

第二章　競争の補足的機構

産業資本の利潤率増進活動とその意図せざる結果としての社会的生産編成は、現実には商業資本によって組織される商品市場機構や、銀行資本によって組織される貨幣市場機構や、証券業資本によって組織される資本市場機構によって補足されて行なわれる。第一章では、これらの補足的諸機構は存在しないものとして産業資本の活動とその諸結果を考察した。しかし、この産業資本の活動には様々の制約がある。第二章では、産業資本がその利潤率増進活動にとっての様々な制約を解除ないし緩和し、利潤率の増進をさらに促進するための組織・機構の展開を要請するものであることを明らかにし、この要請を動力にしてこれに応えるものとしてこれらの補足的諸市場機構の生成を分化・発生論的に展開するのである。

商業機構や金融機構は商品経済の歴史とともに古くから存在していたといってよいであろう。一七世紀から一八世紀にかけてイギリスで生成・発展を開始した産業資本は、それに先行して存在したこれらの商品経済的諸機構を歴史的前提として利用しながら成長し、一九世紀にかけてのその確立の過程でこれらの諸機構を自分自身のための内的機構として産業資本に従属させ、そのようなものとして再編成したということができる。本篇はこのような歴史過程をいわば逆にたどることになるのであるが、そのような方法をとるのは、これらの諸機構に産業資本から派生した特殊的な分化形態として展開しうる側面があることを明らかにすることによって、これらの諸機構が産業資本と異質な対立物ではなく、むしろ分身的な補足物であることを論理的に示してみせるためである。諸機構が産業資本にたいして独立の存在として対立的に機能している現実を前提し、それらと産業資本との役割連関を解明するという方法では、両者の間の平面的な、いわば等位的な連関が明らかになるにすぎず、有機的、立体的な役割連関は明らかにならないと考えられるのである。

その場合さらに、これらの三つの機構をどのような順序で説くかという問題がある。論理的展開における順序の問題はもちろん単なる形式上の問題ではない。これらの諸機構が産業資本の利潤率の増進活動にたいして果たす役割には相違があり、それぞれは重層的に補足し合っていわば階層構造をなして機能していると考えられる。理論的にはその点を、諸機構の産業資本の利潤率増進活動にたいするいわば遠近の相違として、体系構成上の順序によって示すわけであるが、そのためにはこの順序も論理的な生成の順序として確定されなければならない。すなわち、産業資本はその利潤率増進活動を補足・促進するための機構をそれ自身から派生させるが、それに機能上の限界がある場合には、さらにその限界を打開する別の機構にたいする要請が生じ、それに応じるものとしての機構が新たに派生することになるという分化・発生論的方法によって、論理的展開の順序が確定されるのであり、こうしてはじめて諸機構の階層構造と各階層間の関係も明らかになるのである。

第一節　商品市場と商業資本

産業資本はその外部に存在する商品市場から生産諸要素を購入し、外部に存在する商品市場にその生産物を販売するという商品の売買活動を行なわなければならない。産業資本は一面ではこの流通過程における資本家的活動によって利潤率を増進することができるが、他面では商業資本がこの流通過程を専門的に担当して商品市場を組織し、産業資本はこの商業資本に売買活動を委ねることによっても利潤率を増進しうることになるのである。

流通過程の制約とその解除　流通形態としての資本にとっては不確定的な変動をする流通過程はいわば本来的な価値増殖の場である。産業資本も資本であるかぎりでは、もちろんこのような流通過程の不確定性を利用する一面をもっているが、しかし産業資本にとっては流通過程の不確定性はその利潤率増進活動を制約する条件となる面がある。それは産業資本がその運動の内部に生産過程をもっている特殊な流通形態であることによる。

前章の第一節で明らかにしたように、産業資本はその生産過程を円滑に維持し拡張していくためには様々の準備資本を必要とする。このこと自体がそもそも流通形態としての資本の内部に生産過程があるということ、つまり産業資本は流通過程と生産過程という本質的に異質な二過程を接合している運動体であるということによるといってよいが、それはともかく、これらの様々の準備資本の必要量は流通過程の不確定性の影響を受けていずれも多かれ少なかれ不確定的である。したがって、個々の産業資本家はそれぞれの予想と判断によって貨幣資本を準備しても、それはつねに過剰準備化したり、不足したりするわけである。過剰な準備資本は利潤率にとってマイナス要因であるから、資本家はできるだけ節約しようとするが、節約しすぎると不足することになり、不足すると生産過程の規模を一定に維持することができなくなって、固定資本に遊休が生じることにもなる。こうして、流通過程を促進ないし確定化し、商品資本や貨幣資本を節約ないし確定化したり、固定資本の遊休化を回避したりすることによって利潤率を維持・増進するための特殊な資本投下として、純粋な流通費用が支出されるということにもなるわけであるが、これまたその投下量と流通過程の促進ないし確定化との関係、つまり純粋な流通費用をどのくらい投下すればどれだけ利潤率が増進することになるのかという点は不確定なのである。

このように生産過程をその運動の内部にとり込んでいる産業資本にとっては、流通過程の不確定性は利潤率の増進活動にとって制約条件をなす面があるわけであり、この不確定性を解除ないし緩和することが要請されることになるが、この問題の最も原始的な解決の仕方は流通過程を他に委譲してしまうことである。すなわち、仮に産業資本の必要に応じてその商品を買取ってくれる資本があるとすると、産業資本には次のような利点が生じうるであろう。すなわち、⑴流通期間が短縮され、流通期間中の生産過程を維持するために必要であった流通資本部分が節約されうることになるので、節約分によって生産規模を拡大するなり、節約分を他の部面に投下するならば、利潤率を増進することができる。⑵流通期間が短縮されないまでも、多少とも確定化できれば、流通期間の変動にそなえた準備貨幣資本を節約しうることになるので、同様にして利潤率を増進できると同時に、固定資本の遊休を回避ないし縮小することができる点でも利潤率増進効果がある。⑶産業資本家による売買活動は肩代わりされて消極的なものとなるのであるから、そのための純粋な流通費用（主として情報の収集・伝達の費用）や保管費用や運輸費用などのいわゆる流通費用は縮小されうることになり、右と同様にしてこれも利潤率増進の要因となりうる。もちろん以上は、産業資本にとって流通過程の委譲にはいくつかの利点があるので、産業資本がみずから全面的に流通過程を担当する場合に比べて利潤率の増進に有利である場合には委譲要請が生じうることを示しただけである。後述するように、産業資本は必ずしも必要に応じて有利な条件で恒常的、全面的に流通過程を他に委譲できるというわけではない。

商業資本の利潤　生産過程をとり込まず、産業資本の流通過程を専門的に引受ける資本のことを商業資本という。商業資本は図Ⅲ-2-1のように産業資本とそれにたいする本来の売手あるいは買手との間に入ってそれらの間の売買をいわば仲介するのである。このような商業資本の活動が産業資本の利潤率の増進に役立つとしても、商業資本も資本である以上、この活動によってみずからも利潤を取得しうるのでなければ、このような委譲ないし分担は生じえな

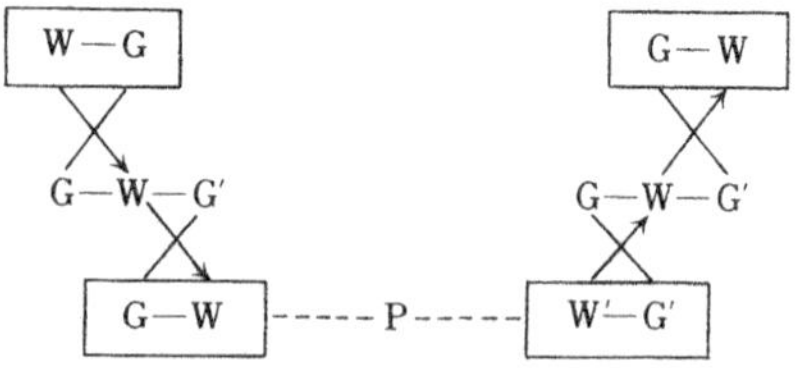

図　III-2-1

い。そこで、商業資本の利潤取得は商業資本のどのような活動によって可能になるかを調べてみよう。ただ、商業資本が担当する流通過程には、商品の保管や運搬のように、投下資本量とその成果との間に一定の技術的決定関係のある、流通過程に延長され点在している生産過程とでもいうべき過程が含まれており、したがって商業資本の利潤の中にはこの過程を担当することによって得られる利潤も含まれることになる。しかし、この利潤部分は、そのすべてではないにしても、すでに考察した産業資本の利潤と同質のものとみなしうるので、その限りでここでは度外視することにする。また、産業資本の流通過程には購買過程と販売過程があり、いずれにもその不確定性の問題と委譲の問題があるが、ここでは販売過程の問題だけを考察し、購買過程についての考察は省略する。

商業資本をいわば純粋の流通過程だけで運動するものとすると、その価値増殖は商品を安く買って高く、早く売るという活動による以外にない。すなわち、産業資本から商品を購入し、購入価格に価格追加をして販売することによって、商品購入のための資本とその商品の売買のために純粋な流通費用として支出された資本（流動資本部分と固定資本の償却分）とを回収し、それらを超過する部分をもって流動資本一回転の利潤とするわけである。そしてこの超過分をできるだけ大きくし、また流動資本の回転をできるだけ促進する活動によって、固定資本部分も含めた総投下資本にたいする一定期間の利潤総量である期間利潤率を増進することができるのである。そこで最初の問題は、このような販売価格と購入価格の価格差ないし費用価格超過分が発生しうるのはどのようにしてであり、また費用ないし投下総資本を節減し、回転の促進によって期間販売総額を増大させて利潤率を増進するという活動はどのようにして可能であるのか、といいかえることができる。

この問題は次の二つの側面から解くことができる。一つは、産業資本の流通過程の商業資本への委譲自体が産業資本の利潤率にたいして上昇効果を与えるという側面である。先にみたように、流通過程を委譲すること自体にいくつかの利点があるとすれば、産業資本は競ってその流通過程を商業資本に委譲しようとすることになるであろう。こうして、商業資本にとってはいわば買手市場的状況が成立することになり、産業資本から商業資本へ販売される価格は売手の競争圧力によって押し下げられるであろう。産業資本がみずから流通過程を全面的に担当する場合には、たとえば買手をみつけるための費用や買手がみつかるまでの商品の保管費用やその間の生産過程を継続するための準備費用などが必要となるが、委譲によって多少とも有利になるようであれば委譲は行なわれると考えられるから、これらの費用支出も委譲され、代位されて節減されれば、この産業資本から商業資本への販売価格は、この商品の最終需要者への販売価格と、この産業資本がこれらの費用を負担する場合に予想されるのと同じ率の利潤しか得られないような価格との間のどこかにきまることになるであろう。こうして商業資本は、これらの費用部分を単純にそのまま代位したとしても、それにたいする利潤部分の少なくとも一部を産業資本から譲り受けることができると考えられるわけである。

もう一つは、商業資本は産業資本の流通過程を単純に代位するのではなく、それを縮小・節約して代位するという側面である。商業資本はもちろん、ある一つの産業資本の流通過程だけではなく、多数の産業資本の流通過程を集中して代位・担当する。しかも、商業資本の使用する固定的な設備や情報や知識は必ずしも単一の使用価値の商品の流通過程にしか役立たないというものではなく、数種類の商品の流通過程に共通に有用である場合が多いので、複数の産業部門にまたがって流通過程を代位・集中することができるのである。こうして、個々の産業資本が分散的に行なっていることを集中し、大規模化することによって、産業資本がみずから流通過程を全面的に担当する場合よりも売買活動に要する諸費用は縮小しうることになる。また広汎な市場の情報の入手が大量・迅速に行なわれ、需給の対応がいわば組織化されることにより、流通期間も個々の産業資本が分散的に行なう場合よりも短縮されうる。さらにまた、所属部門が異なる産業資本の流通過程の諸事情は、たとえば商品資本の遊休の期間や周期にしても、あるいは準備貨幣資本の拘束ないし過剰化の期間や周期にしても、それぞれの生産過程の特殊性に規定されて特殊的に相違する面があるが、商業資本はそれらを集中して多角的に担当することによってそれらの特殊性をならし、費用を節約するということも可能になる。このように商業資本は、その独自的な代位・分担活動によって、取り扱う商品の費用価格をさらに独自的に、積極的に縮小させて、利潤量の増大、利潤率の増進を実現しうるのであり、以上の二点で流通過程を専門的に引受ける側にも利点があるということができるわけである。

商業資本と商業利潤の独自性　商業資本はこのように、一面では諸産業資本の流通過程を集中し大規模化して専門的に分担し、流通上の諸費用を節約代位して利潤率を増進することができる。しかし他面では、流通上の諸費用はその支出量と産出効果の間に技術的な確定的な関係がないので、たとえば同じ使用価値を取り扱う同一資本量の商業資本同士の間でも、流通費用と流通資本の比率や資本の年間回転数が個々の資本によって相違しうる。あるいは同一期間に同一商品総額を同じ価格差で売買する商業資本の間でも、個々の資本によって投下資本量が相違することがありうる。商業資本それ自体には産業資本のような基準利潤率は存在しないのであり、その限りでは商業資本の利潤率は不確定的なのである。もっとも不確定性自体は資本にとって別に問題点をなすわけではない。というよりも、莫大な損失を蒙ることもあるが、巨額の利益を得ることもあるというような意味での不確定性であれば、資本の本性からいってそれはむしろ利点というべきものであるともいえよう。しかし、商業資本の場合の不確定性はそのようなものではないのであり、むしろその点に商業資本の問題があるといってもよい。それはこういうことである。

生産過程をもたない商業資本にとっては固定資本は必ずしも重要な意味をもっていない。固定設備がまったくないというわけではないし、商品市場に関する収集され集積された情報や知識は一種の固定資本であるが、それらには必ずしも確定的な最低必要量というものがあるわけではない。電話一台でも資本家的活動ができる場合もあるし、ごく少量の情報や知識でもきわめて有効な場合もある。また、それらは特定の使用価値の商品市場だけにしか有用でないというのではなく、他種類の商品の市場に共通に有用であるということが多い。このような特殊性があるので、商業資本は取扱商品を変更したり、資本を引上げたりすることが比較的容易に行ないうる。また、商品売買活動は比較的少額の資本でも行ないうる側面があり、しかも資本の引上げないし取扱商品の変更が容易であるのであるから、参入も容易であるということになる。すなわち、ある商品種類の取扱いによる利潤率（予想利潤率も含める）が低下することになれば、その取扱いを直ちにやめることにとくに制約はないし、逆に利潤率が上昇するようであれば、その商品の取扱いは容易に過当競争化することになるのである。

こうして、商業資本の利潤率は、不断に不確定的な変動を行ない、またつねにヨコのバラツキも残しながら、不断に平準化する傾向を示すことになる。もちろん、これは産業資本における基準利潤率の均等化傾向とはまったく異質のものである。商業資本には基準利潤率は存在しないのであるから、利潤率の変動の重心を規定する要因はそれ自身の内部にはない。種々の産業部門の基準利潤率が均等になるように諸商品の市場価格の変動と諸産業資本の利潤率の変動が調整され、その過程で産業資本が流通過程を委譲する場合に商業資本に分与しうる利潤量がいわば先行的に規定され、産業資本のもとでの利潤率と分与可能な利潤量との関係で商業資本量がいわば受動的に調整されるという形で商業資本の利潤率が平準化傾向を示すことになるのである。商業資本の利潤率増進活動には客観的な基準がなく、商業利潤は本質的に不確定的なものであるにもかかわらず、むしろ産業資本の利潤以上に平準化傾向を示すことになるのはそのためであり、何らかの理由で高利潤を実現してもそれを多少とも持続的に享受することができないで、たえず他の資本と異なる独自の活動を行なうことによって利潤率の増進を図らなければならない。しかもそれには成功の確定的な基準はなく、成功しても持続的ではないという点にその独自性があるわけである。

産業資本にとっての意義と限界　商業資本は、産業資本の流通過程を代位し、流通過程の不確定性に対処するために必要な流通上の諸費用を代位することによって、産業資本の利潤率の増進に寄与する機構的役割を果たす一面があるのであった。しかし、産業資本は実はその流通過程を恒常的、全面的に商業資本に委譲することによってそれを確定化するというわけにはいかないのである。たとえば、産業資本が生産した商品を直ちに商業資本に買い取って貰うことができれば、流通期間を確定化することはできる。しかし、そのためには商業資本への販売価格は商業資本のイニシアティヴによって決定されざるをえないことになる。商業資本が登場すると、同一商品の価格に商業資本の購入価格と商業資本の販売価格という二種類の価格が形成されることになるわけであるが、最終需要者への販売価格である後者がこの商品のいわゆる市場価格である。市場価格は不断に変動するのであり、商業資本はこの市場価格との価格差ができるだけ大きくなるような価格で産業資本からその商品を購入しようとする活動を行なうのであって、商業資本の購入価格は不断に変動せざるをえないであろう。販売期間を確定化しえても販売価格が商業資本のイニシアティヴのもとに不確定的に変動するのであれば、流通過程の不確定性の問題を委譲ないし除去したことにはならない。委譲行動の利点も絶対的なものではないのである。

したがってまた、たとえば産業資本に準備貨幣資本の余裕があり、また商品の市場価格が将来上昇することが予想されているというような条件があれば、産業資本は無条件で委譲行動をとるとはいえないことになる。商業資本は現在の市場価格よりは多少とも安い価格で産業資本から購入しなければならないわけであるが、産業資本としては価格によっては売らないという行動を選択することがありうるのである。生産過程をもっている産業資本としては将来についての強気の予想にもとづく売り控えには限度はあるが、商業資本に委譲するとしても必ずしも流通期間を零にしようとする行動をとるとは限らないわけであり、その点が商業資本との売買関係における商業資本のイニシアティヴを多少とも弱めることになる。いいかえれば、産業資本の側に多少とも売り控えることができる条件がある場合には、市場価格よりは多少とも安い価格で商業資本に販売するとしても、産業資本はみずからが流通上の諸費用を投じて最終需要者に販売する場合よりも、多少とも有利に流通過程を委譲しうることになるわけである。

このような産業資本と商業資本の関係は、前述の新規参入が容易であるという商業資本の独自的な特質によってさらに増幅される。いまある商品種類の市況が好調であるとか確実に価格上昇が予想できるような場合をとってみよう。そのような場合には、商品の取扱いをめぐる商業資本の間の競争によって、産業資本にとっての売手市場的状況が出現し、産業資本の販売価格は上昇することになる。商業資本の側では市場価格との価格差が縮小することになるが、回転数を増大することができるとか将来の価格上昇を期待することができるということであれば、購入価格を引上げうるのである。このような場合には、産業資本はみずからが流通過程を担当する場合に比べてかなり有利に委譲しうることになり、商業資本は産業資本の利潤率増進に積極的に寄与することになる。もっともこの利潤率の増進は、単なる流通過程の委譲の効果というよりも、商業資本が産業資本の流通上の諸費用を代位すると同時に、商業資本の間のいわば過当競争が産業資本の販売価格を引上げることになるため、委譲された流通上の諸費用への利潤の移譲が少なくて済むということによるものである。これは商業資本の側における利潤率の平準化傾向のいわば反射であるといってよい。

これにたいして、市場価格が低下傾向にあるとか、将来の低下が予想される商品の場合は、事態はちょうど逆になる。商業資本は容易に取扱商品を変更したり、資本を引上げたりすることができるのであるが、このような商品種類の場合には、この商業資本の特質は産業資本にたいする商業資本の買手市場的状況を確保する条件になる。すなわち、このような商品を生産している産業資本にたいしては、購入価格が不利であれば取扱いを止めることができるのであるから、商業資本のイニシアティヴによっていわば買い叩くことができることになり、こうして、産業資本の商業資本への販売価格は、流通過程の委譲によって節約される流通上の諸費用にたいする利潤を全部移譲せざるをえないような価格にまで押し下げられることになる。これよりも下に押し下げられようとすれば産業資本がみずから流通過程を担当しようとすると考えられるから、ここが下限であるが、この場合には結局のところ産業資本にとって流通過程の委譲による利潤率の増進はないわけである。これも商業資本の側における利潤の平準化傾向の反射の一つの型であるが、ここでは商業資本機構は産業資本にとって必ずしも積極的な役割を果たしえていないといってよい。

社会的生産にとっての役割　個々の産業資本の個別的な利潤率増進活動は、その意図せざる結果として種々の産業部門の基準利潤率が均等になるように諸商品をめぐる需要・供給関係の変動を調整し、諸商品の市場価格の変動を調整し、諸産業資本の諸産業部門への社会的配分を調整する。商業資本はこのような産業資本の諸部門の商品の市場価格の動向の相違、つまりそれぞれの商品をめぐる社会的需要と供給との対応関係の相違、あるいはそれぞれの産業資本の利潤率の動向の相違によって、利潤率増進活動にたいして不均質な役割を果たすわけであり、したがってまたその意図せざる結果として、産業資本の社会的配分にたいして補足的な資本主義的調整機構としての役割を果たすことになるのである。

利潤率ないし予想利潤率が比較的高い産業部門、すなわち資本主義的な基準からみて資本の社会的配分が過少な、あるいは過少になりそうな産業部門の商品の場合は、売行きがよいとか価格の上昇が予想されるといった条件があるため、すでに述べたように商業資本の側での代位競争の圧力によって、産業資本から商業資本への販売価格が上昇する。商業資本の利潤が押し下げられていわば平準化する分だけ産業資本の利潤が押し上げられる。こうしてこの産業部門の資本蓄積と生産の拡張は商業資本による流通過程の分担によって加速されるのであり、商業資本はその意図せざる結果として資本の社会的配分の調整を加速するわけである。しかもこの場合、商業資本は価格上昇が予想されると、投機的な在庫保有を行なうことによって実需以上の需要を形成することにもなる。無政府的な資本主義的生産では、資本の社会的配分の調整はたえず行きすぎを伴いつつ進行するのであるが、商業資本の投機的活動は資本配分の調整の行きすぎを増幅しつつ、調整過程をいっそう加速するという社会的役割を果たしているわけである。

これにたいして、利潤率ないし予想利潤率が比較的低い産業部門、すなわち資本配分が過剰であるか過剰化しつつある産業部門の商品の場合は、逆に売手としての産業資本の委譲競争の圧力によって、産業資本から商業資本への販売価格は押し下げられるのであり、すでに述べたように商業資本への流通過程の委譲は産業資本の利潤率を必ずしも増進しない。というよりも、商業資本としてはある一定の価格以上では購入しないから、産業資本としては買い叩かれるよりはむしろ流通過程をみずから担当する方がかえって有利ということさえあるのである。流通過程の不確定性が大きく、委譲の一般的要請がとりわけ強いと考えられる部門で、商業資本は不確定性の解除に積極的な役割を果たしえないどころか、かえってそれを増幅さえするのであり、この部門の産業資本の利潤率を増進するというよりも、むしろ利潤率の低下の速度をはやめるという意味で資本の社会的配分の調整過程を補足する役割を果たすのである。

第二節　貨幣市場と銀行資本

貨幣市場とは、一定期間の貨幣の使用価値、つまり一定期間の貨幣機能を一定の代価で売買する資金市場のことである。これは資本市場とともに産業資本の利潤率増進のための金融市場機構の一つをなすが、同時に第一節で考察した商業資本による商品市場機構の限界を打開して、産業資本の流通過程の諸問題の解決を進めたり諸費用の効率化を進展させたりする機構という意味をもつものでもある。ここではこの市場の基底的な関係をなす商業信用の考察から始め、貨幣市場自体の階層構造を明らかにする。

1　商業信用

商業信用の利点　商業信用とは産業資本や商業資本が将来の支払約束によって行なう商品売買関係のことである。この関係は商品の売手が買手の将来の貨幣支払を信用することによって成立する。将来の支払約束は一般的には手形という形式をとる。手形には大別して、一定の期日に一定額の貨幣を支払うことを約束する約束手形と、一定の期日に一定額の貨幣を支払うよう指図する為替手形とがあるが、以下では約束手形による場合を例にとって考察を進めることにする。

個々の産業資本はその利潤率の増進活動の過程で様々の準備貨幣資本を必要とするのであった。これは資本であり費用であるが、一種の遊休資本でもあるから、産業資本にはこれをできるだけ節約したいという要請がある。しかし節約すると不足が生じ、不足を回避しようとすると過剰遊休が発生する。商業資本はこの問題の解決の一つの機構で

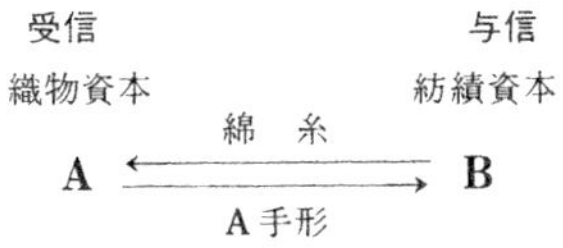

図　III-2-2

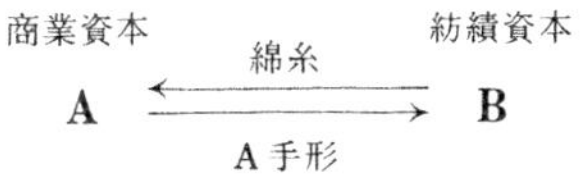

図　III-2-3

あるが、産業資本にとって必ずしも恒常的、全面的に有利に利用しうる機構とはいえないところがある。商業信用の展開は商業資本機構とも相まってこの問題の解決をさらに一歩進めることになるのである。

まず、買手（受信資本）にとっての商業信用の利点からみていこう。いまたとえば織物資本Aが紡績資本Bから三ヵ月期限の額面一〇ポンドの手形で原料の綿糸を購入できるとする。このような信用取引が可能であれば、買手Aは織物の販売期間や市場価格の変動、あるいは原料価格の変動に対処して生産規模を一定に維持するために準備しなければならない貨幣資本を節約できることになる。たとえば販売期間についてみるならば、不確定的に変動する様々の販売期間のうちの比較的頻度の高い販売期間についてだけ準備をして、頻度の低い期間の場合の準備を節約し、そのような場合が生じて準備が不足したときには信用取引に依存するというような準備方法が可能になるわけである。

また、織物の市況が将来よくなるという予想があって、Aとしては現在の規模以上に生産過程を拡大したいという場合にも、このような信用取引を利用することができれば、流動資本的拡張のための蓄積資金の準備の少なくとも一部を節約することができることになる。なお、買手資本が商業資本の場合は、生産過程がないから産業資本の場合のような意味での準備の節約という問題は商業信用展開の積極的な動力にはならないが、手形による綿糸の購入価格との関係で三ヵ月以内に十分な綿糸価格の上昇が予想される場合には、商業資本も信用によって自己資本以上に綿糸の購入を追加しようとすることになろう。いずれにしてもここでは、将来の貨幣の還流が先取りされて現在の購買力が創出されることになるのであり、商業信用は買手にとって追加的購買力ないし追加的資本力の調達機構として機能して、買手資本の利潤率の増進に寄与するのである。

それでは売手（与信資本）にはこの商業信用はどのような利点があるのであろうか。売手が紡績資本の場合には、三ヵ月期限の一〇ポンドの手形によって綿糸を販売することができれば、この信用取引によって紡績資本は、まず、不確定的に変動する綿糸の販売期間と販売価格とを事実上三ヵ月と一〇ポンドに確定することができたことになり、そのことによって三ヵ月以上になるかもしれない販売期間や一〇ポンド以下になるかもしれない販売価格のために必要な変動準備資本を節約できることになる。

また、紡績資本のもとに過剰な準備貨幣資本が発生するような場合には、この与信活動を利用してそれを有利に転用できることにもなる。それはこういうことである。いまBが信用で販売する綿糸は現金貨幣でもむろん売買されている。その市場での現在の市場価格は九ポンドという水準にあるとしよう。Aには現在の貨幣は不足しているが綿糸にたいする強い需要があり、三ヵ月後の貨幣でよければ現在の市場価格より高くても購入したいということで、現金価格より一ポンド高いいわゆる信用価格で売買されることになっている。売手Bの方としては現金貨幣による市場で販売して現在の九ポンドを引上げるという行動を選択するかわりに、それを三ヵ月後に一〇ポンドとして引上げるという行動を選択しているということになる。このような行動を選択できるのは、Bに三ヵ月間の生産過程を維持するのに必要な貨幣資本の準備に不足がないからであり、したがってこれは、現金で販売すれば過剰準備となるであろう九ポンドを三ヵ月間Aに融通して、その代償として一ポンドを取得している行動ということができる。ここでは商業信用は、現在の貨幣として引上げれば、過剰準備として遊休せざるをえない資本部分を転用して増殖させる役割を果たしているわけである。

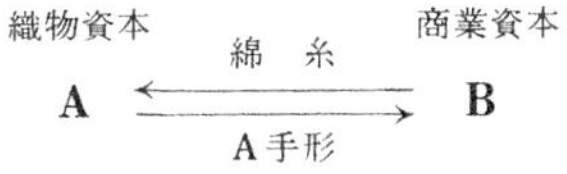

図　III-2-4

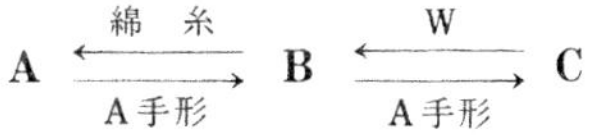

図　III-2-5

なお、売手が商業資本の場合は生産過程がないから、産業資本の場合のような意味での変動準備の節約や過剰準備の転用という問題は与信の積極的な要因にはならないが、信用価格が三ヵ月後の予想市場価格よりも十分に高い場合には、現金貨幣では購入しえない買手にたいする販路を拡張し確定すると同時に利潤率を増進することができるという点で、信用で商品を販売することには商業資本についても利点があるといってよい。

産業資本であるにせよ商業資本であるにせよ、与信資本Bが三ヵ月間この手形を保有している場合には、満期日にAに一〇ポンドの貨幣の支払いを請求することになるが、それ以前にBに信用で商品を購入する需要が発生することがありうる。Bは新しく自分の手形を振出してもよいが、Aから受取った手形に裏書きをして使用することもできる。Bにたいして信用売りをする資本をCとすれば、CにとってはB振出しのいわゆる単名手形よりも、裏書きによって複数の資本が支払いを保証することになっているA振出しのいわゆる複名手形の方が一般的には受取りやすい。つまり一般的には裏書きの多いほど手形の譲渡性ないし流通性は大きくなるわけである。そして、こうして商業信用の連鎖が形成され、手形が一種の貨幣（信用貨幣）として機能しうることになると、信用連鎖の中間に入る資本Bにとっては、綿糸の流通期間は手形を満期日まで保有している場合に比べて事実上短縮されることになるのである。

このように、商業信用の展開は受信資本、与信資本の双方にそれぞれ利点があり、商業信用の連鎖が形成されるとさらに追加的利点が生じるわけであるが、しかし商業信用関係が成立するためにはそれぞれの資本相互の間で一定の条件がみたされなければならないので、必ずしも商品を売買するすべての資本の間で恒常的、全面的に成立することにはならない。

商業信用の条件と限界　商業信用が成立するための第一の条件は、信用の与え手が産業資本の場合は、信用を与えている期間中の生産過程を一定の規模に維持するために必要な貨幣資本が与信資本の手もとに十分準備されており、信用で販売する商品を仮に現金貨幣にたいして販売するとすれば、その販売代金の分は過剰遊休化するという事情があることである。しかもこの貨幣資本の準備が十分である期間や過剰遊休化しうる資本量やその時機が、買手の方で必要としている受信の期間や金額や時機についての条件を満足させるものでなければならない。

売手が商業資本の場合には、生産過程にとっての準備という問題がないのでこのような条件は必要がないが、同時にこのような準備の節約ないし転用という利点もないのであるから、別の利点があることが条件となる。すなわち、信用で販売する商品の信用価格がその商品の現在の市場価格より高いのはもちろんのこと、手形の満期のときの予想市場価格からその間の保管費用を差引いた価格よりも高いとか、受取る手形に裏書きする方が自分の振出す手形よりも譲渡性があるというような条件がなければならない。買手が商業資本の場合には、信用で購入する商品の市場価格が手形の満期日までの間に、その商品の信用価格よりも十分に高くなると予想できるという条件がなければならない。

第二の条件としては、商業信用とは将来の貨幣還流の先取りによる現在の商品の受渡しであって、将来の貨幣支払いが残るのであるから、受信資本における将来の貨幣還流が確実に予想できるということが必要である。これは与信資本にとってはもちろんであるが、受信資本にとっても、その後も資本としての運動を続け、その過程で将来も信用関係を利用しなければならないとすれば、同様に必要な条件なのである。

しかし、このような条件は商業信用の展開を要請している諸資本の間で恒常的、全面的に存在しているわけではない。第一に、準備貨幣資本が産業資本の運動の過程で遊離されて形成されたり、生産過程に出動していって消費されたりする時機や、その量や準備として遊休している期間は、この産業資本の再生産過程の種々の個別的事情によって規定されており、同様にして、この準備としての貨幣に当面余裕があるため、もし現金で販売すれば過剰な遊休を形成することになる資本部分についても、その時機も量も期間もこの産業資本の個別的事情に規定されている。他方では、買手が産業資本であれば、その資本が必要とする受信の時機や信用の量や期間もそれぞれの資本の生産過程の個別的事情やその資本が生産する商品の市場の状況によって規定されるのであり、この両者の個別的諸事情が一致するとは限らない。

また第二の条件にしても、個別資本の流通過程には不確定性がつきまとっているのであり、買手資本における将来の貨幣還流について必ずしも確実な予想ができるわけではない。売手資本としては市場調査や信用調査などの費用を投じて情報を収集し、債権の安全を確認しようとつとめるであろうが、それによっても不確実性が完全に除去できるわけではない。したがって商業信用は、信用の需要側と供給側での信用の量、期間、時機の一致という条件がみたされたとしても、それだけでは直ちには成立しえないのである。

なお、商業信用の当事者のどちらかが商業資本の場合の商業信用の限界は、当事者の双方が産業資本の場合とはやや異なる。商業資本には生産過程がないので、生産過程の個別的諸事情の相違に規定された諸条件の不一致という問題は存在しない。商業資本が売手であるような商業信用の場合には、前述のように信用で売買される商品の信用価格と将来の予想市場価格との間に、信用を与えることが商業資本にとって有利であるような関係の存在することが重要な条件になる。このような条件が一般的に存在するということはないであろうが、ともかく商業資本に利点があり、産業資本の将来の支払約束が信用できれば成立するという意味では、この商業信用は制約が比較的少ない方であるといってよいであろう。商業資本が買手であるような商業信用の場合には、先の売手の場合と逆の関係が信用価格と予想市場価格との間に存在していて商業資本に受信の利点があるということと、与信者である産業資本の方でその商業資本の将来の支払約束を信用しうるということが条件となるが、これはいずれも厄介な条件であるといってよい。とくに商業資本は固定的な生産過程をもっていないために定着性や資本活動の継続性に問題があり、一般的にいって信用を与え難い資本であるといわなければならない。

このように商業信用は、買手の資本と売手の資本の双方に利点のある事実上の貨幣の調達と有利な転用の機構でありながら、必ずしも恒常的、全面的には利用できないという意味で、機構上の限界をもっているわけである。このような商業信用の限界は銀行資本が介在することによって展開される銀行信用によって打開されることになる。

2　銀行信用

信用代位の要請　いま綿糸の買手Aと売手Bの双方に信用によって綿糸を売買したいという要求があるにもかかわらず、それぞれの個別的諸事情による制約によって商業信用関係が形成できないとしよう。その理由は上述のように大きく二つに分けることができるが、以下では簡略化のために、信用の時機、期間、金額などの問題を量的条件の問題と呼び、将来の支払能力の確実性にたいする予想の問題を信用しうるか否かの問題ないし受信力の問題と呼ぶことにする。売手のBには与信需要があるのであるから、個別的諸事情による制約が解除されている手形、つまり量的条件が一致し、将来の支払いが信用しうる手形にたいしてであれば、信用で販売しうるし、むしろ積極的に販売したいという要請があるといってよい。したがって受信需要のあるAとしては、自分の手形には受信力がなくてBが受取らないのであれば、Bからの受信力のある資本の支払保証を受けようとする行動をとることになり、また受信力と量的条件の両方に問題があってBが受取らないのであれば、自分の手形と交換にBが受取るような手形を手に入れよう

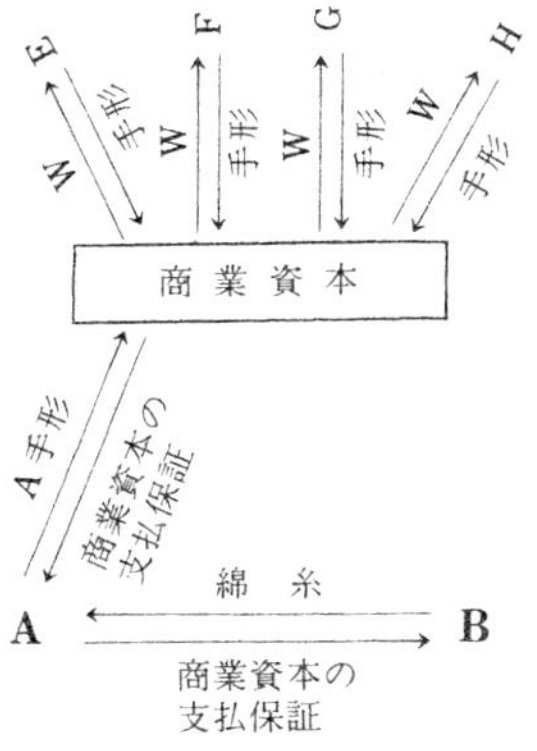

図　III-2-6

とする行動をとることになろう。

ここで、受信力の大きい手形ないし資本の一般的条件を調べてみよう。受信資本が産業資本の場合であれば、その資本が生産する商品の市況が好調であるというようなことを別にすれば、単名手形よりも複名手形の方が受信力は大きいといってよい。これはいうまでもなく複数の資本が支払保証をしているからであって、売手はいわば複数の資本にたいする債権をもっているようなことになる。商業資本は、先にも述べたように、それ自体としては受信力が大きいとはいえない。しかし、多数の産業資本にたいして信用による商品の販売活動を行なっている商業資本であれば、単一の産業資本よりもむしろ受信力はあるといってよい。その商業資本による貨幣支払いは、その資本に集積されている多数の産業資本にたいする債権の貨幣としての還流によって保証されているということができるからである。また、こうして商業資本のもとには個々の産業資本の個別的諸事情が集中されて、ならされているので、商業資本としては受信の量的条件を産業資本よりも自由に与信資本の必要としている条件に適応させうる余地も大きいということができよう。

そこで、このような商業資本のなかにBにたいする受信力のある資本があり、その資本がAの要求に応じてくれるならば、Aとしてはこの商業資本に自分の商品を信用で売ってこの商業資本の手形を受取り、それに裏書きするなり、この商業資本に自分の手形の支払保証をして貰うなり、あるいは自分の手形をこの商業資本の振出手形と交換して貰うなりして、Bから信用で商品を購入しうることになる。ただこの場合、Bが信用を与えるのは商業資本にたいしてであり、この商業資本がAの信用を代位してやることによって信用による商品売買が可能になっているのである。A

の受信需要とＢの与信需要は、両者の間に介在する商業資本からの受信とそれにたいする与信としてそれぞれ充足されているわけである。

　ＡにはＢにたいする受信力がないのにたいして、商業資本には広汎な産業資本にたいする与信活動とその結果としての債権の集積を根拠にＡ以上の受信力が生じているわけであるが、他方ではまた、ＢはＡの要求に応じ難いのにたいして、商業資本にはＡの要求に応じやすいだけではなく、むしろ積極的に応じようとする面があるのである。すなわち、Ｂの与信動機はＢの個別的諸事情に規定された一定期間の準備貨幣資本の利用ないし過剰遊休資本の転用であるのにたいして、商業資本の与信はそのような制約のある貨幣資本の利用ないし転用ではないので、利点さえあれば応じうるし、また応じようとするといってよい。それに、商業資本の場合には、受信資本Ａについての信用調査などの情報収集の費用は、商業資本の一般的な商品売買活動およびその広汎な与信活動において収集される情報が利用できるのであるから、Ｂが与信を行なう場合に比べて費用を大幅に節約しうるし、情報の確度も多少とも高いということができよう。

　そして、このようにある資本のもとに他の諸資本にたいする債権の集積と他の諸資本についての情報の集積があれば、その資本は受信活動と与信活動について個別産業資本よりも有利な立場に立ちうるとすれば、信用代位を求められ、またそれに応じうる資本は必ずしも商業資本の兼業である必要はないわけで、利潤さえあげられれば信用代位業務だけで独立しうることになる。この業務を専門的に行なう資本が銀行資本である。

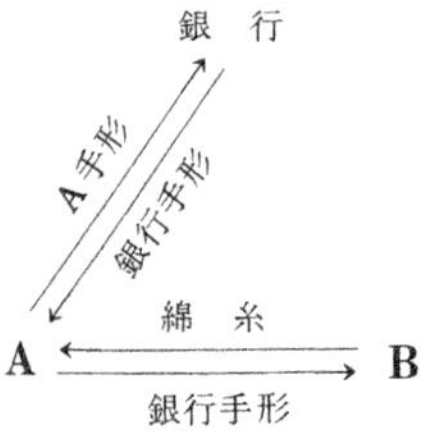

図　III-2-7

銀行の手形割引業務　産業資本ないし商業資本の手形では信用による商品売買が成立しない場合、このような専門的な銀行資本の介在によって商業信用の限界が打開され、信用による商品売買が可能になる。銀行は個別資本的な制約のある買手の手形を自分の手形と交換してやって、自分の受信力で買手の受信力を代位してやり、売手はこの銀行の支払能力を信用して商品を販売するという二重化した信用関係が展開されることになるわけであり、こうして銀行資本は、一方の手で信用を与え、他方の手で信用を受ける資本となる。銀行の手形（支払約束）のうち、簡単な整数金額表示の一覧払形式のものがいわゆる銀行券である。

銀行手形ないし銀行券の流通性（譲渡性）、あるいは銀行の支払能力は、直接的には銀行の資本の一部を構成する支払準備金によって支えられているといってよい。銀行券の支払いのことをとくに兌換といい、そのための準備のことを兌換準備金という。この支払準備は、しかし、銀行の支払能力にとって必ずしも実質的な基礎をなすわけではない。銀行はその専門的な情報収集活動にもとづいて広汎な産業資本ないし商業資本の中から支払能力が確実に信用しうる諸資本の手形を選別し、それらの諸資本の手形を自分の手形で集中代位することによって、それらの諸資本による円滑な返済を銀行の手もとに集中・集積しているのであり、銀行の債務にたいする支払能力の実質的な基礎はここにあるのである。もちろん銀行がいかに精密に信用調査活動を行なっても、銀行がその信用を代位して保有する諸個別資本の手形のすべてが確実に支払われるとは限らない。銀行が保有する手形に多かれ少なかれ不渡りが生ずることは避けられないことである。しかし、広汎な諸資本の貨幣還流を集中・集積している銀行からすると、このような部分的な不渡りは銀行の支払能力の基礎を部分的に損う事態でしかないわけであって、銀行としてはその分だけ部分的に補完すればよい。支払準備金は実質的にはこのような部分的補完を行なうという意味をもつものと考えられるのである。

銀行はこのような信用代位業務を行なうために建物や設備や支払準備金などに資本を投じ、さらにこの業務に必要な信用調査や貨幣取扱いなどのための流動的費用を資本として支出する。そしてこれらの総投下資本にたいする利潤

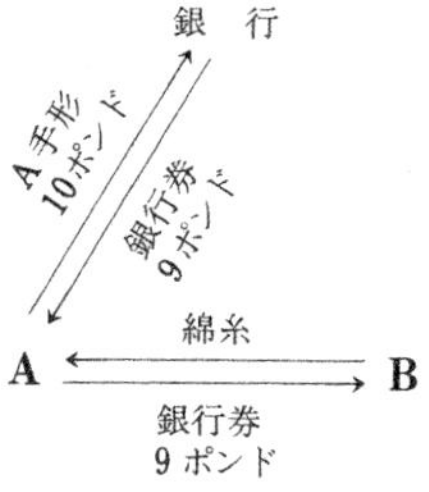

図　III-2-8

率の増進を追求するわけであるが、銀行はこの信用代位業務を手形割引業務として行なうことによってその利潤を実現するのである。すなわち、銀行は個々の資本の信用を代位するさいに、取得する個々の資本の手形の金額（たとえば一〇ポンド）よりも少ない金額（たとえば九ポンド）の銀行手形（一般的には銀行券）を交付するといういわゆる手形割引を行なうのであり、この差額（この場合は一ポンド）が割引料である。受信資本は信用を代位して貰うことによって増大する利潤のうちからこの割引料を支払うことができるわけである。年間の割引料総額から年間の手形割引業務に要した費用総額を控除したものが銀行資本の年利潤である。

そして銀行資本のこのような手形割引業務は、一定期間の事実上の貨幣機能を一定の代価で売買するいわゆる貨幣市場をつくりあげる。銀行手形ないし銀行券は直接的には銀行自身の支払約束、つまり債務証書であって貨幣そのものではないが、受信資本Ａとの関係ではＡの将来の貨幣還流を先取りして振出され、Ａの債務に代位してＡの手もとで事実上の現在の購買手段として機能する。そして、Ａの銀行にたいする債務は一定期間後に割引料とともに支払われて消滅することになる。つまり銀行は現在の貨幣機能を一定期間追加的に創出し、それが一定の代価で受渡しされるのであるから、銀行が一定期間の貨幣機能の売手として現われ、個々の資本がその買手として現われる貨幣市場がここに形成されているということができるわけである。こうして割引料は、商品化した一定期間の貨幣の使用価値（貨幣機能）の価格、すなわち銀行による独自な貨幣貸付の利子であるということができることになる。一定期間自由に処分しうるものとしての貨幣の使用価値のことを簡略化して資金と呼ぶ。

貨幣取扱業務と利子付預金

個々の産業資本や商業資本はそれぞれの流通過程において商品の売買活動を行なうさ

いに、貨幣の保管、出納、送金といった事務的操作を必要とし、そのために一定の労力や資材を必要とするが、この費用は資本にとっていわば純粋の失費であるといってよい。したがって、多少の手数料を支払っても、この操作を他の資本に代行して貰って費用を節約できるのであれば、これを他に委譲したいということになる。しかし、このような貨幣取扱いは誰にでも委託できるという性格のものではない。銀行が信用代位業務を行なう過程で広汎な諸資本にたいする債権を集中・集積することになると、そのことによって保証される受信力を基礎にして銀行は、広汎な諸資本が貨幣取扱操作を委託しうる最適の資本となるのである。

こうして銀行は、貨幣取扱業務を兼業することによって、本来的業務である割引業務による割引料の他に貨幣取扱手数料を追加的な利潤の源泉としうることになるが、この業務の兼業の利点は単にこのことだけにとどまらない。すなわち、この貨幣取扱いのために出入りする貨幣は多かれ少なかれある期間銀行に滞留することになる。その銀行に貨幣取扱業務を委託している諸資本間の貨幣の受渡しを、いわゆる小切手による預金の移転指図と帳簿上の付替えを行なうだけの預金の銀行内振替によって行なうことになると、銀行の金庫内における貨幣の滞留はいっそう増大すると同時に、その確定化が進むことになる。このいわゆる当座預金（あるいは出納預金）は貨幣取扱業務の委託にともなう預金であり、銀行にたいして預金者の方で手数料を支払う性質のものであって、それ自体は本来の信用関係ではないが、銀行の方にこれを銀行の手形（銀行券）債務の支払準備金に一時的に流用できるという利点が生じる。つまり貨幣取扱業務にともなって生じる他の諸資本の貨幣の滞留が、銀行の資本として投下しなければならない支払準備金の節約ないし補強による与信活動の効率化ないし拡張を可能にし、銀行の利潤率の増進をもたらすことになる。さらにまた銀行は、この預金の振替による決済方式の展開にともなって与信を預金設定によって行ないうることになるのであり、こうして預金形式の銀行債務の創出が銀行手形振出ないし銀行券発行とならぶ与信の一つの手段になって、銀行はいわゆる発券の費用の少なくとも一部を節約できることにもなるのである。

ところで銀行としては、預金の滞留を転用して与信量を拡大しうるということであれば、預金のこのような利点を積極的に利用するために、貨幣取扱いにともなう貨幣の保管を単に受動的に代行するだけでなく、代価を支払ってでも進んで広汎な諸資本から遊休貨幣資本を期限付で集中し、その確定的な滞留を確保しようとすることになる。これがいわゆる有期預金ないし利子付預金業務である。ここでは貨幣の一定期間の預託とその間における貨幣の準備補強の機能に代価が支払われるのであるから、これは一定期間の貨幣機能の売買であり、預金利子、すなわち預金者による銀行にたいする貨幣貸付の利子がその代価である。また、こうして預金者としての個々の産業資本や商業資本（もっとも商業資本の利子付預金は殆どないと考えてよいであろう）は、商業信用の展開に制約があって充足できなかった与信者としての過剰貨幣資本の転用・増殖動機をこの利子付預金機構によって充足できることになる。そして、このような利子付預金の展開によって、今度は銀行が一定期間の貨幣機能の買手として現われ、個々の産業資本なり商業資本なりはその売手として現われるもう一つの貨幣市場が形成されることになるわけである。こうして、できあがった結果としての貨幣市場をみると、その中心に位置する銀行は、右の手で産業資本や商業資本から貨幣の期限付使用価値を安く購入し、左の手で産業資本や商業資本にそれを高く販売するという資金の商人のような活動をすることによって利鞘を稼いでいる資本のようにみえることにもなるが、そのように理解すべきでないことはこれまでの説明からも明らかであろう。銀行は産業資本や商業資本における将来の貨幣還流を先取りして現在の購買手段や準備手段や支払手段などの貨幣機能を創出し、それを一定の価格で販売しているのであり、預金業務はこのような信用業務を補強する役割を果たしているにすぎないのである。

3　信用機構の重層構造

銀行間取引　銀行がこのような手形割引業務とそれを補足する利子付預金業務を行なうことによって、それに要する資本が利潤を取得しうるということであれば、多数の資本がこの銀行業務を投資対象に選び、複数の銀行資本が互いに競争しながら利潤率の増進活動を展開することになろう。したがって、個々の銀行資本としては社会的生産を部分的、特殊的に担当している産業資本や商業資本と部分的、特殊的に取引関係を結ぶにすぎないわけで、いかに広汎な諸資本における貨幣還流ないし貨幣の遊休化を集中・集積するとしても、それらは多かれ少なかれそれぞれの資本の地域的特殊性なり産業部門的特殊性に規定されざるをえない。そしてこのことは、個々の銀行の受信力や与信力の相違とその変動の原因となるのであり、こうして個々の銀行資本がこのような部分性、特殊性にもとづく諸問題を解決しようとする過程で、銀行間の貨幣出納や送金などを集中して代行する銀行や、銀行から信用を受けたり銀行に信用を与えたりする銀行、つまり銀行の銀行が生じることになるのである。

たとえば、ある銀行甲と信用取引関係をもっている資本Aが他の銀行乙と取引関係にある資本Bから商品を購入する場合を考えてみよう。このA、Bの商品売買にはA手形による場合、甲銀行券ないし乙銀行券による場合、現金貨幣による場合などがありうるが、他の事情が不変であれば、いずれにせよ早晩その結果として甲銀行からその支払準備金が流出し、乙銀行にそれが流入してその支払準備金を増加させることになる。個々の銀行の取引圏内の諸資本の運動がその圏内だけでは完結しえない構造をもっている限り、圏外との商品売買関係は個々の銀行における現金貨幣の流出入関係に結果し、それはまた銀行と銀行の間の一定の信用関係とそれを決済するための貨幣の出納関係を生ぜしめることにもなるのであるが、この場合、個々の銀行間の関係のあり方によっては、それぞれの支払準備金の少なくとも一部を外部の資本に預託し、この預金にたいする支払指図によってこのような銀行間の貨幣の出納を処理すれば、銀行は貨幣取扱上の諸費用を節約できることになる。こうして銀行の支払準備金の出納の委託先としての銀行の銀行にたいする要請が生ずることになり、相互の委託先が異なればまたそれぞれの委託先の銀行で貨幣取扱業務の外的委託の問題が生じ、諸銀行の間で支払準備金の重層的な預託機構が形成されるのである。

銀行と銀行の間の信用関係ももちろん生じうる。銀行は自己宛の債務証書によって与信を行なうのであるから、当然つねに一定の支払準備金を用意していなければならないが、これは銀行資本にとっては経験的に必要最低限と考えられる率に維持されていることが望ましい。しかし現実にはこの支払準備金の保有量は不断に不確定的に変動し、経験的な必要準備率を超えて過剰準備状態になったり、必要準備率以下の不足状態になったりするわけであり、過剰になった場合は銀行としては与信量を拡大しなければならないし、不足になった場合には準備を補充しなければならない。この準備の補充には様々な方法がありうるが、その一つの方法として、他の銀行からの受信があるわけである。その場合、この銀行間の信用関係も必ずしも現金貨幣による必要はない。流通力（受信力）の大きい銀行の銀行券によることもありうるし、また支払準備金の出納の委託先銀行から預金設定方式で信用を受けることもありうる。というよりも出納の委託先銀行と信用関係を結んだり、信用を受けることの多い銀行を出納の委託先にするという銀行間関係が形成されることになるわけである。

こうして個々の銀行は、受信力が自分よりもいわば上位の銀行を自分の銀行とすることになり、他方の上位の銀行の方は、下位の諸銀行の支払準備金を集中しつつ、それらの諸銀行を与信活動の対象とすることになる。そして、このような重層的な構造をもった銀行間取引によって、個々の銀行の取引相手の諸資本の状況の反映としての支払準備金の過不足と、それを基準とするそれぞれの銀行の与信力の過不足の調整が行なわれ、それを通して個々の産業資本ないし商業資本との間の受与信関係が展開されるのである。またこうして信用機構の重層的構造ができあがると、その内部でより下位の位置を占める諸銀行の中には、その取引相手の諸資本との関係とか他の銀行との関係によっては銀行券発行が消極的意味しか持ちえないものも生じることになり、諸銀行の間に与信を預金設定のみによって行なういわゆる預金銀行と、与信の方法として銀行券の発行を併用するいわゆる発券銀行の分化が生じることにもなるのである。

信用機構の役割　商業信用の個別的限界は広汎な諸資本からの受信力をもった銀行が介在することによって打開され、銀行を中心とする貨幣市場機構が個々の資本にたいして利潤率増進の補足的機構として役立つことになるわけであるが、この個別資本にたいする信用機構の役割を簡単に整理すると、第一に銀行は、信用代位業務を展開することによって、受信力に個別的限界があって商業信用を利用しえない個別資本にたいして将来の貨幣還流を先取りした追加的購買力を創出してやり、準備貨幣資本の節約ないし自己資本以上の資本力の追加による利潤率の増進に寄与する。第二に銀行は、利子付預金業務を展開することによって、商業信用による与信を利用しえない資本にたいして遊休貨幣資本の転用機構を提供し、その面からも個々の資本の利潤率の増進に寄与する。なお、個々の資本の与信動機が銀行の介在によって充足されている点についてみる限りでは、個々の資本の与信にともなって必要となる信用調査のための諸費用も事実上銀行によって代位されて節約されているということができる。第三に銀行は、貨幣取扱業務を代行することによって、個々の資本にたいして純粋な失費としての貨幣取扱費用の節約機構を提供し、利潤率の増進に寄与する。

そして銀行とそれが組織する重層的信用機構は、個別資本にたいするこのような機能を通して、資本主義的な社会的生産にたいして次のような意図せざる社会的役割を果たすことになる。すなわち、まず第一に、銀行の債務ないし銀行にたいする債権である銀行券や預金が代用貨幣として貨幣機能を果たすことになり、さらにまた諸資本の様々の準備貨幣の重層的な預託機構や債権・債務の重層的な決済機構の展開によって現金貨幣が重層的な信用機構の最終的な支払準備金の地位につくことになって、資本主義的な社会的生産編成に必要な貨幣商品金が極度に節約されうることになる。もっとも信用機構のこの金節約機能はあくまで社会的再生産過程の円滑な進行を根拠にしているものであり、それが麻痺すればこの機能もその根拠を失って貨幣飢饉が爆発することになる。

第二に銀行と信用機構は個々の資本の利潤率の動向の相違に応じて異なった役割を果たし、その結果として、基準利潤率の不断の均等化傾向として現われる資本と労働の部門間配分の資本家社会的調整を補足する役割を果たす。すなわち、利潤率ないし予想利潤率が高水準にある部門では、生産の拡張動機をもつ資本にたいして追加的購買力の調達機構としての役割を果たし、その蓄積を加速することによって高利潤率の原因であるこの部門への資本主義的な基準での資本配分の不足の是正を促進する。また、利潤率ないし予想利潤率が低水準にある部門では、他部門への移動動機をもっていてその部門での蓄積を抑制し、さらには既投下資本をも引上げようとしている資本にたいして、利子付預金機構が遊休貨幣資本の転用・増殖機構として機能することによって、この部門の資本の引上げが多少とも速められ、この部門への資本の資本主義的な意味での過剰配分の是正がそれだけ促進されることになるのである。

第三節　資本市場と証券業資本

商業資本とそれが組織する商品市場は産業資本の利潤率増進活動を補足する役割を果たすものであるが、それには機構上の限界があった。銀行資本とそれが組織する貨幣市場は商業資本には行なえない役割を果たすことによってその限界を打開する意義をもつものであるが、これにもやはり機構上の限界があるのである。証券業資本が組織する資本市場（厳密には証券市場）はこの貨幣市場機構では果たせない役割を引受けて産業資本の利潤率増進活動を補足しそのことによって産業資本による社会的生産編成を補足する第三の機構となる。

信用機構の限界　信用機構は利潤率の増進を追求して活動する個々の資本にたいして一方では将来の貨幣還流を先取りした追加的購買力の創出・調達機構を提供し、他方では遊休貨幣資本の転用・増殖機構を提供した。しかし、この機構はその展開の動力となった個々の資本の諸要請を必ずしも十分に満足させるものとはいえない。信用関係の利用は本来的には流動資本部分についての短期間の追加的購買力の調達・融通に限られざるをえないのであり、固定資本部分についての調達・融通にはなじまないところがあるのである。

まず、商業信用ないし手形割引についてみよう。信用とは将来の支払いにたいする信用のことであり、与信資本は返済支払いを受けることによってはじめて融通した貨幣の回収とその増殖分の取得を実現できるのであるから、与信資本としては将来の返済の確実な相手を十分に選別するだけでなく、与信期間をできるだけ短くして本来的に不確定な性格をまぬかれない返済還流をたえず確認し、貸倒れの危険をできるだけ小さくすることが必要となる。そこで固定設備のように、比較的巨額で、しかも貨幣形態での還流が多少とも長期にわたり、したがって返済も長期にわたらざるをえないような生産要素の購入にたいしては、信用を供与するわけにはいかないことになる。つまり、固定設備のようなものの売買の場合には、売手は買手に長期の商業信用を与えるわけにはいかないし、買手は売手が長期の手形では売ってくれないからといって長期手形を銀行に持ち込んでも、銀行も割引いてくれない。

また、買手側としても実は長期の受信には問題があって、必ずしも積極的にそれを要請するともいえないのである。もちろん、固定資本部分についても、他人の資金を利用することによって自己資本以上の資本力が実現できるのであれば、それは利潤率を増進することになるので、他人資金の利用要請はあろう。しかし、短期で返済することが不可能である以上、受信側としても短期の信用を受けるわけにはいかない。しかし、長期の手形を振出して、仮に銀行がそれを割引いてくれるということがあるとしても、確定割引率の長期間の債務を負うということは、その間に生じうる様々の不確定的変動のことを考えると、受信資本にとっても必ずしも利点があるとはいえないわけであり、一般的には産業資本はそのような受信を望まないであろう。

さらに、銀行が展開する利子付預金機構についても、個々の産業資本の遊休貨幣資本の転用・増殖機構として必ずしも個々の産業資本を十分満足させるものとはいえないという問題がある。利子付預金は銀行にとっては確定利子率による借入れであるから、有期預金といっても余り長期のものにするわけにはいかない。それに与信自体が短期に限定されざるをえないのであるから、その準備を補強するにすぎない預金をそれほど長期のものにする必要もない。しかし産業資本の側には、固定資本の償却資金のようにかなり長期間遊休するものもあり、また貨幣形態で一定の規模に達するまで積み立てられて準備される蓄積資金のように、量に制約があるだけで期間的には本来の再生産過程に必ずしも束縛されていない、いわば自由に投資対象を選択できる資本としての貨幣もあるのである。これらは流動資本の回転運動の過程で短期的に発生する遊休貨幣資本の転用動機に比べて、安全性を多少犠牲にしても収益性のより大きい増殖機会を選択しうる性質をもっているといってよい。

したがって、産業資本としては利子率がかなり高く、債権に譲渡可能な証券の形態が与えられて、必要に応じて貨幣形態で回収できるような機構があれば、長期の直接的な貸付という方式で一部の遊休貨幣資本の転用・増殖を図るということも不可能なことではない。しかしその場合には、貨幣市場の利子率の変動とともに貸付証券の価格が変動することになるので、形式は貸付でも回収金額が変動することになって、実質的には資本として投じるのと同じような不確定性が生じるのであり、むしろ利子が確定している点では、後述する出資方式によって直接に資本として投下するよりも利点が少ないことさえありうるのである。しかも借入れ側にとっては、貸付が証券化して流動化しても、債務が確定利子、確定期限の長期債務であることには何の変わりもないのであるから、この関係は一般的には成立し難いといわなければならない。こうして、一方では信用機構では充足できない資金の調達需要があり、他方では信用機構では充足できない資金の転用・増殖需要があって、この二つの需要を何らかの方法で相互に対応させようとするならば、それは信用以外の資金の調達・融通機構、つまり資金形成の先取りによる調達・融通ではない、資本そのものの出資方式による調達・融通によるほかないことになる。

資本結合の要請と問題点　このようにある資本が他の資本を資本そのものとして調達する、あるいはある資本が他の資本に資本そのものを融通する関係を資本結合といい、その結果成立した資本を結合資本というが、この資本結合にたいする要請自体は信用機構の限界の有無とは独立に産業資本の活動そのものに内在しているものなのである。ただ、この資本結合は経営意志の統一とそのための調整という厄介な問題を持っているので必ずしも容易には成立しえないのである。ここではまず一般的な資本結合の要請とその問題点を考察することから始めよう。

資本結合は一般的には、個人的な資本の量的限界をはるかに超えるような大規模な事業を実現できるという点とか、必ずしも個人的な限界を超える事業ではなくても規模の利益が顕著である場合には、個別資本の蓄積によって行なうよりも生産規模の拡大が短期に実現できて競争上有利な立場に早く立つことができるという点で、利点があるといってよい。しかし資本結合はこのような点から要請されるだけではない。産業資本の固定資本の制約の一つの解除の方法としても要請されるのである。

機械制大工業による生産過程をその運動の内部に包摂する産業資本にとっては、固定資本はきわめて重要な資本部分をなすわけであるが、同時にその固定性は産業資本の価値増殖にとって重大な制約条件をなす。この部分の資本価値は償却に長期間を必要とするので、未償却部分が特殊な使用価値に担われて生産過程に長期間残留するということにもなるのであって、個々の産業資本が旧設備を廃棄して新技術の設備に更新しようとする場合や、あるいは既投下部門から利潤率がより有利な別の部門に移動しようとする場合には、この残存価値部分を棄てることの可否が資本の行動を制約することになるわけである。したがってまた、この固定資本部分を自己の資本として新規に投下しようとする場合にも、廃棄ないし遺棄の必要が生じたときのことを考慮して慎重にならざるをえないことにもなる。

固定資本部分の投資にはこのようにそれ自身に危険な意味があるために、たとえ個人的な資本力の限界内のものであるにしても、あるいは必ずしも投資期間を短縮して拡張する必要がない場合でも、他人資本に分担して貰って危険を分散すること自体に利点があるわけであり、したがってこの点で諸資本は資本結合への要請をもっているといってよい。この利点と要請はもちろん固定資本が巨大であればあるほど大きくなるわけであるが、しかしこれは固定資本の特定の規模に関係なく、産業資本に一般的に内在するものということができるのである。

しかしこの資本結合は、このように複数の資本が危険負担を分担しあう関係にありながら、複数の資本が完全に平等な立場で結合するということは本来不可能であるという点で厄介な問題をもっている。複数の資本は当然それぞれに独自の機能意志をもっているわけであるから、結合資本の機能意志は形式的には結合する資本の数だけあるはずである。しかし他方では、結合資本は統一的な運動体としては単一の機能意志を実現しなければならない。こうして機能意志の単一化のためのいわば調整問題が生じることになるわけであるが、この調整過程そのものは原理論としてはブラック・ボックスに入れておくしかない。ともかく調整の結果、この結合体の内部では多かれ少なかれ資本の所有と企業の経営の分離が生じ、資本の直接的な機能から疎外された資本所有が生ぜざるをえないことになるのである。

もっともこの結果としての分離ないし疎外にも現実には様々の形態があるのであって、たとえば合名会社、合資会社、株式会社という企業形態の分類論はこの問題を考察するものであるが、ここでは、資本結合が行なわれるとすると、結合資本の内部に資本の分化が生ぜざるをえないことが確認できればよい。

このことは、資本結合は資本所有にもとづく利潤の取得に主要な関心があり、資本所有にもとづく資本の現実的機能の経営ないし支配には必ずしも関心がないような、いわば寄生的な性格の資本の存在をその成立の条件とするといいかえることができよう。そして、このような資本の存在が条件であるとすると、資本結合にはさらにもう一つの条件が必要となろう。結合資本の経営方針の決定から事実上疎外される資本には非自発的に経営から排除される資本と、自発的に経営に参加しない資本とがあろうが、いずれにせよそれらが資本結合に応じ、そのままあえて離脱しないとすれば、それはそれらがその取得利潤（いわゆる配当）なりその結合資本の経営方針なりにとりあえず満足しているということでなければならない。したがって、そのことはいいかえれば、配当なり経営方針なりに不満が生じた場合、あるいは他に有利な増殖率の投資対象がある場合には、いつでも結合を解消できなければならないということであり、必要に応じて出資分を貨幣形態で回収できる機構が必要となるわけである。こうして、資本結合が実現されるためには、現実資本にたいする出資分が分割されて証券化し、売買によって譲渡されるようないわゆる資本の流動化機構が存在することが第二の条件となるのである。

産業資本による結合出資　以上では他人資本の結合出資にたいする産業資本の側の一般的な要請と資本結合が成立するための一般的条件を考察したが、そこで問題は、純粋資本主義の内部にこのような条件が存在しうるかどうかである。まず資本機能に積極的な関心がなく、収益性に主要な関心があるというような資本が存在しうるかという問題からみていこう。先にみたように、信用機構は産業資本にとってその遊休貨幣資本の転用・増殖の機構としては必ずしも十分なものではないのであった。産業資本の遊休貨幣資本の遊休期間は長短様々であり、また準備資本としての被拘束性の程度も様々なので、そのなかには増殖の安全性ないし確定性を多少犠牲にしても収益性の大きい出資方式による転用を選択しうるものもあるのである。しかもこの資本部分は、特定の機能資本の循環運動の過程で一時的にその運動から遊離して転用しうるものとなるにすぎないのであるから、その期間他の資本との結合に参加するとしても、そこでも別の資本の機能を担って経営に参加するといった余裕や能力はないといってよいものであって、これはみずからは利潤取得に甘んじ、機能は結合資本内の他の資本所有に委ねるという資本たりうるのである。

このように資本結合に応じる資本が産業資本の遊休貨幣資本であるとすれば、第二の条件である出資分の流動化機構も形成可能である。すなわち、一方では資本機能に無関心でありうる遊休貨幣資本の一時的転用需要が結合資本にたいする出資証券の需要要因となり、他方では固定資本の追加ないし分散のための資本調達需要のほかに遊休貨幣資本の出資によってすでに成立している結合資本の一部の流動化需要が出資証券の供給要因となるのであり、このような需要要因と供給要因が不断に存在するのであるから、この証券の価格とこの証券の所有がもたらす収益（配当）の条件いかんによっては、この資本証券の売買市場は形成可能となる。ただ、信用機構を利用して行なう転用に比べると安全性が著しく低いのであるから、資本結合による転用需要はそれほど大量に存在するとは考えられないし、また収益性がかなり大きくなければならないから、出資証券の発行もそれほど大量に行なわれるとは考えられない。その意味では市場の規模も貨幣市場に比べるとかなり小さいものであると考えなければならないであろうが、ともかく資本の流動化機構が存在するということであれば、産業資本は商業信用や銀行での利子付預金とともに資本結合をその遊休貨幣資本の転用・増殖に利用しうることになる。遊休貨幣資本は、それぞれの遊休期間の長短、量の多少、再生産過程からの自由度の大小に応じて、信用機構による転用・増殖との安全性と収益性の比較を行ないつつ、資本としてのいわば追加的な出動・還流の運動を行なうことになるのである。

資本市場　結合資本への出資の調達とその流動化は出資持分を表示する資本証券の売買として行なわれるのであるから、資本の調達と流動化の機構としての資本市場は証券市場として形成されるわけである。結合資本への出資は資本証券の購入によって、出資の調達ないし投下資本の引上げは新規発行証券ないし既発行証券の販売によって行なわれる。資本調達のために資本証券が新規に発行される際の市場は発行市場、既発行証券が売買される市場は流通市場と呼ばれる。新規発行証券にせよ既発行証券にせよ、資本証券を購入するということは結合資本にたいする共同出資に参加することを意味するが、この投資は遊休貨幣資本の転用として行なわれるのであるから、信用機構を利用する転用とたえず比較され、選択が行なわれ、不利になれば資本市場から貨幣市場へと離脱することになる。したがってこの証券の市場価格は、出資持分にたいする利潤分配である配当と信用機構が形成する預金利子率と投下資本の将来の安全性と収益性についての予想とによって規定されることになり、配当／預金利子率を基準とするきわめて不確定的な変動を行なうことになるわけである。こうしてまた、資本証券を購入することによって資本結合に参加する産業資本の遊休貨幣資本は、結合資本から配分される配当を利潤として取得するだけでなく、証券価格の変動を利用した利潤を追求することも可能となる。すなわち、資本結合の動機にはいわば受動的な単なる配当（いわゆるインカム・ゲイン）目的だけでなく、証券の売買差益（いわゆるキャピタル・ゲイン）目的が追加されうることになるのであり、産業資本の遊休貨幣資本は、こうしてその当の産業資本のもとで資本の準備資本として一定の機能を果たすことによってその利潤に参加する一方で、結合資本としての機能に参加することによって利潤を取得し、さらに出資持分の売買によっても利潤を取得しうるのであって、資本のいわば三重化が生じるのである。

証券業資本　個々の産業資本は、このように遊休貨幣資本の転用・増殖活動の一つとして資本証券の売買を行なうことになると、購入する銘柄と時機を選別したり、できるだけ高く販売したりするために、預金利子率と配当の動向について、つまり一般的な景気や種々の産業部門の景気の動向や個々の企業の現況や将来性などについて、情報を収集したり分析したりする活動を行なわなければならないことになる。資本証券の売買にはそのための特殊な労力、資材が流通費用として必要となるわけである。そこで、このような活動を集中して、個々の産業資本に代わって専門的に担当してくれる資本があれば、その資本にこの活動とそれにもとづく証券の売買を委託し、証券の売買にともなう流通上の諸費用を節約しようとする要請が生じることになる。このような要請に応じて資本証券の売買の仲介を行なうのが証券業資本である。

その場合、この証券業資本はその業務を資本証券の単なる委託売買業務として行なうだけではない。資本証券の価格は、貨幣市場における利子率と個々の企業の配当とそれらの動向についての予想とに規定されつつ不断に不確定的な変動を行なうわけであるが、証券業資本は自らの計算と責任で証券を買い取り、それを転売する過程で取得する売買差額を利潤の源泉とするという活動も行なうことになり、先のいわゆるブローカー業務とこのいわゆるディーラー業務との両者によって、産業資本の固定資本部分の調達ないし流動化の媒介と遊休貨幣資本の転用・増殖活動の媒介を行なうことになるのである。

しかもこの場合、この証券業資本が売買する資本証券は固定的投資を含む運動体としての産業資本についての持分ではあるが、商品としてのこの証券自体はこの証券業資本にとっては単なる流動資本であって、その売買については短期的な銀行信用を受けることができる。同時にまた、銀行自身も単に証券業資本に信用を供与するだけでなく、自ら資本証券を保有してその資本価値の増殖を図ることにもなる。信用機構ないし貨幣市場と資本市場とは相互の間にいわば平面的な選択的移動関係を展開するだけでなく、証券業資本への銀行の与信ないし資本証券への銀行の投資の展開によって相互に交錯した金融市場を作りあげながら、産業資本の固定資本の調達と流動化に一定の機構的役割を果たすことになるわけである。

このように、産業資本の様々な準備資本としての遊休貨幣資本の転用・増殖関係は、資本の入組んだ多重化構造を作りながら、単なる信用機構の限界をこえて個々の産業資本の利潤率の増進に寄与すると同時に、その意図せざる結果として社会的な資本配分の過不足を調整し、産業資本による社会的生産の均衡編成を補足する社会的役割を果たすのである。

第三章　景気循環

産業資本の利潤率増進活動の意図せざる結果として実現される資本主義的な社会的生産は、実は一様な編成過程を展開するものではない。景気の局面が好況から恐慌、恐慌から不況、不況から好況と転換し循環するいわゆる景気循環の過程を展開するのである。本章では、この景気循環の諸局面における産業資本の利潤率増進行動としての資本蓄積の現実的な過程と、それぞれの局面における労働市場、商品市場、貨幣市場、資本市場の状況に焦点をあてながら、各局面の基本的特徴と相互の関連ないし移行の契機を概観し、資本主義的生産の現実的過程を総括することにする。

なお、この循環する景気の三局面の考察はどの局面から始めるべきであるかという問題があるが、これらの諸局面はいずれもそれぞれに先行する局面の結果としてあると同時に、それぞれに続く局面の準備をなすものであって、どの局面を出発点とし、どの局面を終点としなければならないというものではないといってよい。ここでは恐慌によって資本主義的な社会的生産が歴史的に終りを告げるというような誤解が生じることを防ぐというだけの理由で、好況から始めて恐慌を真中におくという順序にした。

第一節 好況

好況期といっても好況初期と好況中期と好況末期とではかなり様相が異なる。便宜上ここでは主に好況中期について説明し、初期については不況期のところで、末期については恐慌期のところで説明することにする。

産業資本の蓄積 好況期の資本蓄積は、先行する不況期末に社会的生産のほぼ全面にわたって進行した固定資本の改善更新による新生産方法と、恐慌期に大量に排出され、不況期を通して余り吸収されることのなかった豊富な産業予備軍としての非自発的失業者群とを基礎にして出発する。暫くは各部門の内部に生産条件の相違が多かれ少なかれ残っているであろうが、大部分は固定資本の更新を終えており、旧生産方法で生産を続けている資本もおそかれ早かれ新生産方法を採用すると考えられる。こうして産業資本の蓄積は、先行する前循環の好況期と比べて一段と上昇した生産力水準によって進行するのであり、好況中期の少なくとも前半まではこの新生産力水準による横への増設的拡張が進むことになる。したがって、好況期が前提する産業予備軍は恐慌期における諸資本の倒産によって創出されたものであるが、前循環と対比するならば、それは相対的過剰人口と規定できるものであり、それが好況期の過程で次第に吸収されていくことになるわけである。

この時期には安定した賃銀水準のままで比較的良質の労働力の追加調達が容易に行なえるので、産業資本の蓄積過程はこの豊富で良質な労働力を基礎にして、まず更新した固定資本を前提にした流動資本的拡張、つまり固定資本の稼動率の上昇として進行し、次いでその結果として累増する利潤による固定資本的拡張が進行することになる。そしてそのあとも同様にして増設した固定資本を前提にした流動資本的拡張とそれに続く固定資本的拡張が繰り返されて進行していくことになる。流動資本的拡張のさいには、積立てられつつある固定資本の償却資金も内部的に動員・融通されるであろう。信用ももちろん利用されるが、この点については後述する。また追加的に固定資本的拡張が行なわれていく過程では、産業部門によっては第二次的な、あるいは部分的な新生産方法の導入が行なわれることもあろう。しかし、商品需要が順調に増大し、利潤率も高水準を維持しえている限りでは、不況期から好況期にかけて導入され、まだ償却が完了していない新固定資本を廃棄して新々固定資本に改善更新する特別の動力は一般的にはないといってよい。むしろこの時期には、償却が完了しているものも物理的に使用可能であれば、廃棄しないで使用を継続さえするであろう。こうして資本の蓄積は産業予備軍を一方的に吸収しながら進行していくのである。

商品市場　産業予備軍に余裕があるかぎりでは、社会的需要の増大にたいする諸商品の供給の対応には制限はないといってよい。ただ、供給の増大には多かれ少なかれタイム・ラグがともなう。したがって、その間は需要超過が先行するため、諸商品の価格はいわば強含みに推移するといってよいであろう。しかし、おそかれ早かれ生産が拡張され、追加供給が需要に追いつくことができる限りでは、諸商品価格は不断に引き戻され、市場生産価格を重心とするような変動を繰り返すことになろう。

このような時期には、商業資本の産業資本からの商品の購入価格と商業資本の販売価格としての市場価格との価格差は一般的にかなり小さいであろう。そして、さらにこの両者の中間の価格で産業資本と商業資本の間の商業信用関係が形成される。商業資本としてはこの時期のように資本の回転が急速であれば、売買価格差が小さくても産業資本の流通過程を引き受けることができるのである。産業資本は商業資本に信用で商品を販売しても、比較的低い割引率で銀行から割引が受けられるので、現金で販売するのと余り変わるところがなく、それだけ販売の拡大と回転の促進が可能になる。商業資本は多少とも商品価格の上昇が予測できる場合にはその商品の投機的買付を行なうこともあるが、その際に信用が利用されるとかなり大規模な投機が可能になり、個々の産業資本の側でも多かれ少なかれ投機的な拡張が生じることになる。とくに生産期間の長い農産物や設備投資の懐妊期間の長い産業部門の生産物のように、需要が増大してもすぐには供給を増大できないような商品については投機的買付が生じやすいであろう。しかし、先にも述べたように、生産が順調に拡張しうる時期には、一般的には余り長期にわたる継続的な物価上昇は予想することができないので、投機も一般的には小規模で部分的なものとみておいてよいであろう。

信用機構　この時期の信用は、産業資本の比較的高水準の利潤率のいっそうの増進とその蓄積の加速に積極的に寄与する機構として重要な役割を果たす。個々の産業資本は一般的に生産を拡大するための受信需要を増大させるが、この時期には個々の産業資本における将来の円滑な貨幣還流が確実に予想でき、また実際にも規則的な返済還流が維持されるので、商業信用についても銀行信用についても、産業資本の受信力は一般的に大きく、信用の供与も増大する。こうして、すでに生産されている商品の流通過程を先取りするだけでなく、将来の生産過程そのものを先取りする手形による売買、あるいはその手形の割引や、単名手形の割引ないし個人的な信用にたいする直接貸付なども通常の信用関係として登場する。将来の返済が確実に予想できれば、与信の形式そのものはとくに重要な意味をもつものではないからである。

もちろん錯誤貸付による部分的な貸倒れは避けられないであろう。しかし、全体として大量の円滑な返済還流が維持されているときには、これにはごく消極的な意味しかなく、したがってこの時期には不渡準備としての銀行の支払準備の意味もきわめて消極的なものでしかないことになる。しかも、銀行における個々の資本の当座預金は諸資本の再生産過程の拡大とともに増大する。そのため支払準備はさらに補強され、一定の支払準備を基礎にして経験的に設定される形式的な割引限度はそれだけいっそう拡大されうることになるが、この時期の与信を拡張しうる実質的な根拠はこの支払準備の強化にあるわけではない。この時期の預金はいわばあとからやってくるのであり、与信を拡張しうる根拠は受信資本のもとでの円滑な資金形成であって預金ではない点がここで歴然となる。こうして産業資本の利潤率の高水準と対照的に銀行の手形割引率ないし貸付利子率は比較的低水準に推移するのであり、このことがまた産業資本の利潤率の増進と蓄積の加速に拍車をかけることになるわけである。

当座預金の動向とは逆に、銀行における利子付預金は余り増加しないであろう。銀行資本の側では支払準備に余り不安がないのであるから、それを補強する必要も少なく、また与信利子率も低水準なので、預金利子率はかなり低水準であろう。また産業資本の側でも利子付預金を利用するような転用動機はこの時期には比較的少ないと考えられる。この時期の産業資本は一般的に流動資本的拡張に多忙であり、利用可能な遊休貨幣資本はすべてそのために動員されていると考えられるからである。もちろんこの時期にも部門間に基準利潤率の不均等がないわけではなく、その限りでは部門移動によって利潤率の増進を追求する行動を選択する余地がないわけではない。しかし、一般的に予想利潤率は上昇傾向にあるし、上昇率の相違によって基準利潤率が均等ないし逆の不均等になることもありうるのであるから、ある時点に多少の部門間較差があるとしても、必ずしも何らかの費用をかけてまであえて移動しようとすることにはならない。したがって、構造的な斜陽部門の資本を別にすれば、移動のために引上げられて蓄積される遊休貨幣資本の準備期間中の転用動機は一般的にはほとんどないといってよいであろう。

資本市場　同じ理由でこの時期には産業資本の遊休貨幣資本がその転用・増殖のために結合資本に出資するということは、構造的不況産業部門から離脱しようとする資本の場合を別にすれば、一般的には殆どないと考えてよいであろう。他方、好景気なのであるから、産業資本の側での生産の拡大のための資金需要は固定資本の調達需要も含めて非常に大きく、したがって資本証券の新規発行なり既保有証券の販売なりによって資金を調達しようとする資本による資本証券の供給要因は大きいといってよい。しかし、だからといって資本証券が低い価格で売買されるということにはならないであろう。高利潤なのであるから高配当が可能であろうし、預金利子率も低いので、資本証券にたいする需要があって売買が成立する場合には、かなり高い価格で売買されることになろう。資金調達需要があるとしても証券価格が余りにも低い場合には、発行資本としては高い配当を支払ってまで調達しようとしないであろうし、遊休貨幣資本の転用のために既発行証券を保有していた資本としても、証券価格と配当の比率であるいわゆる利回りの方が自分の利潤率より高くなるような証券価格水準であれば、低コストで信用を受ける機会がいくらもあるこの時期に保有証券を売りに出すことは一般的には少ないと考えられるからである。むしろ産業資本の中には、配当と証券価格の状況によっては既発行証券を買い戻す資本もありうるであろうが、いずれにしろこの時期には資本結合ないし資本市場は産業資本の利潤率増進活動にとって積極的な役割を果たすものではないのであり、銀行信用が繁忙を極めるのに比べて資本市場は比較的閑散としているといってよい。

第二節　恐　慌

好況が進行するうちに資本蓄積はやがて労働人口の制限にぶつかって、賃銀の騰貴、利潤率の低落が全面化することになり、信用引締めを契機にして恐慌が勃発する。

資本の絶対的過剰生産　好況中期における資本蓄積の横への拡大過程の進行のうちに産業予備軍は次第に減少し、やがて完全雇用状態に到達する。個々の産業資本はそれ以上蓄積を続けるためには、他の産業資本から労働者を引抜いてきて追加労働力を調達するしかないことになるのである。産業予備軍の涸渇が近づくにつれて賃銀は多少とも上昇を始めるであろうが、ここにいたると自発的失業なり労働規律の弛緩なりの発生をともないつつ急速な賃銀上昇がはじまる。就業労働者数なり総労働量なりは不変かむしろ減少するのであるから、生産力水準が不変であるとすると社会的総生産物は絶対的に増大しえないのに、その中の剰余生産物の比率が減少していくことになるわけである。個々の産業資本については、産業部門によって、また個々の資本によって、利潤率は様々に相違しながらも、その変動の重心としての一般的利潤率が低下し始めるのであり、好況期は末期に入ることになる。

蓄積によって資本が追加されても、追加される以前の利潤よりもむしろ少ない利潤しか取得できないようないわば極限状態のことを資本の絶対的過剰生産の状態という。ある産業部門における部分的な資本過剰による利潤率の低下であれば、利潤率が低下しはじめた資本は、ほかにより有利な産業部門があるわけであるから、蓄積の抑制ないし投資の引上げという資本移動のための準備行動をとることになるが、利潤率ないし予想利潤率の全面的低下にたいしては、そのような行動をとることにはならない。もちろんこの時期にも基準利潤率の不均等はある。というよりも不均等化が固定化ないし激化する面さえ生じる。産業予備軍に余裕のある好況中期には、直接的な資本移動によらなくとも、全体として生産の拡張が行なわれる過程で蓄積率の相違によって資本配分の変更が進行するのであるが、産業予備軍が涸渇しているこの時期には資本蓄積は労働者の引抜きによるしかないので、資本配分の調整は全体として麻痺せざるをえない。そのうえ後にもう一度述べるように、賃銀の一般的上昇は産業部門間の資本の有機的構成の相違に応じてそれぞれの基準利潤率に異なる影響を及ぼすので、その不均等がむしろ拡大することにもなるのであり、場合によっては予想利潤率が全体として低下しながら部門間の有利・不利の関係が短期間に逆転することもありうるのである。そこで産業資本としては、好況中期の場合とちょうど逆の理由で、費用をかけてあえて部門を選択的に移動するということをせず、既投下部門で利潤率の低下を利潤量の増大で補おうとすることになるのであって、予想利潤率が悪化しつつあるにもかかわらず蓄積競争はかえって激化することになる。もちろん蓄積力そのものは賃銀の上昇とともにいわば刻一刻と減退するのであるが、それだけに他の資本より一歩でも先んじて生産を拡大し、できるだけ大きい利潤量を確保する必要はかえって切迫したものとなるのであり、こうして産業資本の側での信用にたいする需要も依然として旺盛をきわめる。

商品市場　産業部門によって資本の有機的構成が相違し、投下資本に占める可変資本の比重が相違するので、好況末期の賃銀上昇は、各部門の基準利潤率の分母や分子に異なった影響を与えることを通して一般的利潤率を変化させると同時に、各部門で生産される商品の費用価格にも異なった影響を及ぼすことによって、各部門の商品の市場価格の変動の重心の連関としての市場生産価格体系を変化させることになる。しかも、この時期には賃銀水準が継続的に上昇し必ずしも安定しないのであるから、この諸部門の基準利潤率が不断に変動するだけでなく、その変動の重心としての一般的利潤率そのものが、あるいは諸商品の市場価格の変動の重心としての市場生産価格そのものが、不断に変動し、安定的な水準として形成されえないことになる。こうして、先にも述べたように、部門間の有利・不利の程度なり関係なりがめまぐるしく変化することになり、選択的投資の基準自体が必ずしも定かではないことにもなるのである。そのうえ、この時期には労働力不足のため生産の拡大が必ずしも円滑、迅速には行なわれ難いという問題があるので、利潤率や市場価格の変動の不確定性は何重にも増幅されることになる。

不確定性の増大している時期には商業資本の投機的活動が活発化し、それがまた不確定性を増大させる。この時期には賃銀の上昇によって消費財にたいする需要が増大することを媒介にして全体としての需要が増大しているが、これにたいする供給の対応が必ずしも円滑、迅速に行なわれないため、上昇率の異なる商品価格上昇が社会的生産のあちらこちらで発生し、そこに商業資本の投機的買付が出動して投機的在庫形成が行なわれる。いわゆる実需の増大を背景に商業資本によるいわば仮空の需要が形成され、そのことがまた商品価格の不均等な上昇の原因になり、産業資本の側でも商業資本の投機的買付の増大によって利潤率が上昇し、生産の拡大が図られるということにもなる。そして、この商業資本による投機的買付にも信用が最大限に利用されるのである。すなわち、商業資本は産業資本から手形で商品を購入して在庫し、産業資本はその手形を銀行で割引いて生産要素を購入する。将来の価格上昇率を商業資本が大きく予想していれば、それだけ商業資本が産業資本から購入する商品の信用価格も上昇することになり、銀行の手形割引率が低ければ、その限りで産業資本の利潤率はそれだけ上昇することになるわけである。

こうして好況末期の進行過程で、産業資本の銀行信用にたいする受信需要は、個々の資本の利潤率が低下するにつけ上昇するにつけ、全体としてますます旺盛になるのであるが、これにたいする信用供与の方は好況中期のようなわけにはいかない。

信用機構　好況中期には旺盛な信用需要にたいして信用供与が潤沢に行なわれることができたのは、社会的生産を構成する諸産業部門の連結・編成が不断に不均衡化しながら不断の均衡化を実現することによって、個々の資本の価値増殖と将来の資金形成が、予想としてもまた実際上も、確実・円滑だったからである。しかし、好況末期になると、産業予備軍の涸渇を根本原因とする以上のような諸事情の発生によって、さしあたりは部分的にではあるにせよ個々の資本のもとにおける将来の資金形成の確実性の低下が生じてくる。産業資本については一般的に利潤率が低下傾向にあり、しかもその利潤率の変動の動向がきわめて不確定なのであるから、業績の悪化によって現実に返済還流が遅滞したり不可能になったりする資本も出現しはじめよう。商業資本についても価格上昇率が予想を下回ったり売行きが鈍化したりして投機に失敗する資本も出てくるであろう。そしてそのことが投機的需要にたいして信用を利用しながら生産を拡大した産業資本の破綻に結果することにもなろう。このような事態は、銀行の側からすると一定の与信量にたいする支払準備の積み増しが必要になり、一定の支払準備率による信用供与限度が縮小するということを意味する。こうして私的な資本としての銀行は、その資本と利潤の防衛のために与信相手の経営状態と支払能力の入念な調査結果にもとづいた与信規制を始めることになり、資本によってはかなり高い利子率を課せられるものも出てくることになる。

しかし、利子率が引上げられ、仮に個々の資本の利潤率なり予想利潤率なりを上回るようになっても、この時期の受信需要はそのことによって必ずしも減少することにならない。個々の資本としては、せめて既投下資本価値を何とか維持し、従来の債務の返済を続けていくためには、産業資本であれば少なくとも従来の規模の再生産は継続していかなければならないし、商業資本としては予定している価格に達するまで在庫商品の保有を継続しなければならず、そのためにはもはや利潤率の増進という利点がなくなっているだけではなく、利潤に喰い込む事態になっていても受信をやめるわけにはいかないのである。こうして銀行としては支払能力の悪化している資本にたいしては利子率を引上げるだけではなく、信用供与そのものを停止するということも行なわざるをえないことになり、信用を停止されれば産業資本は生産要素の補塡ができなくなって生産過程を停止せざるをえないし、商業資本は在庫を投げ売りして債務の返済にあてざるをえないことになり、部分的に諸資本の倒産が始まることになる。

銀行も私的資本である以上、顧客資本に倒産が生じるからといって資本価値と利潤の防衛のためには信用規制を止めるわけにはいかないのであるが、銀行の価値増殖手段としての信用代位業務は実質的には銀行信用を利用している諸資本のもとにおける資金形成力を基礎にして展開されているのであり、したがって、この実質的な基盤をなしている諸資本に問題が生じているということは実は銀行の受信力に問題が生じているということを意味するのである。こうして銀行が危険を感じはじめた事態が同時に銀行にたいする不安を生ぜしめることになり、銀行券ないし銀行預金は私的資本としての銀行の私的債務でしかないという性格をあらわにして、危険分散的な動機にもとづく兌換請求ないし預金引出しが生じはじめ、支払準備金の流出が増大しはじめる。そして信用引締め、諸資本の困難の増大、銀行の信用の動揺、支払準備の弱化という過程がいわば螺旋状に進行し、ついに支払請求が大量に殺到することになる。銀行はもちろんその支払準備ではこれに応じきれず支払停止に追いこまれ、信用関係が全面的に崩壊する信用恐慌が発生することになる。購買力（需要）の激減と返済のための投売り（供給）の激増によって商品価格はいっきょに崩落するのであり、このいわゆるパニックの発生によって社会的生産の収縮と価値破壊が全面的に急速に波及してゆくことになる。好況からこのような恐慌への転換は資本の絶対的過剰蓄積を根本原因とするものであるが、それはこのように信用の引締めを直接的な契機とするのであり、好況期に産業資本の高蓄積の強力な槓桿の役割を果たした信用機構は、こうしてこの時期には資本の絶対的過剰の根本的調整を強制する機構としての役割を果たすのである。

資本市場　好況末期になると諸資本の返済能力が次第に減退しはじめると同時に返済還流が部分的に遅滞し、銀行によっては当座預金残高も減少しはじめるので、銀行は支払準備の強化のために利子付預金の利子率を引上げるようになる。各資本とも資金が逼迫している時期であるから、遊休貨幣資本の有期の転用動機はほとんどないといってよいが、資本の価値増殖がきわめて不確定で困難な時期でもあるので、例外的であるにせよ商品の生産や売買からいわば引退して、収益性を多少犠牲にしても一時的に利子付預金を利用して価値増殖を図る資本もあると考えてよいであろう。しかし好況末期もかなり進行すると、銀行の信用そのものに不安が生じることになるので、利子付預金自体が収益性は低いが安定性の高い増殖手段というわけにもいかなくなってゆく。

資本結合ないし資本証券保有にも同じような事情があるといってよい。配当ないし予想配当は一般的に減少しているが、他方で預金利子率が高いし、資金調達のため好況中期の間保有していた資本証券をここにきて売りに出す資本も多いので、比較的優良な資本証券の価格さえも低迷し、証券価格と配当の比率である利回りは比較的高い。したがって例外的にせよ、資本証券の保有によって価値増殖を図ろうとする資本による証券需要は多少ともあるであろう。しかし、この時期の進行とともに将来の予想の不確実性が大きくなって証券価格の変動の不確定性が著しくなり、いわば乱高下状態を呈するようになるので、優良証券といえどもいわゆるキャピタル・ロスの危険があって必ずしも安全性を期待できなくなると同時に、投機のための資本証券の売買も増大することになる。銀行信用を利用して大規模な投機を行なった証券業資本の中には信用の引締めによって倒産するものが続出することにもなる。

第三節 不況

この時期に資本主義的生産は先行する好況期中に蓄積された過剰資本を整理し、前循環より高い生産力水準による新しい蓄積過程の準備をする。これは好況末期から恐慌にかけて弛緩し、崩壊した資本主義的秩序を締め直し、再建する時期でもある。ここでは好況の初期までを含めて考察することにしよう。

生産方法の改善 恐慌の過程で社会的再生産過程は収縮し、労働者の失業と商品の滞貨が大量に発生する。産業予備軍のプールは再び横溢状態を呈することになり、好況期の蓄積の制約をなした高賃銀は解消するが、商品価格は暴落したあとも需要が回復しないため滞貨が解消せず、しばらくは低迷を続けるので、再生産過程も停滞を続ける。こうして固定設備は大量に遊休し、その価格も暴落しているので、固定資本はその資本価値を喪失し、この時期には固定資本はほとんど資本家的行動の基準要因としての意味をもたなくなる。価値増殖欲を持つ資本家がいて、多少とも資金なり商品なり生産手段なりを持っており、流動資本部分について多少でも増殖が見込めさえすれば、資本投下が行なわれ、生産が継続される。多少とも生産が行なわれるということは多少とも労働者が雇用されるということであり、労働者が雇用されれば消費財の購入が多少とも継続するので、在庫の減少とともに消費財の価格は下げ止り、やがて回復の兆しが見えてこよう。こうして消費財の生産が多少とも拡大をはじめると、消費財の生産に直接関連する原材料の価格も下げ止り、やがて回復の兆しを示すことになろう。不況がいわゆる底入れを示すわけであるが、価格はなお低迷状態を脱してはおらず、このような時期には生産条件の優劣が諸資本の競争において決定的な意味をもつ。

好況中期の固定資本の追加的な増設過程では、同一部門内でも積極的に有機的構成の高度化を行なった資本と必ずしも積極的に行なわなかった資本があったと考えられる。好況中期には両者の間にはそれほど重大な相違は生じないといってよいが、この時期には競争力に大きな差が生じる。また、恐慌の過程で生き残った資本の量に大小の較差が生じている場合には、これが生産条件の優劣に影響を及ぼすこともあろう。ともかく条件の優れた資本が競争戦で生き残り、条件の劣った資本が淘汰されていく過程がある期間続き、生き残った資本に多少とも利潤が蓄積されると、次にはこれまでの固定資本を廃棄し、新たな改良された生産方法を導入することによる競争が始まる。不況期の初期には既存の固定資本価値は資本家的行動を制約するものではなくなっているが、もちろんそのような条件があるからといって、それだけでただちに固定資本の廃棄・更新を行なうことができるわけではない。ある程度の利潤の蓄積がなければならないわけであり、そのためには従来の固定資本によって生産を行なう期間が必要だったのである。また、こうして一部の資本で新生産方法が採用され、費用価格の低下が実現されると、旧来の生産方法による資本にとってその価格圧力はいっそう深刻なものとなり、固定資本の更新の困難はいっそう倍加される。したがって新生産方法の普及にはかなりの期間を要するのであって、苛酷な競争戦に媒介される社会的再生産過程は、ある期間混迷状態を続けることを余儀なくされるのである。

こうして不況期の中期から末期には同一部門内に複数の生産条件を並存させて諸資本は熾烈な競争を展開するわけであるが、この過程でいち早く生産方法を改善した資本は、超過利潤を獲得・蓄積して固定資本的拡張を加速させ、拡大再生産を展開していく。しかもこの部門の新しい生産手段にたいする需要によって生産手段生産部門が次第に拡大してくることにより、労働者の雇用が増大し、それに応じて生活資料生産部門もさらに拡大することになるのであって、社会的再生産過程はその連鎖を通じて生産の拡大を波及させ、漸く不況から脱出することになる。こうして不況期の末期から好況期の初期にかけて同一部門の複数の生産条件の並存は次第に解消され、この新生産方法の普及の結果として、諸資本は以前の循環にたいしてその有機的構成を高度化して生産力水準を上昇させ、相対的過剰人口を創出して労働人口の制限を相対的に緩和し、新しい資本・賃労働関係のもとで社会的生産を再編成することになる。こうして循環が繰り返されるのである。

諸市場機構　不況期から好況の初期にかけては産業資本にとっては販路の開拓と確保が最も重要な問題であり、その活動を専門的に担当する商業資本はこの時期の産業資本の蓄積にとってきわめて重要な機構的役割を果たす。この時期には社会的生産は一部の産業部門で底入れと回復が始まり、それが徐々に他の部門に波及していくという経過をたどるのであり、中には関連部門での新技術の導入や需要構造の変化に適応できず、いわば構造的な斜陽部門として拡大の波及効果を蒙らないで終る部門も生じることになる。したがってこの時期には各部門の利潤率ないし予想利潤率は様々であり、資本蓄積なり生産拡大なりのテンポも様々であって、これらの不均等が拡大したり縮小したりというジグザグを繰り返しながら、全体としての拡大がゆっくりと進行していくのである。商業資本はこのような状況において比較的高利潤率の部門の産業資本の流通過程を積極的に担当することによってその蓄積を促進する役割を果たす。また同時に、当面の価格は低迷していても将来の上昇が予想できるような場合には、投機的な買付けを行なうことによって低利潤率部門の販売の拡大と資金調達に寄与するのである。

不況期の信用機構の状況は、銀行については返済還流の確実性や預金量の状況からいってかなり高い率の支払準備が必要であるため、信用の供与限度は余り大きくない。しかし、個々の資本の銀行からの受信需要は、いち早く底入れをして回復を開始する一部の資本のものを除けば、一般的には減退しているので、銀行の手形割引率ないし貸付利子率は暫くは低水準を保つ。しかも一般的には価格も利潤率も低迷し、生産は沈滞状態にあって回復の見込みは少ないのであるから、低位の利子率でもそれ自体としては信用にたいする需要を喚起する誘因にはならない。こうしてこの局面では蓄積の補足機構としての銀行信用の意義は消極化し、貨幣取扱機構としての意義が前面に出てくることになるのであり、この時期の銀行利潤の重要な源泉は貨幣取扱手数料である。そして、やがて不況期からの脱出が始まり、生産の拡大が波及していく過程で受信需要が増大してくると、銀行の信用代位業務も再び活発化し始め、低水準の利子率は社会的再生産過程の本格的な回復を促進する要因となるのであり、好況過程が進行し始めるとともに利子率も再び中位的水準を回復することになるのである。

最後に不況期の資本市場についてみよう。不況期の中期頃から、部分的にではあるが固定資本の更新のための資金需要が増大してくる。しかし、この一部の産業部門の資本を別にすれば、社会的再生産過程は一般的には停滞しており、将来の不確実性が大きいので、産業資本は有利な転用機会のないまま過剰な遊休貨幣資本をかかえている。絶対的量としてはもちろん好況期よりもはるかに減少しているが、銀行の与信量にたいしては相対的にかなり豊富な当座預金が銀行に滞留することになるわけである。したがって、銀行としては利子を付けてまで預金を集めて支払準備を補強する必要がないので預金利子率はほとんど零に近いであろう。利子付預金をその遊休貨幣資本の転用・増殖に利用できない産業資本は、こうして社会的生産の一部に増大しつつある固定資本の調達需要にたいする証券投資に向うことになる。暫くの間は預金利子率は極端な低水準を維持したままになるので、資本証券を発行する資本の利潤率ないし予想利潤率が上昇すれば、証券価格は上昇することになり、資本証券を発行しようとする資本は増加する。また、資本証券を配当目的のために購入しようとする資本だけでなく、投機の目的で購入しようとする資本も増加することになり、証券業資本が活躍する。銀行としても、この時期の信用供与限度は余り大きくはないが、それでも銀行の支払準備は過剰化していて、何か有利な増殖機会を求めなければならないのであり、証券業資本への信用供与なり銀行自身の証券保有なりを多少とも始めることになる。こうして資本市場はこの不況期の中期から好況期の初期にかけて最高の活況を呈することになり、この時期の固定資本の更新・増設と生産力水準の上昇に寄与することによって本格的な好況への転換を準備する役割を果たすのである。

あとがき

「はしがき」で述べたような理由で、本書では研究史に関する補注を一切省略したので、ここで本書と従来の諸研究との異同を篇別構成の方法の問題を中心にしてごく簡単に説明しておくことにする。

『資本論』が第一巻「資本の生産過程」、第二巻「資本の流通過程」、第三巻「資本主義的生産の総過程」という三巻構成をとっているのにたいして、宇野弘蔵『経済原論』[1][2]は第一篇「流通論」、第二篇「生産論」、第三篇「分配論」という新たな三篇構成を提起した。この「流通論」は『資本論』第一巻冒頭の「商品および貨幣」と「貨幣の資本への転化」に関する四章を「資本の生産過程」の外部に独立させたものであり、「生産論」は第一巻の残りと第二巻の全部に相当し、「分配論」は第三巻に相当する。本書はこの宇野の三篇構成の方法を継承している。宇野の構成の理論的意義については拙著『資本論の読み方』[3]の第一部を参照されたい。

流通論について　第一篇の流通論は、生産にとって外面的な流通形態を純粋に考察する場であるから、『資本論』のように商品論の冒頭で労働価値説について論じるわけにはいかない。したがって、そのいわゆる論証は生産論に移した。また、流通論は個別流通主体の意識と行動を動力にして展開される場であるから、貨幣の生成は、『資本論』のように価値形態論と交換過程論の二本立てによるのではなく、商品所有者の交換要求行動としての価値表現行動を追跡することによって説くべきであると考え、交換過程論を独立させることをしなかった。以上の二点は宇野『原論』から学んだことである。

貨幣論の構成については『資本論』と宇野『原論』は同じで、貨幣の五規定のうちの最後の三規定を一括しているが、本書では真中の三規定を一括する構成に変えた。マルクス＝宇野の構成は、第三規定以下を直接的な商品流通にたいして外部的である点で共通していると理解していることによるといってよいが、第三、第四の規定は第五の規定に比べればむしろ直接的な商品流通にとって内部的な機能規定であると考えられるのである。なお、第五規定は『資本論』と宇野の旧『原論』では世界貨幣であるが、新『原論』では世界貨幣の規定はなくなっている。世界貨幣は機能する場所による貨幣の形態規定であって、機能規定としては第一ないし第四規定以上の問題があるわけではないし、純粋資本主義論にとっては国内市場と世界市場の区別は理論的に積極的な意味をもつものではないと考えられるので、本書でもこの新『原論』の措置を踏襲した。そして、『資本論』における第三規定のいわゆる蓄蔵貨幣を準備手段としての貨幣と致富手段としての貨幣に分け、後者を第五規定とした。また、構成法だけでなく、貨幣の機能規定の名称も一部変更した。その主要な理由は、流通論としては貨幣の個別流通主体にとっての機能と社会的機能を区別すべきであり、機能の積極的規定は前者によるべきであると考えたからである。

資本の三形式論は『資本論』第一巻第二篇の「貨幣の資本への転化」論を宇野『原論』が流通形態論として純化、再構成したものの継承であるが、三形式の名称と内容と構成法についてはかなりの変更を加えた。その主要な理由は二つある。一つは、宇野『原論』の第一形式（商人資本的形式）と第二形式（金貸資本的形式）は資本主義以前の資本の形式という性格が強く、第三形式（産業資本的形式）は資本主義社会を前提した資本の形式という性格が強いのにたいして、資本形式から特殊な歴史性を払拭し、流通形態として純化しようとしたことによる。第二は、後に述べる「資本の流通過程」論の処置の問題と関連するが、『資本論』の第二巻なり宇野『原論』の生産論なりで論じられている資本の循環・回転の問題の少なくとも一部はこの資本形式論で論じられるべきものであると考え、そうしたことによる。『資本論』の「貨幣の資本への転化」の問題、および宇野『原論』の資本形式論の問題とそれをめぐる諸説については拙著『資本論の読み方』第二部第一章を参照されたい。

生産論について　第二篇生産論の第一章「労働・生産過程」は、『資本論』では第一巻「資本の生産過程」の第五章で論じられていたものを宇野『原論』が第二篇生産論の冒頭に位置づけた方法を踏襲したものであるが、宇野『原論』では第一章「資本の生産過程」の第一節におかれているのにたいして、本書では第一章に昇格させた。たとえば鈴木鴻一郎編『経済学原理論』(4)、大内力『経済原論』(5)、日高普『経済原論』(6)などにおいては、本書とは逆に第二篇第一章第一節の第一項にいわば降格して位置づけられている。本書の構成は、労働・生産過程論は資本主義的生産の独自性を明確にするという経済原論の目的ないし役割にとってきわめて重要な理論的意味があるという考え方によるものである。

先にも述べたように、本書では労働価値説の説明を生産論で行なっている。これは宇野『原論』にならったものであるが、その説明の仕方は必ずしも宇野『原論』をそのまま踏襲するものではない。変更の理由については拙稿「労働生産過程と価値の実体規定」(7)を参照されたい。

篇別構成上の最大の変更の一つは「資本の流通過程」を独立に考察することをやめた点であろう。『資本論』では第二巻を「資本の流通過程」と題して、三つの篇で資本の循環、資本の回転、いわゆる再生産表式を考察しており、宇野『原論』では生産論の第二章を「資本の流通過程」と題して、『資本論』第二巻の最初の二篇の問題を考察しているが、本書では資本の循環と回転の問題は流通論と競争論に両極分解させた。それらを生産論の中で扱わなければならない積極的な理由がどうしても見出せなかったからである。因みに宇野の戦前の「講義プリント『経済原論』(8)」

の生産論には「資本の流通過程」論がない。

『資本論』の再生産論はいわゆる表式論であり、宇野『原論』の再生産論は蓄積論と表式論であるが、本書では、『資本論』でも宇野『原論』でも相対的剰余価値の生産の問題として考察している協業・分業・機械制大工業の問題を再生産論の問題として第三章に移した。労働者の主体性の処理機構としての側面を重視したかったからである。

再生産表式についての議論は複雑にしようと思えばいくらでも複雑にできるし、わが国には具体的な諸条件を投入して複雑化した表式についての研究と論争の厖大な蓄積があるが、表式を複雑化することには余り積極的な理論的意味があるように思われないので、本書では基本的な骨格を示すにとどめた。

蓄積論は『資本論』では第一巻の最後に位置しているが、宇野『原論』は、固定資本の特殊な回転を論じる以前に資本蓄積を考察すると有機的構成を高度化する蓄積の制約性が明確にできないという理由で、蓄積論を資本の流通過程のあとに移し、そこで労働人口の確保機構を明らかにしたうえで、表式論によって生産論を総括するという構成法にした。鈴木『原理論』は蓄積論を資本の流通過程論のあとにしている点では宇野『原論』と同じであるが、表式論との順序は逆にし、蓄積論を生産論の最後にするという構成法をとり、大内『原論』、日高『原論』も、論拠は多少異なるが、この逆にした構成法をとっている。本書では固定資本の回転の問題は流通論ですでに考察ずみであり、資本の流通過程についての独立の章がないので、それとの先後関係という問題はないが、表式論との関係では蓄積論をあとにした。この構成法は資本・賃労働関係とそれにもとづく資本の価値増殖の円滑な再生産にとっての三条件の意義の相違を示そうとするものである。すなわち、これによって、機械制大工業が資本の再生産にとっての一般的な基礎的必要条件であるのにたいして、需給調整は資本の再生産にとってのいわば中期的条件であり、相対的過剰人口の形成は資本のいわば長期的な拡張再生産の条件をなすという関係にあることが示されているといってよいであろう。

なお、蓄積論の内容について二点だけ取りあげておこう。蓄積論でマルクスは、有機的構成を高度化する蓄積による相対的過剰人口ないし産業予備軍の累進的増大を説き、資本の蓄積とともに労働者階級の貧困の蓄積が進行するというわゆる窮乏化法則を論じている。これにたいして宇野は、このようなマルクスの議論は固定資本の制約が明確でないために資本蓄積が有機的構成を高度化する蓄積に偏って一面的に理解されていることによるものであるとし、資本蓄積による貧困化は周期的に発生しては解消されるいわば短期的な現象であり、長期的には不確定的なものであるとして、それを原論の展開から削除した。本書は資本構成の高度化を景気循環の一局面としての不況期に特徴的な蓄積類型であると考えるものではないが、蓄積の二類型の並存という点からいっても、賃銀の独自の決定原理からいっても、長期的窮乏化は説くことができないと考え、宇野『原論』の方法を踏襲した。鈴木『原理論』、大内『原論』、日高『原論』も宇野のこの方法を継承しているが、日高『原論』はさらに、この宇野の議論は固定資本の増設によって労働者を吸収する蓄積をすべて資本構成不変の蓄積としている点に問題を残しているとして、資本蓄積を固定資本の増設的蓄積と更新的蓄積という二類型で考察する方法を提起している。宇野『原論』における資本構成不変と高度化という資本蓄積の二類型は景気循環における好況期と不況期の資本蓄積にそれぞれ対応させて考えられているような面が強い点で問題があることは確かであるが、しかし、資本蓄積を資本構成不変と高度化という二類型によって考察しても、日高の危惧を解消しうるように説くことは可能であると考えられるので、本書ではそのようにした。

競争論について　第三篇競争論は『資本論』の第三巻「資本主義的生産の総過程」、宇野『原論』の第三篇分配論に相当するが、内容的には個別産業資本の利潤率増進行動を全展開の基軸動力に据えて競争論的観点を徹底化させることにつとめ、その目的にそうように篇別構成を変更した。変更の概要は以下の通りである。『資本論』第三巻は七篇構成であり、それを宇野『原論』は利潤、地代、利子の三章構成に整理しているわけであるが、本書では地代を独立させて利潤や利子と対等に考察することをやめた。このような構成法は鈴木『原理論』に先例がある。また『資本論』の商業資本論と利子生み資本論、宇野『原論』の利子論に相当する部分は、一括して産業資本の競争ないし一般的利潤率の形成の補足機構論として位置づけ、その展開は分化・発生論的方法で一貫させた。最後の部分は『資本論』でも宇野『原論』でもいわゆる三位一体論になっているが、本書ではそのような物神論ないし物象化論で総括するという方法をとらず、景気循環論で総括する構成にした。このような構成法の先例としては日高『原論』がある。大内『原論』も利子論の最後で景気循環を独立させて考察しているが、終章は物象化論で総括している。鈴木『原理論』の最後は資本市場論であるが、これも機構論としての資本市場論というよりも一種の物象化論といってよいであろう。

次に内容的なことをごく簡単に説明しておくことにする。『資本論』も宇野『原論』もいわゆる利潤論の最後で利潤率の傾向的低下の法則を考察しているが、一般的利潤率が資本の絶対的過剰によって周期的に低下し、過剰資本の整理を経て再び上昇するという循環運動の中でのいわば中・短期の利潤率低下を説くことはできても、利潤率が長期的に低下することになるのか上昇することになるのかは不確定であると考えられるので、この問題は削除した。一般的利潤率の長期的動向は不確定であるという問題についてはスウィージーの説明[9]が簡明である。

地代論も、表式論と同様に、複雑にしようと思えばいくらでも複雑にできるが、本書ではごく基本的な骨格だけを示すことにした。本書の考え方の基本は大内=日高地代論[10]から学んだものである。地代論を独立させないでいわゆる市場価値論(市場生産価格論)の一部にいわば降格させる篇別構成をとったのも、大内=日高地代論によって明確にされた地代の資本主義内的性格を徹底化させたことによる。優等地の絶対地代の有無については両者で意見が分かれているが、本書は大内説をとった。

貨幣市場と銀行資本の部分の展開方法の基本は宇野『原論』から学んだものである。この点の詳細は拙著『金融機構の理論』(11)を参照されたい。ただ、宇野『原論』では、『資本論』と違って、銀行資本のあとで商業資本が論じられており、大内『原論』や日高『原論』もこの構成法を踏襲しているが、本書では逆にした。この点の詳細は拙著『競争と商業資本』(12)を参照されたい。また、商業資本を先行させる構成をとったため、基本的な考え方は宇野『原論』から学んだものであるとはいえ、商業信用の説き方や銀行資本の成立ないし信用代位業務の展開の説き方は商業資本の存在を前提したものになっている。

補足的機構論の最後は資本市場論であるが、宇野『原論』では資本市場を貨幣市場の補足市場としながらも、結局はそれは理念的な市場としてしか説かれていないのにたいして、本書では現実的な市場として原理的に考察することを試みた。この点の詳細はこの方法にたいする批判に反論した拙稿「原理論の課題と方法」(13)を参照されたい。

景気循環で総括する構成法をとったのは、序論で述べたように、経済原論は単に資本主義の本質規定を明らかにすることによって体制選択の基準としての役割を果たすだけでなく、多種多様な現実の資本主義の現状分析のための基礎理論としての役割をも果たしうるように構成されるべきであると考えていることによる。したがって、この部分は資本主義の現状分析なり資本主義の段階的変容の類型分析なりを実際に進めてみて、その過程で分析基準としての役割にとって解明が必要である論点を確定し、それをフィードバックさせることによってその内容を不断に改善し、充実させていくべき部分であると考えている。

なお、『資本論』の内容を概観したものとしては桜井毅他共編『経済学Ⅰ』(14)が簡便であろう。また、わが国における『資本論』研究の厖大な成果を『資本論』の順序にそってテーマ別に整理・概観したものとしては、大内秀明他共編『資本論研究入門』(15)、佐藤金三郎他共編『資本論を学ぶ』全五冊(16)が網羅的で便利であろう。

（1）宇野弘蔵『経済原論』（岩波書店、上、一九五〇年、下、一九五七年。合本改版、一九七七年）。以下、宇野『原論』、あるいは旧『原論』と略記。
（2）宇野弘蔵『経済原論』（岩波書店、全書版、一九六四年）。以下、新『原論』と略記。
（3）山口重克『資本論の読み方』（有斐閣、一九八三年）。
（4）鈴木鴻一郎編『経済学原理論』（東京大学出版会、上、一九六〇年、下、一九六二年）。以下、鈴木『原理論』と略記。
（5）大内力『経済原論』（東京大学出版会、上、一九八一年、下、一九八二年）。以下、大内『原論』と略記。
（6）日高普『経済原論』（有斐閣、一九八三年）。以下、日高『原論』と略記。
（7）山口重克「労働生産過程と価値の実体規定」（山口重克『価値論の射程』、東京大学出版会、一九八七年、第Ⅱ部、第2章）。
（8）宇野弘蔵「講義プリント『経済原論』」（『宇野弘蔵著作集』別巻、岩波書店、一九七四年、所収）。
（9）スウィージー『資本主義発展の理論』（都留重人訳、新評論、一九六七年）第六章参照。
（10）大内力『地代と土地所有』（東京大学出版会、一九五八年）。日高普『地代論研究』（時潮社、一九六二年）。および大内『原論』、日高『原論』の地代論の部分。
（11）山口重克『金融機構の理論』（東京大学出版会、一九八四年）。
（12）山口重克『競争と商業資本』（岩波書店、一九八三年）。
（13）山口重克「原理論の課題と方法」（前掲『資本論の読み方』第二部、第五章）。
（14）桜井毅・山口重克・侘美光彦・伊藤誠編『経済学Ⅰ』（有斐閣、一九八〇年）。
（15）大内秀明・桜井毅・山口重克編『資本論研究入門』（東京大学出版会、一九七六年）。
（16）佐藤金三郎・岡崎栄松・降旗節雄・山口重克編『資本論を学ぶ』Ⅰ〜Ⅴ（有斐閣、一九七七年）。

索　　引

サ行

タ行

ナ行

ハ行

著者略歴

1932 年　福井県武生市に生れる.
1955 年　東京大学経済学部卒業.
1962 年　東京大学大学院社会科学研究科修了.
1968 年　経済学博士(東京大学).
　　　　東京大学経済学部教授を経て,
現　在　東京大学名誉教授.

主要著書

「競争と商業資本」岩波書店, 1983.
「資本論の読み方―宇野弘蔵に学ぶ」有斐閣, 1983.
「金融機構の理論」東京大学出版会, 1984.
「価値論の射程」東京大学出版会, 1987.
「経済学・人間・社会」時潮社, 1992.
「価値論・方法論の諸問題」御茶の水書房, 1996.
「商業資本論の諸問題」御茶の水書房, 1998.
「金融機構の理論の諸問題」御茶の水書房, 2000.
「現代の金融システム：理論と構造」共著, 東洋経済新報社, 2001.
「東アジア市場経済：多様性と可能性」編著, 御茶の水書房, 2003.
「類型論の諸問題」御茶の水書房, 2006.
「現実経済論の諸問題」御茶の水書房, 2008.

経済原論講義

1985 年 12 月 15 日　初　版
2009 年 2 月 27 日　第 17 刷

[検印廃止]

著　者　山口《やまぐち》　重克《しげかつ》

発行所　財団法人　東京大学出版会
　　　　代 表 者　岡本和夫
　　　　113-8654 東京都文京区本郷 7 東大構内
　　　　電話 03-3811-8814・振替 00160-6-59964

印　刷　株式会社平文社
製　本　有限会社永澤製本所

ISBN978-4-13-042023-5　Printed in Japan

本書はデジタル印刷機を採用しており、品質の経年変化についての充分なデータはありません。そのため高湿下で強い圧力を加えた場合など、色材の癒着・剥落・磨耗等の品質変化の可能性もあります。

経済原論講義

2017年 4月20日　発行　①

著　者　山口重克
発行所　一般財団法人　東京大学出版会
代 表 者　吉見俊哉
〒153-0041
東京都目黒区駒場4-5-29
TEL03-6407-1069　FAX03-6407-1991
URL　http://www.utp.or.jp/
印刷・製本　大日本印刷株式会社
URL　http://www.dnp.co.jp/

ISBN978-4-13-009121-3
Printed in Japan